Agathe Franziska Kaiser
Erich Dieter Linder

Familiengeschichte und Wappenkunde

Agathe Franziska Kaiser
Erich Dieter Linder

Familiengeschichte und Wappenkunde

Ein Wegweiser
zur Genealogie und Heraldik

Bechtermünz Verlag

Umschlagabbildung:
Ahnentafel Pettazzi

Bildnachweis:
Battenberg Verlag, Augsburg (Tf. 6, 7, 8 A, 8 B, 8 F, 9 und S. 116, S. 120/121, S. 122 o., S. 126, S. 131 u., S. 135 o., S. 136, S. 137), Bayerisches Hauptstaatsarchiv, München (S. 14, S. 39), Bayerischer Landesverein für Heimatpflege, München (S. 41), Bayerische Staatsbibliothek, München (S. 15, S. 28), Deutsche Zentralstelle für Genealogie, Leipzig (S. 29, S. 42), Degener Verlag, Neustadt a. d. Aisch (S. 18, S. 23), Gerti Dilling, Pfarrkirchen (S. 118, S. 122 u. l. und u. r., S. 130, S. 131 o., S. 132 o. und u.), Eckart Henning, Berlin (S. 16), Stadtarchiv Münnerstadt (S. 26), Stadtarchiv Schweinfurt (S. 22, S. 23, S. 33-36, S. 39), Slowenisches Staatsarchiv, Ljubljana (Umschlagbild und Tf. 10), Thomas Weber, Pfarrkirchen (Tf. 11)

Alle anderen Abbildungen stammen von den Autoren.

Die beschriebenen PC-Genealogieprogramme wurden mit großer Sorgfalt getestet; dennoch können Fehler und Irrtümer nicht völlig ausgeschlossen werden.
Weder die Autoren noch der Verlag übernehmen irgendeine Gewähr für die Funktion der beschriebenen Programme oder die Haftung für eventuelle, aus dem Gebrauch resultierende Folgeschäden.

Bechtermünz Verlag Augsburg

Umschlaggestaltung: Zembsch´ Werkstatt, München
Satz und Layout: Armin Tichacek, Battenberg Verlag, Augsburg
Gesetzt aus der 10,5/11,5 Garamond ITC Light
Reproduktion: Repro-Mayr, Donauwörth
Druck und Bindung: Himmer, Augsburg
Printed in Germany

ISBN 3-8289-0325-8

Gedruckt auf 115 g/m^2 umweltfreundlich chlorfrei gebleichtes Papier.

Inhaltsverzeichnis

Vorwort

In den letzten Jahren entdeckten zahlreiche Menschen, daß die Erforschung der eigenen Familie einen besonderen Reiz in sich birgt.

Das vorliegende Buch möchte all diejenigen unterstützen, die nicht nur aus Nostalgie, sondern auch aus ernsthaftem Interesse mehr über sich selbst und ihre Herkunft erfahren wollen. Es soll einen Wegweiser für die genealogische und heraldische Spurensuche darstellen und zugleich als Adressen- und Literaturverzeichnis dienen.

Hierbei wurde der Einsatz von Computerprogrammen in der Genealogie erstmals eingehend untersucht und bewertet. Der Leser wird Anregungen und Hilfen zur Auswahl des für ihn am besten geeigneten Programms finden.

Die Ausführungen zur Genealogie, Aktion „Forscherkontakte", Mailboxen und Literatur verfaßte Agathe Franziska Kaiser, die Kapitel über den Einsatz von Computern in der Genealogie und über die Wappenkunde wurden von Erich Dieter Linder geschrieben.

Für die freundliche Unterstützung und die Beschaffung des nicht selten erstmalig publizierten Bildmaterials schulden die Autoren zahlreichen Personen und Institutionen Dank. In alphabetischer Reihenfolge seien an dieser Stelle stellvertretend genannt:

Elke Auguscinski (Bayerisches Hauptstaatsarchiv, München), Gerti Dilling (Fotostelle Landkreis Rottal-Inn), Erich Eder (Stadtarchiv Pfarrkirchen), F. Walt Jurečič (Präsident von Slovenski Ščit, Ljubljana), Helmut Kaiser (Schweinfurt), Georg Riedl (Erster Bürgermeister, Stadt Pfarrkirchen), Stadtarchiv Schweinfurt, Thomas Weber (Pfarrkirchen), Martina Wermes (Leipzig).

Die Autoren freuen sich über konstruktive Kritik und Ergänzungsvorschläge. Wenn dieses Buch Interessierte für die Familiengeschichtsforschung gewinnen und erfahrenen Genealogen wertvolle Hilfen geben konnte, so hat es seinen Zweck erfüllt.

Agathe Franziska Kaiser M. A.
Erich Dieter Linder M. A.

Genealogie

Vorbemerkungen

Die Frage nach dem Woher und Wohin der eigenen Familie wird seit Jahren, insbesondere in letzter Zeit auch von der jungen Generation, ernsthafter und hintergründiger gestellt, als dies in der Nachkriegszeit jemals der Fall war. Das Erforschen der Familie in ihrer Heimat und das Aufzeigen familiärer Bindungen bietet über den gewachsenen Zusammenhalt hinaus die Möglichkeit, die eigene Identität zu finden. Die Genealogie ist immer auch gleichzeitig Heimatforschung und birgt eine erfahrbare Geschichte in sich. Diese Gründe ließen die Rolle der Familiengeschichtsforschung in Gesellschaft und Geschichtswissenschaft in den letzten Jahren stetig wachsen.

Die Distanz von der mißbräuchlichen Anwendung der Familiengeschichtsforschung, wissenschaftlich Genealogie, in der nationalsozialistischen Zeit schafft heute ein breites Betätigungsfeld. Immer mehr Archive, Kirchengemeinden und andere Einrichtungen bieten einen Anreiz, sich mit der Geschichte auseinanderzusetzen. Auch die rund 21 000 Mitglieder zählenden 61 Vereine, die sich in der Deutschen Arbeitsgemeinschaft Genealogischer Verbände (DAGV) zusammengeschlossen haben, bieten eine breite Palette.

Durch eine Vielzahl von Einrichtungen ergibt sich die Chance zur Forschung. Dies kann die Suche nach Hugenotten, historischen Führungsschichten oder ausgewanderten Familien sein, ebenso wie die Suche nach berufsständischen und traditionell geprägten Familien. Durch die Methodik und die Quellenlage sowie die umfangreiche Literatur ergibt sich für alle die Möglichkeit zur Forschung. Hierbei wird man zugegebenermaßen auf Defizite stoßen, die infolge fehlender Erschließung zahlreicher Materialsammlungen, der mancherorts wenig sachkundigen Darstellung der Familiengeschichtsforschung in der Öffentlichkeit sowie fehlender Kenntnisse über das richtige und sorgsame Auswerten von Quellen entstanden sind.

Dazu gehört auch die Aufarbeitung der Rolle der Genealogie im Dritten Reich, die mit Zeitzeugen und den zahlreich überlieferten Unterlagen möglich wäre. Ansätze finden sich in einer systematischen Auswertung des renommierten Deutschen Geschlechterbuches, das während der Zeit des Nationalsozialismus bewußt oder in Verkennung der durch menschenunwürdige Gesetzgebung entstandenen Situation für die Wissenschaftlichkeit dieser Disziplin schweren Abbruch mit sich brachte. Nicht annehmbar sind heute noch bemerkbare Versuche, den damals über der Genealogie lastenden Schatten wegzuleugnen.

Diese Einführung soll nicht zuletzt den sich aus der deutschen Vereinigung für die Genealogie ergebenden neuen Arbeitsgrundlagen Rechnung tragen. Zugleich bemüht sich diese Veröffentlichung, ein oft schiefes Bild der Familiengeschichtsforschung zu korrigieren.

Es gibt hoffnungsvolle und inzwischen auch erfolgreiche Bemühungen, der Genealogie die notwendige Ausstrahlungskraft in einer breiten Öffentlichkeit und in der Geschichtsforschung zu verleihen.

Entwicklung der Genealogie

Aufzeichnungen über genealogische Zusammenhänge finden sich bereits im Alten Testament und geben damit einen Hinweis darauf, daß die Hebräer den Abstammungsverhältnissen besondere Bedeutung beimaßen. In ihren frühesten Schriften, vor allem in den fünf Büchern Mose, sind genealogische Beziehungen beschrieben. Das Neue Testament enthält im Evangelium von Matthäus den Stammbaum Jesu. Es sollte damit nachgewiesen werden, daß Jesus der Erbe jener Verheißungen ist, die an Abraham und David ergingen.

Römischen Schriftstellern wie Tacitus verdanken wir die Ausgestaltung der Stammtafel. Aufeinanderfolgende Abstammungsreihen werden aufgezählt, und Stammbäume und Ahnenbilder schmückten das Atrium des römischen Hauses oder von den Nachkommen gestiftete Tempel. Trotzdem haben die Römer aber keine genealogische Literatur hervorgebracht, und auch in ihrer Geschichtsschreibung spielten genealogische Aspekte nur selten eine Rolle.

Während der Völkerwanderung sind von den Germanen erste Berichte über Götter- und Heldengeschlechter überliefert. Um 550 erscheinen die Geschichtswerke von Jordanis, von denen besonders die „Gotengeschichte" hervorzuheben ist. Vieles darin ist allerdings von Mythen geprägt.

Paulus Diakonus (2. Hälfte des 8. Jahrhunderts) gilt als erster genealogischer Schriftsteller des Mittelalters. Er befaßte sich mit der Herkunft der Arnulfinger, geprägt von einer Verherrlichung des Herrscherhauses. Generell wurden genealogische Daten in Chroniken eingebracht. Die Lebensbeschreibungen der Herrscher in der Karolinger- und Ottonenzeit erzählen deren Familiengeschichten.

Das Haus der Grafen von Flandern betrieb ab dem Beginn des 10. Jahrhunderts intensive familiengeschichtliche Forschungen. Die Darstellungen der Ergebnisse waren meist noch sehr einfach. Gewöhnlich bestanden sie nur aus Namen, untereinander aufgereiht. Vereinzelt finden sich, besonders in den flandrischen Genealogien, auch schon ausführliche Biographien in den Texten. Andererseits entwickelt sich die Tabellenform, indem der verbindende Text ersetzt wird durch Zeichen, meist Kreise, welche Namen umschließen, und Striche, die den Zusammenhang andeuten.

In dieser Zeit begann der Adel sich durch die Erstellung eigener Genealogien von nichtadeligen Familien abzugrenzen. Der Nachweis der Abstammung wurde zur Sicherung besonderer Privilegien notwendig. Zum Eintritt in ein Domstift mußte die Abstammung bis zur dritten Generation zurück nachgewiesen werden. Die „Ahnenprobe" sicherte die Teilnahme an Turnieren. Damit wurde die Genealogie zum Mittel für gesellschaftliche Zwecke.

Ähnlich verhielt es sich mit Geburtsbriefen, die die mittelalterlichen Handwerkerzünfte verlangten. In diese Zeit fällt auch der „Sachsen-

Die Erzväter: 11,10–36,43

Die Vorfahren Abrahams: 11,10–32. 10 Das ist die Geschlechterfolge nach Sem: Sem
zeugte im Alter von hundert Jahren Arpachschad, zwei Jahre nach der Flut. 11 Nach der
Geburt Arpachschads lebte Sem noch fünfhundert Jahre und zeugte Söhne und Töchter.
12 Arpachschad zeugte mit fünfunddreißig Jahren Schelach. 13 Nach der Geburt Schelachs lebte Arpachschad noch vierhundertdrei Jahre und zeugte Söhne und Töchter.
14 Schelach zeugte mit dreißig Jahren Eber. 15 Nach der Geburt Ebers lebte Schelach
noch vierhundertdrei Jahre und zeugte Söhne und Töchter.
16 Eber war vierunddreißig Jahre alt, da zeugte er Peleg. 17 Nach der Geburt Pelegs
lebte Eber noch vierhundertdreißig Jahre und zeugte Söhne und Töchter.
18 Peleg war dreißig Jahre alt, da zeugte er Regu. 19 Nach der Geburt Regus lebte
Peleg noch zweihundertneun Jahre und zeugte Söhne und Töchter.
20 Regu war zweiunddreißig Jahre alt, da zeugte er Serug. 21 Nach der Geburt Serugs
lebte Regu noch zweihundertsieben Jahre und zeugte Söhne und Töchter.
22 Serug war dreißig Jahre alt, da zeugte er Nahor. 23 Nach der Geburt Nahors lebte
Serug noch zweihundert Jahre und zeugte Söhne und Töchter.
24 Nahor war neunundzwanzig Jahre alt, da zeugte er Terach. 25 Nach der Geburt
Terachs lebte Nahor noch hundertneunzehn Jahre und zeugte Söhne und Töchter.
26 Terach war siebzig Jahre alt, da zeugte er Abram, Nahor und Haran.
27 Das ist die Geschlechterfolge nach Tarach: Terach zeugte Abram, Nahor und Haran;
Haran zeugte Lot. 28 Dann starb Haran, noch vor seinem Vater Terach, in seiner Heimat Ur in Chaldäa. 29 Abram und Nahor nahmen sich Frauen; die Frau Abrams hieß
Sarai, und die Frau Nahors hieß Milka; sie war die Tochter Harans, des Vaters der Milka
und der Jiska. 30 Sarai war unfruchtbar, sie hatte keine Kinder.
31 Terach nahm seinen Sohn Abram, seinen Enkel Lot, den Sohn Harans, und seine
Schwiegertochter Sarai, die Frau seines Sohnes Abram, und sie wanderten miteinander
aus Ur in Chaldäa aus, um in das Land Kanaan zu ziehen. Als sie aber nach Haran
kamen, siedelten sie sich dort an. 32 Die Lebzeit Terachs betrug zweihundertfünf Jahre,
dann starb Terach in Haran.

◁ *Die Vorfahren Abrahams*

1 *Der Stammbaum Jesu: 1,1–17* Stammbaum Jesu Christi, des Sohnes *1–17:*
Davids, des Sohnes Abrahams: Lk 3,23–38
2 Abraham war der Vater von Isaak, Gen 21,2f
Isaak von Jakob, Gen 25,26
Jakob von Juda und seinen Brüdern. Gen 29,32 bis 30,23
3 Juda war der Vater von Perez und Serach; ihre Mutter war Tamar. Gen 38,29f
Perez war der Vater von Hezron, *3–6:*
Hezron von Aram, Rut 4,18–22
4 Aram von Amminadab,
Amminadab von Nachschon,
Nachschon von Salmon,
5 Salmon war der Vater von Boas; dessen Mutter war Rahab.
Boas war der Vater von Obed; dessen Mutter war Rut.
Obed war der Vater von Isai,
6 Isai war der Vater des Königs David.
David war der Vater von Salomo, dessen Mutter die Frau des Urija war. 2 Sam 12,24
7 Salomo war der Vater von Rehabeam, *7–12:*
Rehabeam von Abija, 1 Chr 3,10–19
Abija von Asa,
8 Asa von Joschafat,
Joschafat von Joram,
Joram von Usija.
9 Usija war der Vater von Jotam,
Jotam von Ahas,
Ahas von Hiskija,
10 Hiskija von Manasse,
Manasse von Amos,
Amos von Joschija.
11 Joschija war der Vater von Jojachin und seinen Brüdern; das war zur
Zeit der Babylonischen Gefangenschaft.
12 Nach der Babylonischen Gefangenschaft
war Jojachin der Vater von Schealtiël,
Schaeltiël von Serubbabel,
13 Serubbabel von Abihud,
Abihud von Eljakim,
Eljakim von Azor.
14 Azor war der Vater von Zadok,
Zadok von Achim,
Achim von Eliud,
15 Eliud von Eleasar,
Eleasar von Mattan,
Mattan von Jakob.
16 Jakob war der Vater von Josef, dem Mann Marias; Lk 1,27
von ihr wurde Jesus geboren,
der der Christus (der Messias) genannt wird.
17 Im ganzen sind es also von Abraham bis David vierzehn Generationen, von David
bis zur Babylonischen Gefangenschaft vierzehn Generationen und von der Babylo-
nischen Gefangenschaft bis zu Christus vierzehn Generationen.

△ *Der Stammbaum Jesu*

spiegel“ von Eike v. Repkow als älteste Quelle der deutschen Rechtsliteratur. Zu erwähnen ist auch, daß gerade im deutschen Lehns- und Ständestaat die sorgfältige Überlieferung von Abstammungsverhältnissen wegen deren Bedeutung für Besitz- und Rechtsfragen immer größer wurde. Seit Ende des 15. Jahrhunderts entstanden teilweise umfassende Familiengeschichten einzelner Herrscherhäuser. Besonders hervorzuheben sind die Schriften von Ladislaus Suntheim und Georg Spalatin, die man als Vorläufer der wissenschaftlichen Genealogie ansehen kann. Es folgten Werke von Reiner Reinbeck in Helmstadt und von Cyriacus Spangenberg zu Spezialthemen. Wesentlich umfassender und bedeutungsvoller sind dann später die Werke von Nikolaus Rittershaus und des Pietisten Philipp Jakob Spener (1635–1705). Spener hat auch Wegweisendes für die Heraldik geleistet.

Die landesherrlichen Kirchenordnungen des 16. Jahrhunderts führten zur Schaffung von evangelischen, das Trienter Konzil von 1563 zu katholischen Kirchenbüchern. Gleichzeitig wurde es vom 16. Jahrhundert an üblich, in besser gestellten Kreisen evangelischer Gegenden Leichenpredigten als Ergänzung zu den Sterbematrikeln drucken zu lassen. Diese sind heute eine wertvolle Quelle, jedoch nicht immer ganz frei von Erzählungen.

Zur Zeit der Französischen Revolution von 1789 und der anschließenden Herrschaft Napoleons mußte die Genealogie wegen ihrer weitgehenden Festlegung auf den Adel im Zuge der gesellschaftlichen Veränderungen in ganz Europa einen Rückschritt hinnehmen. So wurde sie als bis dahin an einigen Universitäten fest verankertes Lehrfach wieder von den Lehrplänen gestrichen. Erst mit dem Erstarken des Bürgertums ab Mitte des 19. Jahrhunderts stieg das Interesse an der Geschichte der eigenen Familie, vor allem auch im Zusammenhang mit Grundrechtsverhältnissen. Es

△ *Der Falkensteiner Kodex, 1164 bis 1170, „Ahnenprobe"*

logischer und heraldischer Vereine, so des „Herold" in Berlin (1869) und des „Adler" in Wien (1870). Im Jahr 1889 wurde mit der Herausgabe des Deutschen Geschlechterbuches begonnen, das bis heute mit 200 Bänden erschienen ist. Über alle politischen Veränderungen hinweg wurde das Deutsche Geschlechterbuch, allerdings mit einer sehr zweifelhaften Rolle in der Zeit des Dritten Reiches, weitergeführt.

Um die Jahrhundertwende forderte insbesondere der Genealoge Stephan Kekulé von Stradonitz in Reden und Publikationen eine umfassende neue Organisation für die Genealogie. In diesem Entwicklungsgang wurde 1904 in Leipzig die Zentralstelle für deutsche Personen- und Familiengeschichte gegründet. Als wichtigste Aufgabe wurde zunächst die Schaffung eines alphabetischen Zettelkataloges mit sogenannten Verkartungen über einzelne Familien gesehen. Zum andern wollte man umfangreiches Auskunftsmaterial für die interessierte Öffentlichkeit schaffen. So wurde mit dem Aufbau einer Fachbibliothek begonnen. Schon 1913 hatte die Zentralstelle weit über 1000 Mitglieder. Parallel dazu gab es seit 1908 in Leipzig regelmäßig „Genealogische Abende", seit 1910 erschienen dort die „Familiengeschichtlichen Blätter". An der Universität Leipzig wurden Vorlesungen zur Genealogie von Eduard Heydenreich gehalten.

Nach dem Ersten Weltkrieg wurde der neue Arbeitsschwerpunkt das Sammeln und Auswerten von Ahnenlisten. Seit 1921 organisierte Karl Förster den Ahnenlistenaustausch (ALA). Der ALA, an die Zentralstelle angegliedert, sah seine Aufgaben vor allem im Anlegen eines Ahnenlistenarchivs und in der Verwirklichung eines Umlaufes der Doppelstücke der ALA-Teilnehmer. Förster regte die Verkartung der Ahnenlisten an, um aus der hierdurch entstehenden Ahnenstammkartei (ASTAKA) unmittelbar Auskunft geben zu können. Der ALA organisierte sich ab 1923 unabhängig von der Zentralstelle und wurde 1930 in Deutsche Ahnengemeinschaft (DA) mit dem Sitz in Dresden umbenannt.

Im Jahr 1933 trat das „Gesetz zur Vermeidung erbkranken Nachwuchses" in Kraft. Seit diesem Jahr fanden sich auf dem Titelblatt des

Sachsenspiegel ▷

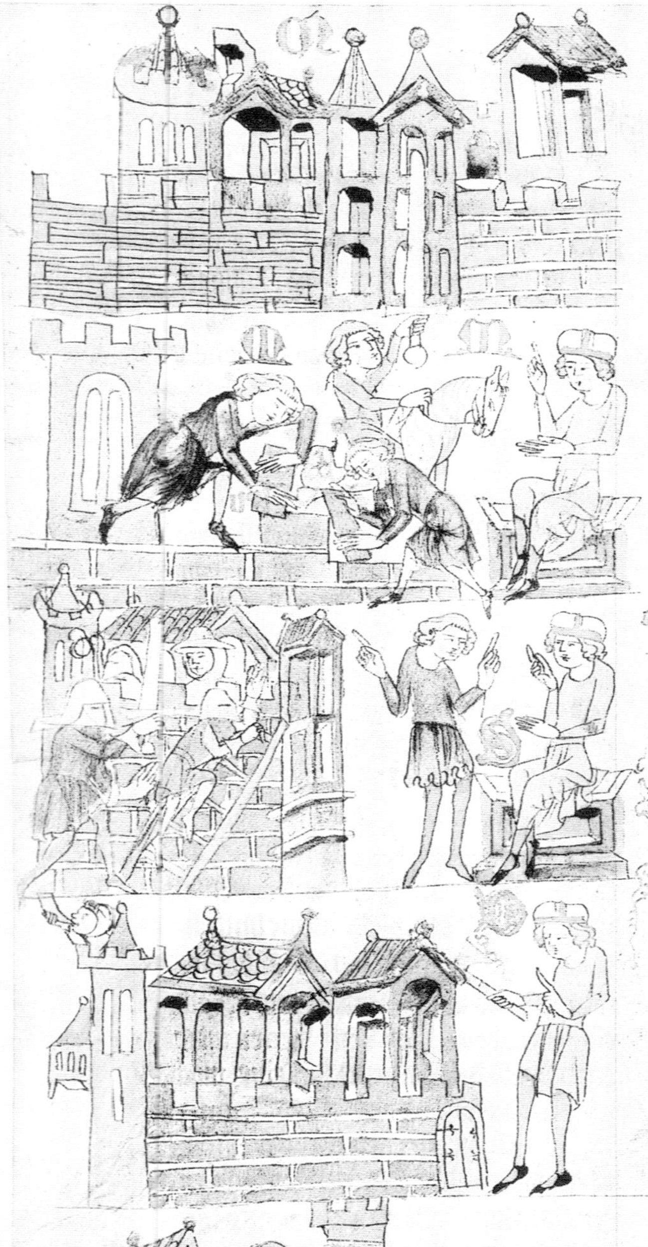

grabene boben der erden eins knies hoch. Man
mus och wol vestenen einen hof mit zunen
odir mit steckin. odir also hoch muren alse
ein man gereichin mag uf eime rosse sitzen
de. zinnen. vñ brustwere en sal da nicht an
sin. Man en mus keine burg ane des rich
ters vrlop wider buwin di vmme di v̄me
vngerichte mit orteiln gebrochē wirt.
Bricht man abir eine burg geweldiclich.
odir let si der herre zu gen von mutwillē
odir durch ermute. di mus man wol wid
buwin. ane des richteris vrlop.
Swer deme andern sine burg an gewin
net mit vnrechte. daz iener daz uf zu
richte. vñ helt man im di burg geweldi
clich vor. al di wile he ir vngeweldig is
der si da zu rechte habin solde. so en mag
man uffe di burg keine clage getun. da
man si mit rechte vmme brechin sulle.
Der richter sal zu deme ersten mit ey
nem bile dri slege slan an eine bu
rg. odir an ein gebu. daz mit orteiln vor
teilt is. da suln di lantlute zu helfin mit
houwin vñ mit rademē. nicht en sal mā
burnen. noch holz noch stein demē vuren
noch nicht des daz uffe is. is en si roupli
ch dar uf gevurt. zut sich da yemant mit
rechte zu. der vuret is dannen. den gra
ben. vnde den berg. sal man ebenen mit
spaten. alle dy inderme gerichte gesessin
sin suln dar zu helfin bi irs selbis spise

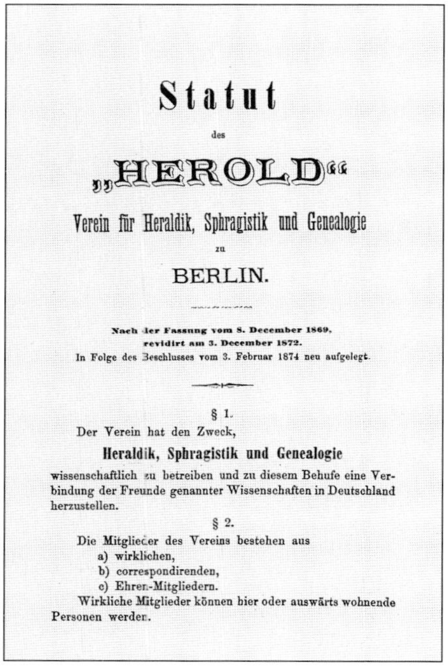

Statut

des

„HEROLD"

Verein für Heraldik, Sphragistik und Genealogie

zu

BERLIN.

Nach der Fassung vom 8. December 1869,
revidirt am 3. December 1872.
In Folge des Beschlusses vom 3. Februar 1874 neu aufgelegt.

§ 1.

Der Verein hat den Zweck,

Heraldik, Sphragistik und Genealogie

wissenschaftlich zu betreiben und zu diesem Behufe eine Verbindung der Freunde genannter Wissenschaften in Deutschland herzustellen.

§ 2.

Die Mitglieder des Vereins bestehen aus

a) wirklichen,
b) correspondirenden,
c) Ehren-Mitgliedern.

Wirkliche Mitglieder können hier oder auswärts wohnende Personen werden.

△ *Statut des „Herold"*

Deutschen Geschlechterbuches regelmäßig zwei Hakenkreuze. Der damalige Herausgeber Bernhard Koerner meinte im Herbst 1933 in einem Vorwort, daß nur durch Auslese des Guten und Vernichtung des Minderwertigen ein neues, besseres Volk entstehen könne. 1935 wurden die Rassegesetze verkündet. Koerner sagte 1936 dazu, daß es eine Freude sei, wenn man erlebe, wie die völkischen Gedanken, wie sie auf sippenkundlichem und heraldischem Gebiet z. B. in den Vorworten zum Deutschen Geschlechterbuch verfochten wurden und welche deren Gegner gleichsam als „pathologisch" verhöhnen würden, nach und nach Gestalt gewännen und die deutsche Welt eroberten.

Wenngleich sich vor allem die organisierten Genealogen von jeglicher politischer Verknüpfung weitgehend heraushielten, teilweise sogar hart distanzierten, so mußte doch die Familiengeschichtsforschung durch Äußerungen Koerners und anderer, vor allem im Zuge der Etablierung des Reichssippenamtes, eine schwere Erschütterung hinnehmen, die teilweise bis heute nicht ganz ausgeglichen werden konnte. Koerner und andere waren Überzeugungstäter, die ihre Vorstellungen und Ideen bewußt in den Nationalsozialismus eingebracht hatten. Zu einem Mißbrauch der Genealogie führte der staatlich verordnete, ideologisch abwegig motivierte Ariernachweis während des Dritten Reiches. Aus diesen mit all seinen Folgen entsetzlichen Vorgängen muß die Genealogie lernen, daß sie niemals Mittel zum Zweck sein darf, sei es politischer oder gesellschaftlicher Art. Dies hieße die genealogische Forschung pervertieren.

In Anbetracht ihres Mißbrauches im Dritten Reich hatte es die Familiengeschichtsforschung nach 1945 äußerst schwer, sich wieder zu erholen. Nur langsam kam es wieder zur Gründung genealogischer Vereine, die sich später im Dachverband, der Deutschen Arbeitsgemeinschaft genealogischer Verbände (DAGV), organisierten. Sehr behutsam gingen einzelne Persönlichkeiten daran, durch Veröffentlichungen und Vorträge manches klarzustellen.

Die Teilung Deutschlands schaffte neue Probleme. In der DDR wurde die Genealogie im Bereich der Öffentlichkeit erst wieder im Jahr 1967 aktiv. Man richtete die „Zentralstelle für Genealogie in der DDR" ein, die unmittelbar der staatlichen Archivverwaltung in Potsdam unterstand. Die Bestände der Zentralstelle setzen sich zu gleichen Teilen aus denen des Vereins „Roland zu Dresden", der familiengeschichtlichen Sammlung des Reichssippenamtes und denen der Deutschen Ahnengemeinschaft in Dresden zusammen.

Die Archivalien der alten Zentralstelle von 1904 bilden nur einen kleinen Anteil. 1969 konnte sich die Arbeitsgemeinschaft Genealogie im „Kulturbund der DDR", Stadtleitung Magdeburg, gründen. Nach und nach folgten weitere Arbeitsgemeinschaften in anderen Städten. Die „Gesellschaft für Genealogie" in der DDR, in der sich die einzelnen Arbeitsgemeinschaften zusammenschlossen, wurde nach der Wende sehr rasch aufgelöst, ohne daß es eine Nachfolgeorganisation gegeben hätte. Die Arbeitsgemeinschaften wurden vereinsrechtlich organisiert.

Seit 1990 heißt die Zentralstelle „Deutsche Zentralstelle für Genealogie" und ist seit 1995 eine Abteilung des Sächsischen Staatsarchivs Leipzig. Neue Möglichkeiten für die Familiengeschichtsforschung eröffnete die dt. Vereinigung 1990 und die Auflösung des Ostblockes. Gebiete, in denen man über Jahrzehnte hinweg oft nur unter erschwerten Bedingungen oder gar nicht forschen konnte, wie in den Oder-Neiße-Gebieten und in der zerfallenen Tschechoslowakei, deren Archive oft nicht einmal auf schriftliche Anfrage hin antworteten, wurden allmählich zugänglich. Es sollte umfassende zwischenstaatliche Vereinbarungen über die Nutzung von Archivgut in den Staaten Ost-, Ostmittel- und Südosteuropas geben. Bisher gibt es nur Absichtserklärungen in Nachbarschafts- und Freundschaftsverträgen sowie auf historisches Schriftgut bezogene Kooperationsabsprachen, die sich auf Einzelfälle reduzieren. Die Bewertungskriterien sind nicht immer nachzuvollziehen.

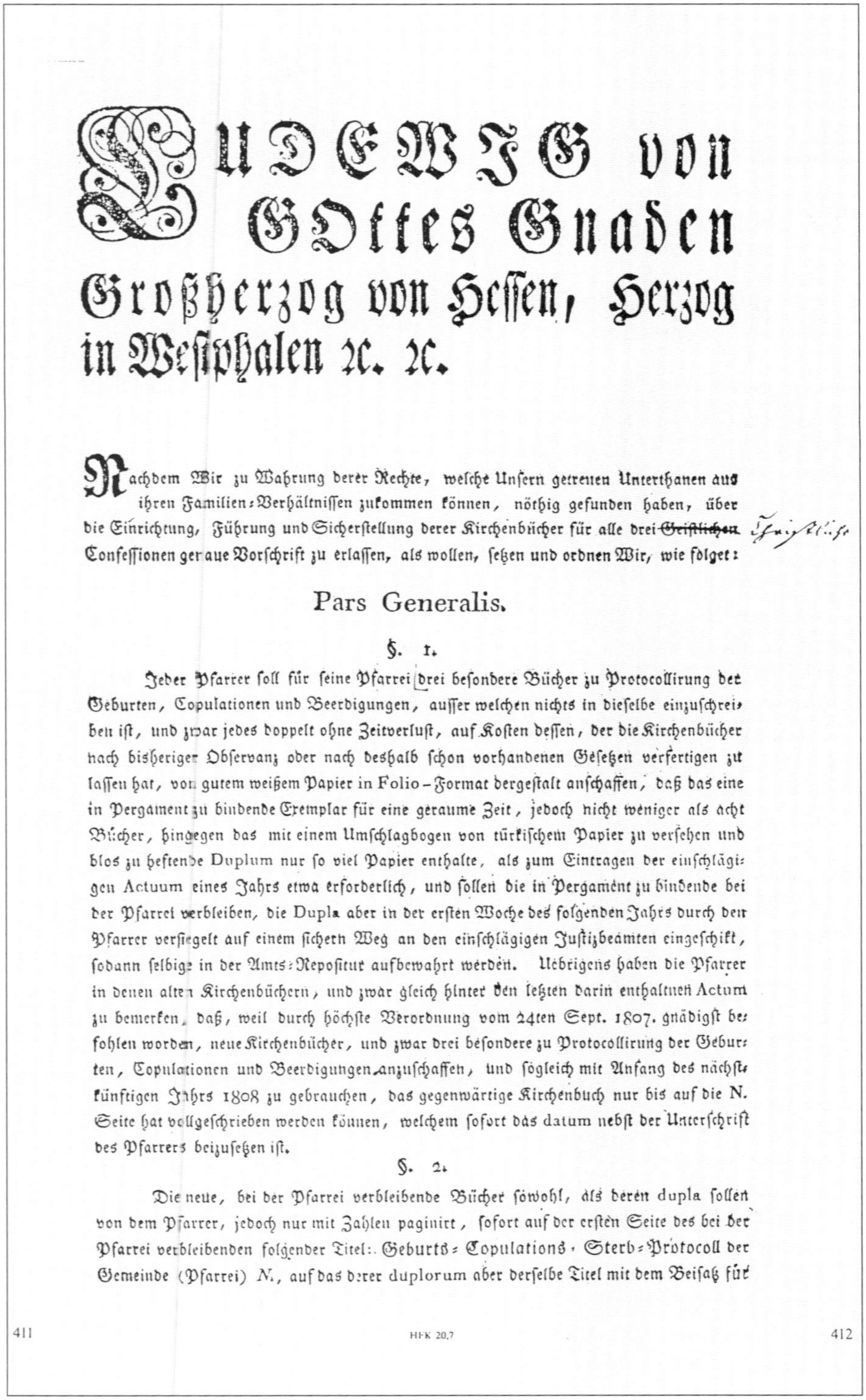

Ludewig von Gottes Gnaden Großherzog von Hessen, Herzog in Westphalen rc. rc.

Nachdem Wir zu Wahrung derer Rechte, welche Unsern getreuen Unterthanen aus ihren Familien=Verhältnissen zukommen können, nöthig gefunden haben, über die Einrichtung, Führung und Sicherstellung derer Kirchenbücher für alle drei ~~Geistlichen~~ Christliche Confessionen genaue Vorschrift zu erlassen, als wollen, setzen und ordnen Wir, wie folget:

Pars Generalis.

§. 1.

Jeder Pfarrer soll für seine Pfarrei drei besondere Bücher zu Protocollirung der Geburten, Copulationen und Beerdigungen, ausser welchen nichts in dieselbe einzuschreiben ist, und zwar jedes doppelt ohne Zeitverlust, auf Kosten dessen, der die Kirchenbücher nach bisheriger Observanz oder nach deshalb schon vorhandenen Gesetzen verfertigen zu lassen hat, von gutem weißem Papier in Folio-Format dergestalt anschaffen, daß das eine in Pergament zu bindende Exemplar für eine geraume Zeit, jedoch nicht weniger als acht Bücher, hingegen das mit einem Umschlagbogen von türkischem Papier zu versehen und blos zu heftende Duplum nur so viel Papier enthalte, als zum Eintragen der einschlägigen Actuum eines Jahrs etwa erforderlich, und sollen die in Pergament zu bindende bei der Pfarrei verbleiben, die Dupla aber in der ersten Woche des folgenden Jahrs durch den Pfarrer versiegelt auf einem sichern Weg an den einschlägigen Justizbeamten eingeschikt, sodann selbige in der Amts=Repositur aufbewahrt werden. Uebrigens haben die Pfarrer in denen alten Kirchenbüchern, und zwar gleich hinter den letzten darin enthaltnen Actum zu bemerken, daß, weil durch höchste Verordnung vom 24ten Sept. 1807. gnädigst befohlen worden, neue Kirchenbücher, und zwar drei besondere zu Protocollirung der Geburten, Copulationen und Beerdigungen anzuschaffen, und sogleich mit Anfang des nächstkünftigen Jahrs 1808 zu gebrauchen, das gegenwärtige Kirchenbuch nur bis auf die N. Seite hat vollgeschrieben werden können, welchem sofort das datum nebst der Unterschrift des Pfarrers beizusetzen ist.

§. 2.

Die neue, bei der Pfarrei verbleibende Bücher sowohl, als deren dupla sollen von dem Pfarrer, jedoch nur mit Zahlen paginirt, sofort auf der ersten Seite des bei der Pfarrei verbleibenden folgender Titel: Geburts= Copulations- Sterb=Protocoll der Gemeinde (Pfarrei) N., auf das derer duplorum aber derselbe Titel mit dem Beisatz für

411 HFK 20,7 412

△ *Landeskirchliche Verordnung*

Definiton der Begriffe

Familie/Ehe

Die Familie spielt für die Genealogie eine zentrale Rolle. Der Begriff selbst umfaßt mehrere Bedeutungen. Zu unterscheiden ist zwischen der Familie, die auf dem Haushalt beruht, das heißt zur Familie gehören alle im Haus lebenden Personen. Diese Auffassung geht auf antike Traditionen zurück. Die römische Zeit verstand unter der „familia“ das unter einem Familienoberhaupt stehende Hauswesen mit Ehefrau, Kindern sowie auch alle im Hause wohnenden Freien und Sklaven.

Daneben gibt es die auch bis heute bekannte und übliche sogenannte Verwandtschaftsfamilie. Das Wort Familie im heutigen Sinn ist erst seit dem 16. Jahrhundert nachweisbar und seit dem 18. Jahrhundert gebräuchlich. Zuvor spricht man von „Weib und Kind“ oder vom Haus. Bei der Verwandtschaftsfamilie ist grundsätzlich ebenfalls von zwei verschiedenen Formen auszugehen, von der Kern- oder Kleinfamilie und der Großfamilie.

Die Kernfamilie sind in der Regel die im Eheverhältnis lebenden Eltern und ihre (unselbständigen) Kinder. Im allgemeinen Sprachgebrauch zählt hierzu auch die Verwandtschaft. Leben aber in der Kernfamilie auch Verwandte mit im Haushalt, spricht man von erweiterter Familie.

Die Gemeinschaft mehrerer Kernfamilien bildet die Großfamilie.

Durch die Industrialisierung hat sich die Kernfamilie durchgesetzt. Hierbei ist aber zu beachten, daß die Rolle der Großfamilie in der Geschichtsforschung lange Zeit überschätzt wurde. Die Kleinfamilie war, schon in Anbetracht der geringen Lebenserwartung, die am meisten verbreitete Lebensform.

Die Kernfamilie wird oft als „kleinste genealogische Einheit" bezeichnet, die auf der Ehe beruht. Dies verpflichtet den Staat, Ehe und Familie nicht nur vor Beeinträchtigung durch andere Kräfte zu bewahren, sondern sie auch durch geeignete Maßnahmen zu fördern.

Eine Ehe ist also gegenwärtig, als Grundlage der Familie verstanden, eine auf Dauer angelegte Lebensgemeinschaft von Frau und Mann als Ehepaar. Ehe beginnt mit dem Eheversprechen der Partner, sie wird staatlich sanktioniert vor dem Standesamt und löst alle durch den Ehestand begründeten Rechte und Pflichten aus.

Inwieweit die umwälzenden gesellschaftlichen Veränderungen dieses traditionelle Bild von Ehe und Familie ändern werden, ist noch nicht absehbar und muß der Zukunft überlassen bleiben.

Die Familiengeschichtsforschung/Genealogie

Die Familiengeschichtsforschung, wissenschaftlich als Genealogie bezeichnet, ist die Erläuterung des auf Abstammung beruhenden Zusammenhanges zwischen Menschen.

„Genealogie" ist aus dem lateinischen Wort „genus" und dem griechischen „logos" entstanden: der Stamm, das Geschlecht und „logis": die Lehre, die Kunde. Es geht also um die Lehre von den Geschlechtern.

Als Begründer der wissenschaftlichen Genealogie gilt der Göttinger Historiker Johann Christoph Gatterer, der mit seinem Buch „Abriß der Genealogie" im Jahre 1788 erstmals eine systematische Darstellung der Genealogie vorlegte. Er stellte klar, daß es die „Genealogie eher unter den Menschen gab als Historie". Zunächst war die Genealogie eine auf Stammtafeln von Göttern bezogene Darstellung aller „von einem und ebendemselben Vater abstammenden Personen". Gatterer maß der Genealogie erstmals eine Bedeutung als historische Hilfswissenschaft innerhalb der Geschichtsforschung bei.

Otto Forst-Battaglia sieht 1913 in der Genealogie die Lehre von den auf Abstammung beruhenden Verhältnissen der menschlichen Individuen. Den Begriff Genealogie selbst betrachtet er im weitesten Sinne nicht bloß als Abstammungsverhältnis von Lebewesen, sondern in übertragener Beziehung überall, wo zwei Dinge oder Verhältnisse gegenseitig in der Weise abhängig sind, daß das zeitlich jüngere dem zeitlich älteren seinen Ursprung verdankt. Sie ist eine Untersuchung über wechselseitige Abhängigkeit und zeitliche Aufeinanderfolge.

Ottokar Lorenz beschreibt die Genealogie im Jahr 1898 als die Wissenschaft von der Fortpflanzung des Geschlechts in seinen individuellen Erscheinungen. Sie erhält ihren vollen Inhalt und ihr eigentliches Gesicht durch die Beobachtung des in seinen persönlichen Zeugungs- und Abstammungsverhältnissen stehenden Menschen. In Rücksicht auf seine physischen, geistigen und gesellschaftlichen Eigenschaften unterliegt er einer Reihe von Veränderungen. Die Genealogie untersucht Ursachen und Wirkungen, welche sich auf Zeugung und Abstammung des Individuums beziehen.

△ *Johann Christoph Gatterer (1727-1799)*

Eine neue, heute zeitgemäße Definition ist von der organisierten Genealogie bisher nicht geprägt worden. Man kann und sollte aber versuchen, eine allgemein verbindliche, den Anforderungen wissenschaftlicher Forschung entsprechende Formulierung zu finden. Die Genealogie sollte in der Geschichtswissenschaft fest verankert sein. Die breite Öffentlichkeit muß umfassend und richtig informiert werden. Die Auseinandersetzung mit der primär durch Abstammung begründeten familiären Bindung, wie man die Genealogie heute definitorisch fassen kann, ist zu fördern. Dabei sollten auch gesellschaftliche Entwicklungen, insbesondere die der Rolle der Familie, berücksichtigt werden.

Einführung in das genealogische Arbeiten

Genealogische Methodik

Die Familiengeschichtsforschung erfordert ein systematisches Arbeiten. Beachtet man deren Grundregeln, die im nachfolgenden dargestellt werden sollen, lassen sich von Anfang an Fehler vermeiden, die später zusätzliche Arbeit verursachen könnten.

Besonderer Wert ist auf genaues und zuverlässiges Arbeiten und eine präzise Quellenarbeit zu legen. Das Ordnen, Registrieren und Archivieren von Arbeitsergebnissen ist dabei ebenso wichtig, wie Abschriften, Abdrucke und Kopien mit genauen Quellen- und Datumsangaben zu versehen. Man unterscheidet generell drei Vorgehensweisen bei der familiengeschichtlichen Forschung:

Bei der *Ahnenforschung* arbeitet man, zeitlich gesehen, von der Gegenwart in die Vergangenheit. Die Darstellung erfolgt in Ahnentafeln und -listen.

Bei der *Nachfahrenforschung* geht man von einem bereits früher ermittelten Stammvater oder einem sogenannten Spitzenahn (der älteste ermittelte Vorfahre), zeitlich gesehen, von der Vergangenheit in die Gegenwart.

Bei der *Verwandtschaftsforschung* schließlich arbeitet man innerhalb einer Generation an der Darstellung von Verwandtschaft und Schwägerschaft.

Vorbereitung der Arbeit

Je nach dem mit der Forschung verbundenen Ziel wählt man eine der drei genannten Arten genealogischer Methodik. Diese Auswahl wird sich nach dem zu Anfang der Forschung vorhandenen Material richten.

Grundsätzlich ist aber anzuraten, mit der Ahnenforschung zu beginnen, da diese am einfachsten umzusetzen ist.

Verwandtschaft

Unter Verwandtschaft versteht man das durch Abstammung bzw. Heirat geschaffene Verhältnis zwischen Personen und die daraus entstandene Gemeinschaft. Hierbei wird zwischen Blutsverwandtschaft (Konsanguinität) und Schwägerschaft (Affinität) unterschieden. Die Blutsverwandtschaft ist eine genetische Verwandtschaft durch gemeinsame Abstammung (siehe untenstehende Tabellen).

Daneben kennt die Genealogie die Verwandtschaft in aufsteigender Linie, die eigentliche Vorfahrenschaft (Aszendenz), die bei der Ahnenforschung ermittelt wird.

Die Verwandtschaft in absteigender Linie ist die Nachkommenschaft (Deszendenz).

Zum Abschluß sei noch auf das Verwandtschaftsverhältnis bei Mehrfachehen hingewiesen, die in früheren Zeiten keine Seltenheit waren, bedingt durch die hohe

Eltern in direkter Linie werden wie folgt benannt:

Benennung	Generation	Anzahl	Kekulé
Proband		1	1
Eltern	I	2	2–3
Großeltern	II	4	4–7
Urgroßeltern	III	8	8–15
Alteltern	IV	16	16–31
Altgroßeltern	V	32	32–63
Alturgroßeltern	VI	64	64–127
Obereltern	VII	128	128–255
Obergroßeltern	VIII	256	256–511
Oberurgroßeltern	IX	512	512–1023
Stammeltern	X	1024	1024–2047
Stammgroßeltern	XI	2048	2048–4095
Stammurgroßeltern	XII	4096	4096–8191
Ahneneltern	XIII	8192	8192–16383
Ahnengroßeltern	XIV	16384	16384–32767
Ahnenurgroßeltern	XV	32768	32768–65535

Verwandtschaft 1. Grades betrifft die Eltern und Kinder sowie die Geschwister untereinander.
Benennung:
Bruder des Vaters oder der Mutter =Onkel
Schwester des Vaters oder der Mutter=Tante
Söhne des Onkels oder der Tante =Cousin/Vetter
Töchter des Onkels oder der Tante =Cousine/Base

Verwandtschaft 2. Grades betrifft die Großeltern.
Benennung:
Bruder des Großvaters o. der Großmutter = Großonkel
Schwester des Großvaters o. d. Großmutter = Großtante
Söhne des Großonkels oder der Großtante = Großvetter/Großcousin
Töchter des Großonkels oder der Großtante = Großbase/Großcousine
Söhne des Großvetters oder der Großbase = Cousin zweiten Grades
Töchter des Großvetters oder der Großbase = Cousine zweiten Grades

Sterblichkeitsrate der Frauen im Kindbett. Die Benennung der Geschwister aus verschiedenen Ehen:

Halbgeschwister ist die Bezeichnung für Kinder aus zwei Ehen, die jeweils ein Elternteil gemeinsam haben.

Stiefgeschwister dagegen bezeichnet Kinder aus verschiedenen Ehen eines Ehepaares, ohne daß die Kinder blutsverwandt sind.

Erfassen und Sammeln von Personendaten

Zu Beginn steht das Sammeln von Daten einzelner Personen. Hierbei handelt es sich um die Lebensdaten. In Urkunden, die in der Familie oft bereits vorhanden sind, finden sich Angaben zu Geburt, Taufe, Eheschließung, Sterbetag, Beerdigung, oft auch zu Berufen, Konfessionen, Krankheiten oder besonderen Ereignissen. Es wird immer von einer Bezugsperson, dem Probanden, ausgegangen. In der Regel ist dies der Familiengeschichtsforscher selbst.

Diese Daten ergeben sich zunächst aus den Geburts-, Heirats- und Sterbeurkunden, aus Ahnenpässen, Bescheinigungen, Verträgen und Registerauszügen.

Die Befragung von Verwandten zu einzelnen Personen gibt weitere Informationen über Geschehnisse und Eigenschaften, die aus Urkunden nicht erfahrbar sind, wie Kindheits- und Jugenderlebnisse, berufliche Neigungen, politische und religiöse Einstellungen, Krankheiten, Kriegserlebnisse, Anekdoten oder Charaktereigenschaften. Sie sollen das persönliche Bild über einzelne Personen vervollständigen. Hierbei ist aber zu berücksichtigen, daß die gemachten Angaben, soweit möglich, auf den Wahrheitsgehalt zu überprüfen sind. Somit erwächst das Interesse an weiteren Nachforschungen.

Daneben erfährt man auch manches über die allgemeine politische Lage, Vorkommnisse in der Stadt bzw. der Gemeinde, das kulturelle und religiöse Leben, besondere Traditionen. Auf diese Weise entsteht ein Bild über die jüngere Vergangenheit der Vorfahren. Ein Bezug zur eigenen Umgebung ist hergestellt. Die Heimat wird als Geschichte in einem überschaubaren Raum erfahrbar.

Neben den oben genannten Urkunden können folgende Unterlagen ein weiteres Bild über die Lebensumstände der Vorfahren vermitteln: Familienbücher, Zeitungsausschnitte, Fotos, Zeugnisse, Verträge, Poesiealben, Testamente, Sterbebilder, Postkarten, Heimatscheine, Verträge, Erbscheine, Steuerunterlagen, Hypothekenverträge, Besitzurkunden und Tagebücher.

Für die Befragung von Verwandten eignet sich die Form eines Interviews, für das man ein Konzept bereitlegen sollte, das z. B. folgende Punkte enthält:

Lebensdaten über Geburt, Taufe, Berufsabschluß, Heirat, Kindheit, Schule, Jugend, der Berufsweg mit besonderen Leistungen, Veröffentlichungen, Tätigkeiten für Staat und Kirche, Ehrenämter und Hobbies, soziales Engagement, Grundbesitz, Neigungen oder auch Gesundheit und Reisen. Hierfür gibt es vorgefertigte Blätter bei den Fachverlagen. Es bietet sich auch an, das Gespräch auf Band aufzunehmen. Hat man somit die ersten Daten über die näheren Vorfahren gesammelt, kann man mit der Darstellung beginnen, um eine Übersicht zu erhalten.

Zusammenführung zu Familiendaten und deren grafische Darstellung

Ahnen-/Vorfahrenforschung

Das Zusammenführen von Daten erfolgt nach einem einheitlichen System. Man sollte zunächst für jede zu erfassende Person eine eigene Karteikarte anlegen. Dies kann bereits mit dem Computer erfolgen oder auf herkömmliche Weise mit fertigen Vordrucken, die unter anderem in den Verlagen Degener, Starke und RNK zu erhalten sind. Solche Karteiblätter sind wie folgt gegliedert:

Die Numerierung erfolgt anhand des Kekuléschen Systems. Es ist nach dem bereits erwähnten Genealogen Stephan Kekulé von Stradonitz benannt. Die Bezifferung der Vorfahren ist eindeutig, da jeder Person jeweils ein Elternpaar zugeordnet ist:

Die Ausgangsperson, der sogenannte Proband, erhält die Ziffer bzw. Ahnenzahl 1, seine Eltern die Ahnenziffern 2 (Vater) und 3 (Mutter), die Großeltern die Ziffern 4 bis 7 usw. Daraus ergibt sich folgendes Schema:

Vater = Ziffer des Kindes mal 2
(immer eine gerade Zahl)

Mutter = Ziffer des Kindes mal 2 plus 1
(immer eine ungerade Zahl)

Auf diese Weise ist jede Person anhand ihrer Nummer genau zuzuordnen.

Der Vater einer Person hat immer die doppelte Nummer des Kindes, die Mutter die gleiche Zahl plus 1. Zum Beispiel ist Nr. 28 der Vater von Nr. 14, Nr. 29 die Mutter von Nr. 14.

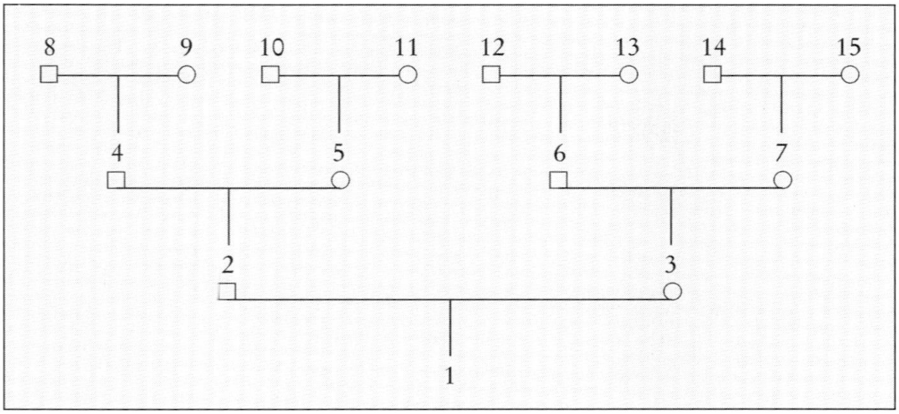

△ *Schema Kekulé*

Geburt:

- ∗ geboren
- (∗) außerehelich geboren
- †∗ tot geboren
- ~ Taufe

Heirat:

- ○ verlobt
- ⚭ verheiratet
- ○-○ uneheliche Verbindung
- ○|○ geschieden

Tod:

- † gestorben
- ▭ begraben
- ⚔ gefallen
- (⚔) vermißt

Ältere genealogische Zeichen:

- ⁑ getauft
- ᛘ geboren
- × verheiratet
- ᛦ gestorben
- ⊥ begraben

Für schematische Darstellungen wählt man:

- □ männlich
- ○ weiblich
- △ unbekannt

△ *Die heute wichtigsten genealogischen Zeichen*

Die Ziffer am Beginn jeder Generation ist eine Potenz von zwei, woraus sich leicht die Anzahl der in jeder Generation vorkommenden Ahnen berechnen läßt. Beispielsweise besitzt jeder Proband in der x-ten Generation 512 Vorfahren, woraus sich eine Gesamtzahl von 1024 Vorfahren in den ersten 9 Ahnengenerationen ergibt.

Nachfahrenforschung

In manchen Museen und Bibliotheken finden sich große Stammbäume. Diese gehen von dem oben bereits erläuterten Stammvater aus. Bei der Nachfahrenforschung werden die Kinder jeder Generation erfaßt, allerdings wird in der Folge nur die Nachkommenschaft der Söhne, nicht jedoch der Töchter berücksichtigt. Da zu Beginn der Forschung nicht abzusehen ist, wieviele Kinder in jeder Generation auftauchen bzw. weiter zu verfolgen sind, kann nicht gesagt werden, wie eine Nachfahrentafel aussehen wird. Dementsprechend ist häufig zu beobachten, daß Zusammenhänge zwischen den Generationen nur schwer nachvollziehbar sind. Ein Stammbaum ist die künstlerisch-zeichnerische Darstellung der einem ältesten bekannten Ahnen nachfolgenden Generationen, in der Regel als Baumzeichnung. In der wesentlich klarer strukturierten Nachfahrentafel werden die miteinander verwandten Personen grafisch eindeutig und in den Generationen auf einer Ebene dargestellt.

Verwandtschaftsforschung

Diese genealogische Methode sucht die Verwandten eines Probanden zunächst in der eigenen Generation und dann zusätzlich in den auf- und absteigenden Linien. Die Darstellung in Verwandtschaftstafeln dient der Herausstellung der Entwicklung des gesellschaftlichen Standes. Ebenso werden sie für bestimmte körperliche Merkmale oder besondere Begabungen herangezogen. Sie enthält anstelle von Lebensdaten verschiedene, unter soziologischen oder genetischen Merkmalen relevante Erkenntnisse. Es zeigt sich der Zusammenhang eigener Vorfahren mit anderen Familien, zumeist werden sämtliche Geschwister miterfaßt.

Genealogische Zeichen

In allen Darstellungsformen werden genealogische Zeichen verwendet. Sie dienen der Arbeitserleichterung und haben die Aufgabe, ständig wiederkehrende Begriffe knapp und eindeutig zu ersetzen.

Schriftliche Darstellung

Neben der übersichtlichen grafischen Darstellung für die Vorfahrenforschung wird sehr häufig auch die schriftliche Form gewählt, die Ahnenliste als Pendant zur Ahnentafel. Auch sie richtet sich nach den Grundsätzen des schon erläuterten Kekuléschen Systems.

△ *Postkarte Anfang des 20. Jahrhunderts*

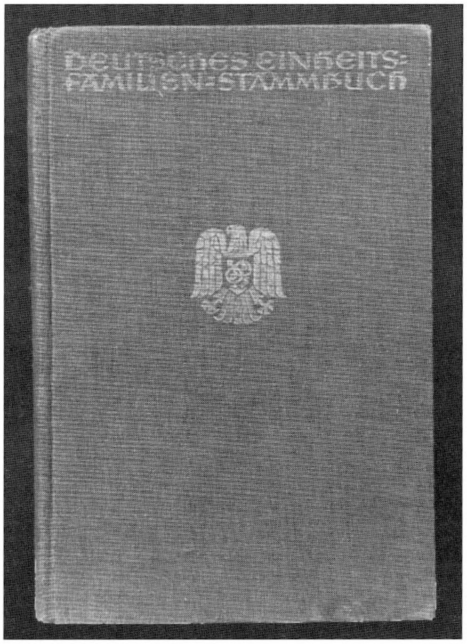

△ *Deutsches Einheitsfamilien-stammbuch von 1936*

△ *Stammbuch der Familie von 1994*

△ *Familienfoto von 1916*

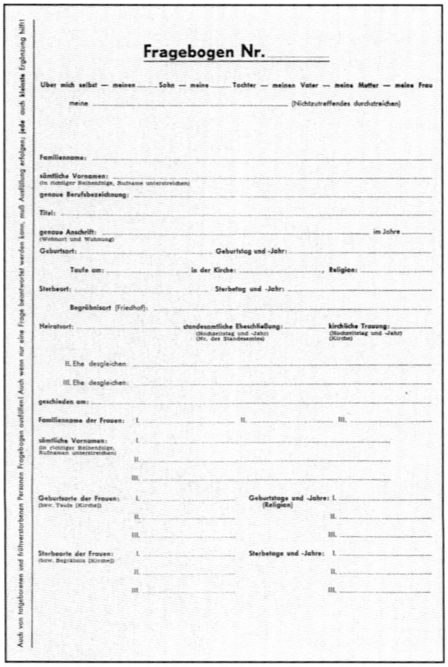

Auch von totgeborenen und frühverstorbenen Personen Fragebogen ausfüllen! Auch wenn nur eine Frage beantwortet werden kann, muß Ausfüllung erfolgen; **jede** auch **kleinste** Ergänzung hilft!

Fragebogen Nr. ______

Über mich selbst — meinen ___ Sohn — meine ___ Tochter — meinen Vater — meine Mutter — meine Frau

meine ______ (Nichtzutreffendes durchstreichen)

Familienname: ______

sämtliche Vornamen: ______
(in richtiger Reihenfolge, Rufname unterstreichen)

genaue Berufsbezeichnung: ______

Titel: ______

genaue Anschrift: ______ im Jahre ______
(Wohnort und Wohnung)

Geburtsort: ______ **Geburtstag und -Jahr:** ______

Taufe am: ______ **in der Kirche:** ______, **Religion:** ______

Sterbeort: ______ **Sterbetag und -Jahr:** ______

Begräbnisort (Friedhof): ______

Heiratsort: ______ **standesamtliche Eheschließung:** ______ (Hochzeitstag und -Jahr) (Nr. des Standesamtes) **kirchliche Trauung:** ______ (Hochzeitstag und -Jahr) (Kirche)

II. Ehe desgleichen: ______

III. Ehe desgleichen: ______

geschieden am: ______

Familienname der Frauen: I. ______ II. ______ III. ______

sämtliche Vornamen: I. ______
(in richtiger Reihenfolge, Rufnamen unterstreichen)
II. ______
III. ______

Geburtsorte der Frauen: I. ______ **Geburtstage und -Jahre:** I. ______
(bzw. Taufe [Kirche]) **(Religion)**
II. ______ II. ______
III. ______ III. ______

Sterbeorte der Frauen: I. ______ **Sterbetage und -Jahre:** I. ______
(bzw. Begräbnis [Kirche])
II. ______ II. ______
III. ______ III. ______

△ Fragebogen

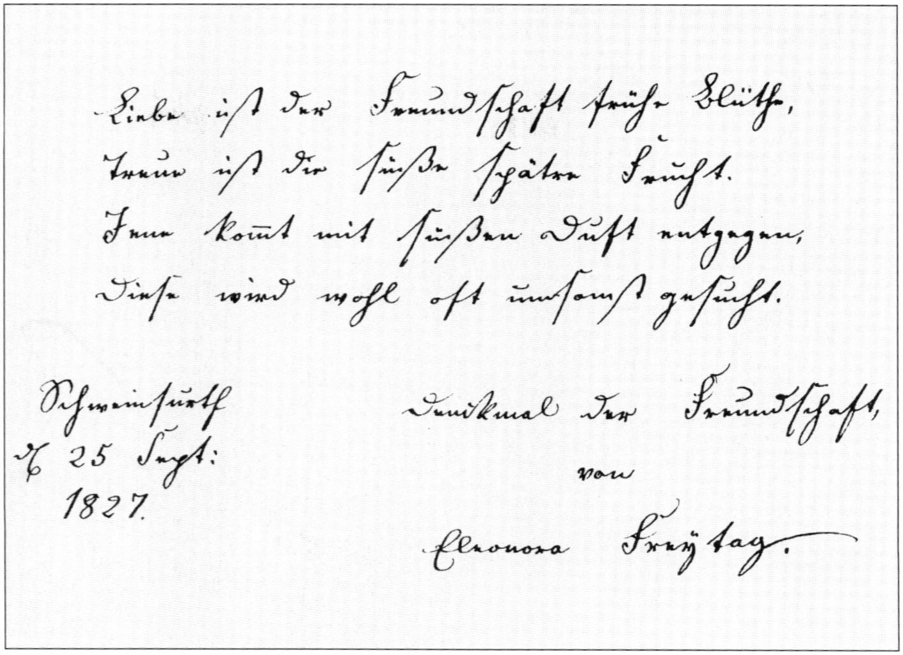

Liebe ist der Freundschaft frühe Blüthe,
Treue ist die süße spätere Frucht.
Jene kommt mit süßem Duft entgegen,
Diese wird wohl oft umsonst gesucht.

Schweinfurth
d 25 Sept:
1827.

Denkmal der Freundschaft,
von
Eleonora Freytag.

△ Poesiealbum vom 25. September 1827

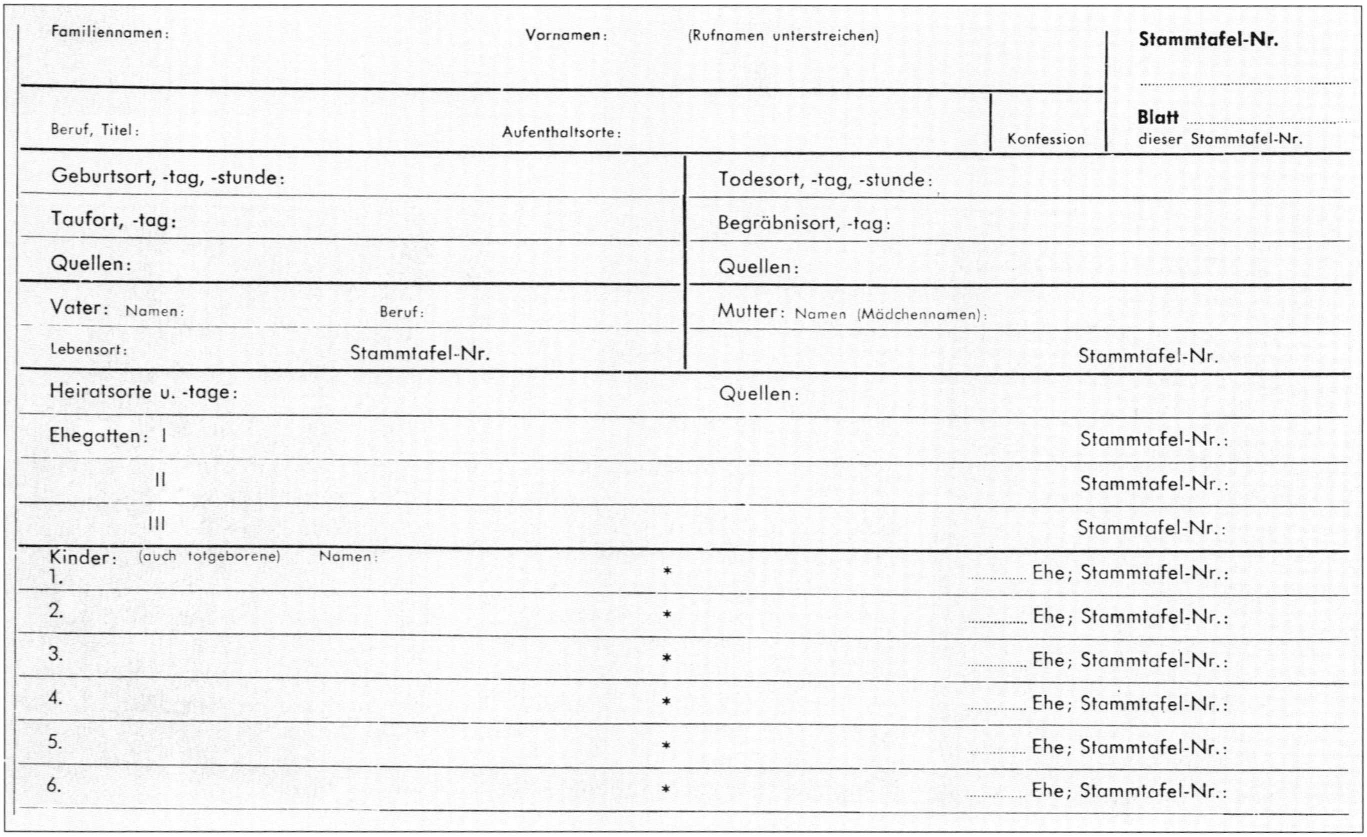

Familiennamen: | Vornamen: (Rufnamen unterstreichen) | **Stammtafel-Nr.** ......

Beruf, Titel: | Aufenthaltsorte: | Konfession | **Blatt** ...... dieser Stammtafel-Nr.

Geburtsort, -tag, -stunde: | Todesort, -tag, -stunde:

Taufort, -tag: | Begräbnisort, -tag:

Quellen: | Quellen:

Vater: Namen: Beruf: | Mutter: Namen (Mädchennamen):

Lebensort: Stammtafel-Nr. | Stammtafel-Nr.

Heiratsorte u. -tage: | Quellen:

Ehegatten: I Stammtafel-Nr.:

II Stammtafel-Nr.:

III Stammtafel-Nr.:

Kinder: (auch totgeborene) Namen:

1. * ...... Ehe; Stammtafel-Nr.:
2. * ...... Ehe; Stammtafel-Nr.:
3. * ...... Ehe; Stammtafel-Nr.:
4. * ...... Ehe; Stammtafel-Nr.:
5. * ...... Ehe; Stammtafel-Nr.:
6. * ...... Ehe; Stammtafel-Nr.:

△ Karteiblatt

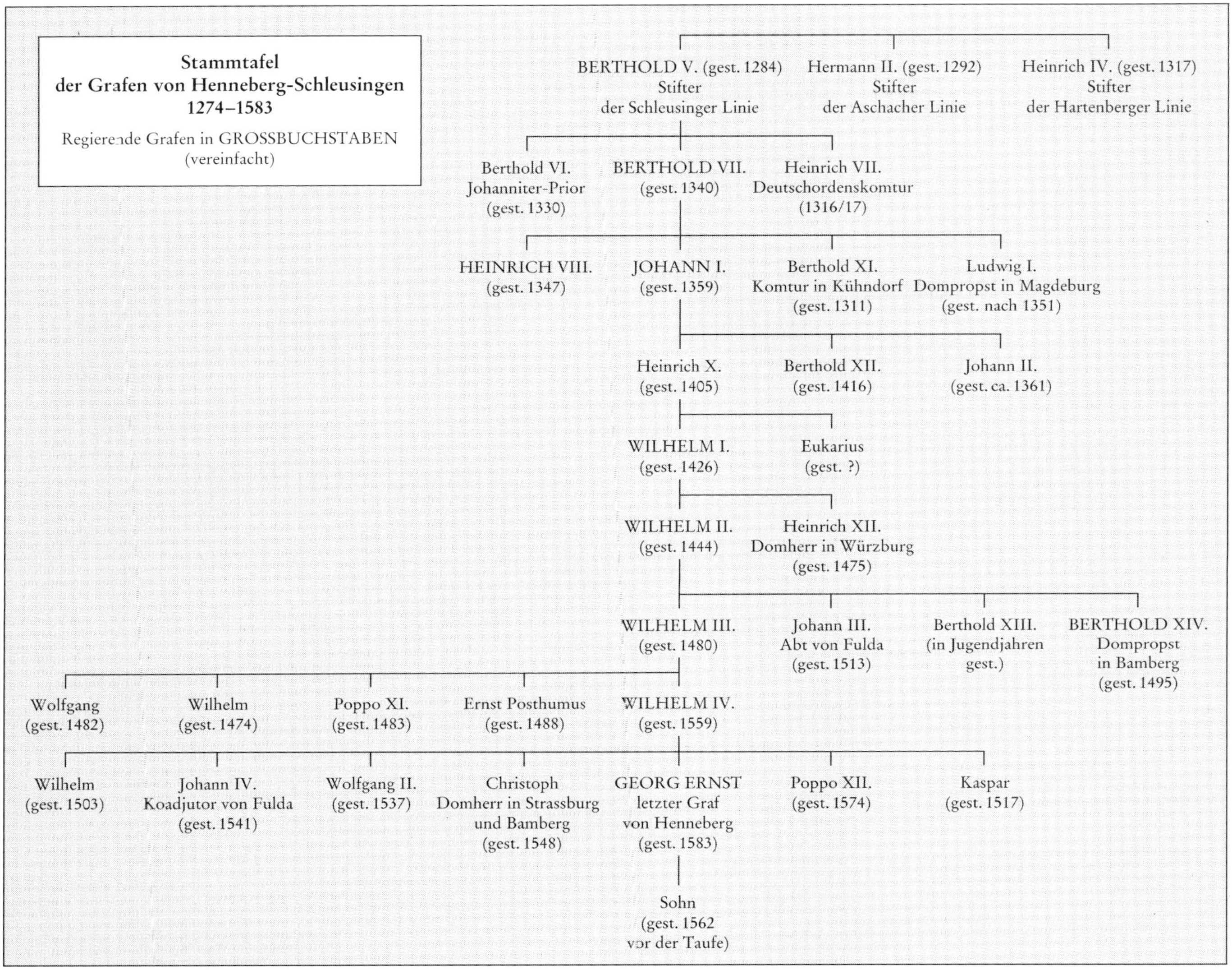

△ *Stammtafel*

Für jede Person werden jeweils folgende Angaben gemacht: Familiennamen (bei Frauen stets der Geburtsname), Vorname(n), Konfession, Beruf, Geburtsdatum/ort, ggf. getauft mit Kirchengemeinde, Sterbedatum mit Ort, ggf. begraben mit Ort, verheiratet (Mehrfachehen werden mit römischen Zahlen numeriert) mit Ort. Die Generationen werden mit römischen Ziffern kenntlich gemacht.
Daneben kann man Ahnenlisten auch nach den Ahnenstämmen, also den einen Familiennamen tragenden Personen, zuordnen. Hierfür werden die Familiennamen nach dem Alphabet geordnet. Innerhalb des Familiennamens steht zuerst der Vorfahr mit der niedrigsten Ziffer nach dem Kekuléschen System. Ihm folgen die Ahnen in der Reihenfolge vorheriger Generationen.

Etwas schwieriger gestaltet sich der Aufbau einer Stamm- und Nachfahrenliste. Die Geschwisterreihen in einer Generation werden mit römischen Zahlen bezeichnet, jeweils bestehend aus einem Geschwister, dessen Frau und den aus dieser Ehe stammenden Kindern. Dabei werden die Geschwister in der zeitlichen Abfolge ihrer Geburt geordnet, und der römischen Zahl wird durchgehend ein dem Alphabet folgender Kleinbuchstabe zugeordnet. Die römischen Ziffern entsprechen wie bei der Ahnenliste der Generationsfolge.

Proband

1) **Böhm** Stephanie, kath.,
Sekretärin
∗ 10. 3. 1955 in Düsseldorf

Generation I

2) **Böhm** Martin, kath., Kaufmann
∗ 7. 9. 1929 in Frankfurt
⚭ Düsseldorf 15. 6. 1954

3) **Bogner** Marion, ev., Hausfrau
∗ 6. 5. 1930 in Kassel

Generation II

4) **Böhm** Johann, kath., Kaufmann
∗ 5. 2. 1904 in Kassel
† 3. 10. 1981 in Kassel
⚭ Fulda 31. 5. 1928

5) **Thaler** Maria, kath.
∗ 27. 8. 1902 in Fulda
† 10. 5. 1983 in Kassel

6) **Bogner** Peter, ev., Arbeiter
∗ 4. 7. 1899 in Wittenberg
† 24. 11. 1973 in Hamburg
⚭ 1. 4. 1930 in Wittenberg

7) **Vollath** Isolde, ev.
∗ 18. 4. 1903 in Leipzig
† 9. 9. 1956 in Hamburg

△ *Ahnenliste nach Ziffern*

1) **Böhm** Stephanie, kath.,
Sekretärin
∗ 10. 3. 1955 in Düsseldorf

2) **Böhm** Martin, kath., Kaufmann
∗ 7. 9. 1929 in Frankfurt
⚭ Düsseldorf 15. 6. 1954

4) **Böhm** Johann, kath., Kaufmann
∗ 5. 2. 1904 in Kassel
† 3. 10. 1981 in Kassel
⚭ Fulda 31. 5. 1928

3) **Bogner** Marion, ev., Hausfrau
∗ 6. 5. 1930 in Kassel

6) **Bogner** Peter, ev., Arbeiter
∗ 4. 7. 1899 in Wittenberg
† 24. 11. 1973 in Hamburg
⚭ 1. 4. 1930 in Wittenberg

5) **Thaler** Maria, kath.
∗ 27. 8. 1902 in Fulda
† 10. 5. 1983 in Kassel

7) **Vollath** Isolde, ev.
∗ 18. 4. 1903 in Leipzig
† 9. 9. 1956 in Hamburg

△ *Ahnenliste nach Stämmen*

I Siebrecht Johann Fridrich, ev., Brauer, Mühlenpächter
∗ um 1735 in …

Kinder

Siebrecht Wilhelm, Heinrich, Tischler/Glasermeister
∗ um 1760 in … ⚭ I um 1788 in Uslar Reutern Johanne Christine Magdalene
∗ . u. 1760 in

II Siebrecht Friedrich Wilhelm, Tischler, Mühlenpächter (?)
∗ 24. 2. 1798 in Uslar, † 19. 8. 1849 in Uslar, ⚭ I 1824 in Blomberg/Fürstentum Lippe Martheus Louise Charlotte ⚭ um 1805

Kinder:

Siebrecht Wilhelm Heinrich,
∗ 4. 7. 1830 in Uslar

Siebrecht Sophie Helene Ferdinandine,
∗ 26. 2. 1834 in Uslar

Siebrecht Ernestine Wilhelmine Friederik,
∗ 13. 5. 1836 in Uslar

Siebrecht Dorothea Wilhelmine Karoline,
∗ 28. 3. 1844 in Uslar

Siebrecht Friedrich August Eberhard, Tischler
∗ 8. 7. 1847 in Uslar, † 18. 12. 1909 in Hannover, ⚭ 3. 7. 1877 in Hannover Keitel verw. Supleben Johanne Karoline Auguste,
∗ 1. 2. 1838 in Andreasberg

△ *Nachfahrenliste von Siebrecht Johann Fridrich*

In vielen Familien wird oft ein Ahnenpaß oder ein Stammbuch geführt. In den Verlagen Degener, Starke und RNK gibt es verschiedene Vordrucke. Beide folgen dem Kekuléschen System und erfassen den Probanden und dessen Vorfahrengenerationen. Der Nachteil eines Ahnenpasses liegt darin, daß Geschwister, weitere Ehen und die eigenen Kinder schon vom Schema her nicht mit vorgesehen sind. Anders beim Familienbuch, wo durch das Einlegen zusätzlicher Blätter problemlos sämtliche neu hinzutretenden Familienereignisse mit aufgenommen werden können.

Das Familienbuch wird zumeist bei Eheschließungen angelegt.

Veröffentlichung von Forschungsergebnissen

Sinnvoll erscheint die Publikation von Forschungsergebnissen. Dadurch werden Ergebnisse für die Nachwelt gesichert. Zugleich wird auch eine Möglichkeit geschaffen, mit anderen, vielleicht in demselben Forschungsgebiet tätigen Genealogen in Verbindung zu treten. In manchen Familien besteht Desinteresse der Erben an einer Übernahme und Fortführung der genealogischen Forschung. Dem kann mit der Veröffentlichung entgegengewirkt werden. Allgemein zugängliche Forschungsergebnisse erhöhen zudem die Motivation anderer und leisten einen nicht zu unterschätzenden Beitrag für die

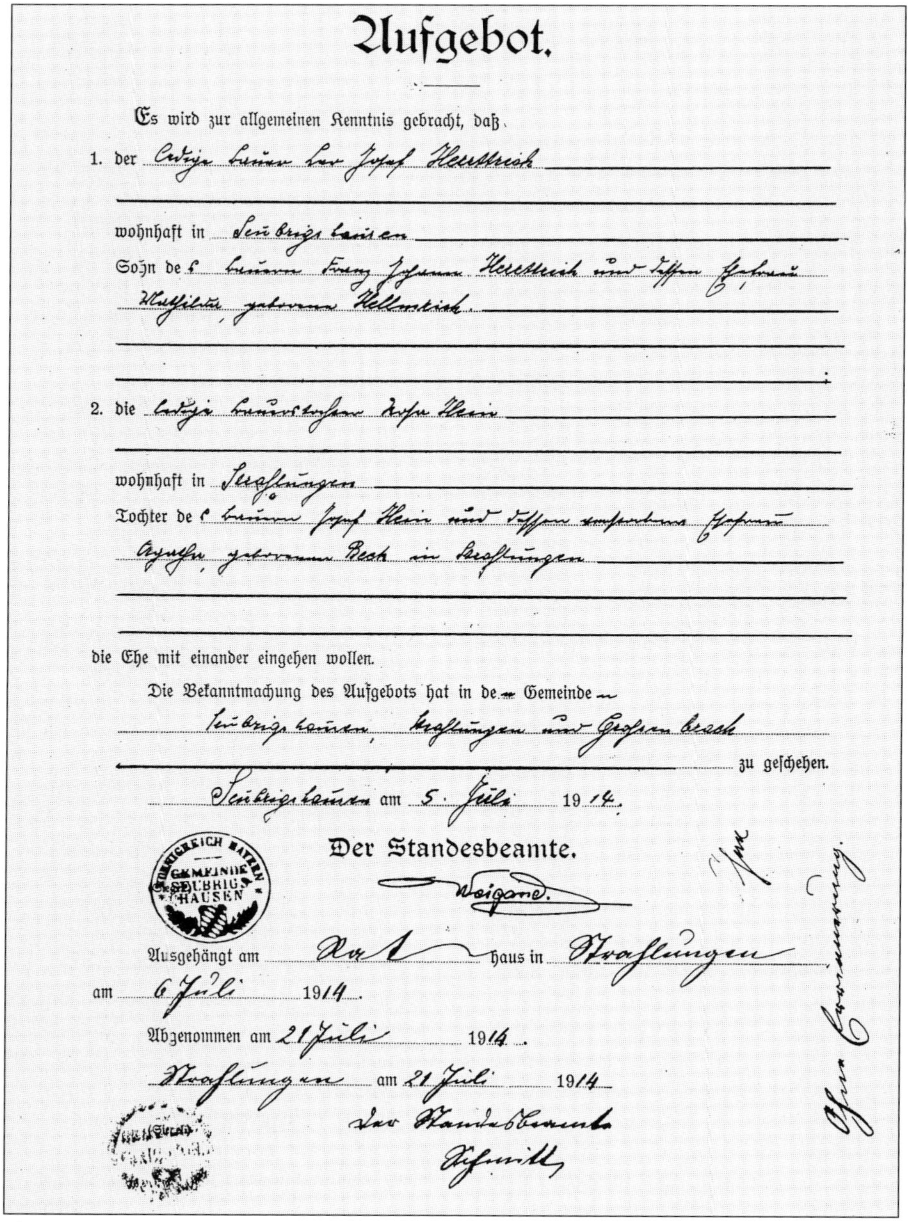

Aufgebot.

Es wird zur allgemeinen Kenntnis gebracht, daß

1. der ledige Bauer Josef Hellbrich

wohnhaft in Seubrigshausen

Sohn des Bauern Franz Johann Hellbrich und dessen Ehefrau Mathilde, geborene Hellbrich.

2. die ledige Bauerstochter Rosa Klein

wohnhaft in Strahlungen

Tochter des Bauern Josef Klein und dessen verstorbenen Ehefrau Agathe, geborene Beck in Strahlungen

die Ehe mit einander eingehen wollen.

Die Bekanntmachung des Aufgebots hat in den Gemeinden Seubrigshausen, Strahlungen und Großenbrach zu geschehen.

Seubrigshausen am 5. Juli 1914.

Der Standesbeamte.

Weigand.

Ausgehängt am Rathaus in Strahlungen am 6 Juli 1914.

Abgenommen am 21 Juli 1914.

Strahlungen am 21 Juli 1914

Der Standesbeamte

Schmitt

△ *Aufgebot von 1914*

Bekanntmachung von Zielen und Aufgaben genealogischer Arbeit in einer breiten Öffentlichkeit. In den zahlreichen genealogischen Zeitschriften, Schriftenreihen und in Jahrbüchern besteht eine Möglichkeit, die erarbeiteten Ergebnisse zu veröffentlichen. Fast alle genealogischen Vereine haben eigene Zeitschriften und Interesse an der Veröffentlichung von Ergebnissen aus ihrem Gebiet.

Quellen der Genealogie

Außer den in der Familie gesammelten Schriftstücken steht dem Familiengeschichtsforscher eine große Anzahl von schriftlichen und dinglichen Quellen zur Verfügung. Die wichtigsten sollen im folgenden vorgestellt werden.

Urkunden

Urkunden sind schriftliche Dokumente, die rechtserhebliche Tatsachen und Vorgänge widerspiegeln und in bestimmten Formen gehaltene Zeugnisse über Willensäußerungen. Die Urkundenlehre (Diplomatik), eine eigene hilfswissenschaftliche Disziplin, bezieht sich im wesentlichen auf mittelalterliche Urkunden. Ihre Aufgabe ist die kritische Bestimmung des Wertes von Urkunden als historische Zeugnisse. Unterschieden werden, entsprechend der gesellschaftlichen Stellung der Urkundenaussteller, im Mittelalter Kaiser-, Papst- und Privaturkunden. Die Bearbeitungskriterien von Urkunden beziehen sich auf deren äußerliche Merkmale und deren inhaltliche Gestaltung. Die Nutzbarkeit von mittelalterlichen, bis ins 13. Jahrhundert vorwiegend in lateinischer Sprache abgefaßten Urkunden für die Familiengeschichtsforschung ist unterschiedlich. Zu den Urkunden im einzelnen:

Personenstandsregister/-unterlagen

Die staatlichen Behörden versuchten bereits im 16. Jahrhundert Einfluß auf die Führung von Kirchenbüchern zu nehmen. Erhebungen von staatlicher Seite hat es in allen Weltkulturen gegeben. Die Landesherren nahmen in den evangelischen Gebieten Einfluß auf die Form der Kirchenbücher, aber das Recht der Kirche auf die Vollziehung der Handlung blieb unangetastet. Erst im 18. Jahrhundert tauchte mit dem Gedankengut der Aufklärung zum ersten Mal die Forderung nach einer Zivilehe auf. Der gesellschaftliche Umbruch der

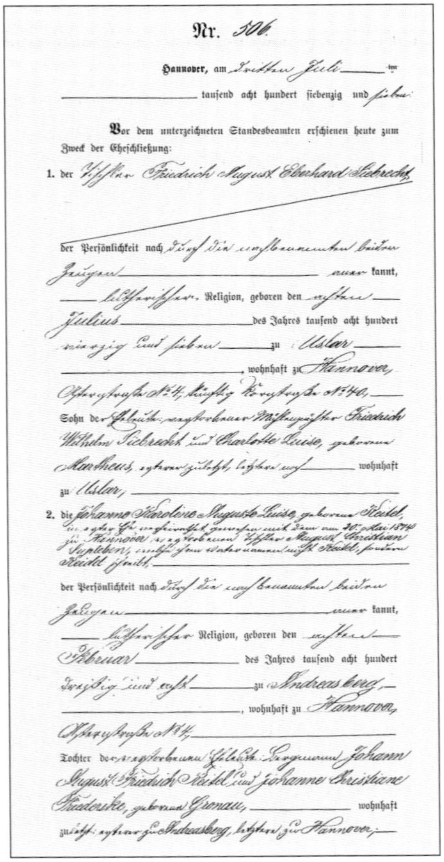

Nr. 506.

Hannover, am dritten Juli tausend acht hundert siebenzig und sieben.

Vor dem unterzeichneten Standesbeamten erschienen heute zum Zweck der Eheschließung:

1. der Schiffer Friedrich August Eberhard Siebrecht,

der Persönlichkeit nach durch die erstbenannten beiden Zeugen anerkannt, lutherischer Religion, geboren den ersten Julius des Jahres tausend acht hundert vierzig und sieben zu Uslar, wohnhaft zu Hannover,

Sohn der ... Friedrich Wilhelm Siebrecht und Charlotte Luise, geborene Matthaeus, ... wohnhaft zu Uslar,

2. die Johanne Karoline Auguste Luise, geborene Riedel, ...

der Persönlichkeit nach durch die erstbenannten beiden Zeugen anerkannt, lutherischer Religion, geboren den ersten Februar des Jahres tausend acht hundert dreißig und acht zu Andreasberg, wohnhaft zu Hannover,

Tochter der ... Johann August Friedrich Riedel und Johanne Christiane Friederike, geborene Grenau, wohnhaft zu ... Andreasberg, letztere zu Hannover;

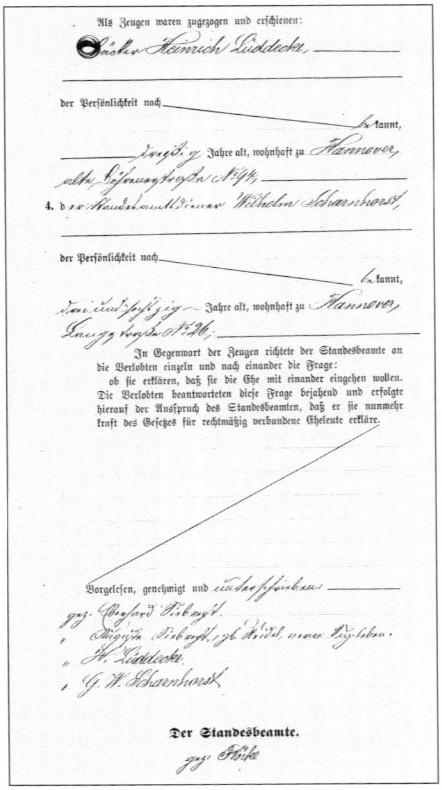

Als Zeugen waren zugezogen und erschienen:

3. der ... Heinrich Luddecke,

der Persönlichkeit nach bekannt, ... Jahre alt, wohnhaft zu Hannover, ...

4. der ... Wilhelm Scharnhorst,

der Persönlichkeit nach bekannt, ... Jahre alt, wohnhaft zu Hannover, ...

In Gegenwart der Zeugen richtete der Standesbeamte an die Verlobten einzeln und nach einander die Frage: ob sie erklären, daß sie die Ehe mit einander eingehen wollen. Die Verlobten beantworteten diese Frage bejahend und erfolgte hierauf der Ausspruch des Standesbeamten, daß er sie nunmehr kraft des Gesetzes für rechtmäßig verbundene Eheleute erkläre.

Vorgelesen, genehmigt und unterschrieben

gez. Eberhard Siebrecht.

" Auguste Siebrecht, geb. Riedel, ...

" H. Luddecke

" G. W. Scharnhorst

Der Standesbeamte.

gez. ...

◁ *Heiratsurkunde vom 3. 7. 1877 (Hannover)*

Französischen Revolution von 1789 manifestierte sich im Zivilgesetzbuch „Code Civil“. Die Trennung von Kirche und Staat wurde durch die Einführung der obligatorischen Zivilehe vollzogen. Die Führung von Personenstandsregistern wurde dadurch zur Aufgabe des Staates. Mit der Besetzung der linksrheinischen Gebiete durch Napoleon erhielt dieses Gesetz ab 1803 in den Rheinbundstaaten, der preußischen Rheinprovinz, in den linksrheinischen Gebieten Bayerns und Hessens und im Königreich Westfalen Geltung. Die Register wurden in diesen Territorien auch nach der Befreiung weitergeführt.

Der Verfassungsentwurf der Frankfurter Nationalversammlung forderte 1848 die obligatorische Zivilehe. Da dieser Entwurf jedoch nicht oder nur unvollständig in Kraft trat, wurden nur vereinzelt Personenstandsregister eingeführt, so in Frankfurt 1850 und in Hamburg 1865. Mit der Gründung des Deutschen Reiches 1871 unter einem protestantischen Kaiser begann zwischen der katholischen Kirche und dem Staat der „Kulturkampf“. Dieser führte schließlich zur Einführung eines zivilen Personenstandswesens. In Preußen galt es ab dem 1. 10. 1874, in den übrigen Ländern ab dem 1. 1. 1876. Seit diesem Tag ist in Deutschland eine rechtsgültige Eheschließung nur vor einem staatlichen Standesbeamten möglich.

Unabhängig von der Religion wurden Geburt, Heirat und Tod aller Einwohner erfaßt. Rechtsverbindlich waren und sind somit nur mehr die staatlichen Register. Für eine Eheschließung war es notwendig, ein Aufgebot zu bestellen, das folgende Angaben enthalten mußte: Vor- und Familiennamen, den Beruf und den Wohnort der Verlobten und ihrer Eltern.

Die Trauungsurkunde enthält folgende Angaben: Namen, Beruf, Geburtstag und -ort, Religion, Wohnort der Brautleute, deren Eltern mit Wohnort. Von den beiden Trauzeugen finden sich Namen, Alter, Beruf und Wohnort.

Seit der Einführung der Standesämter wurde das entsprechende Gesetz mehrfach geändert, so wurde die Angabe der Religion abgeschafft und wieder eingeführt. 1957 wurde das Familienbuch eingeführt, mit dessen Hilfe es möglich ist, eine ganze Familie zu erfassen und auch den Lebensweg der Kinder weiterzuverfolgen. Das Familienbuch wird vom zuständigen Standesamt geführt. Zeitweise wurden Querverweise auf den jeweiligen Urkunden abgeschafft, so daß ein Auffinden einzelner Personen sehr schwierig sein kann.

Geburts-, Heirats- und Sterberegister werden unabhängig voneinander geführt. Bei „rechtlichem Interesse“ – Familiengeschichtsforschung in direkter Linie wird anerkannt – erteilen die Standesämter aufgrund von schriftlichen Anfragen beglaubigte kostenpflichtige Abschriften aus den jeweiligen Registern. Persönliche Einsichtnahme in die Akten des Standesamtes ist nicht möglich. Hier muß auf die Problematik des Datenschutzes verwiesen werden, auf die später noch eingegangen wird.

In diesem Zusammenhang sei das Standesamt I in Berlin erwähnt. Nach den Wirren des Zweiten Weltkrieges waren viele Menschen vermißt. Diese konnten nach Ablauf einer Frist für tot erklärt werden. Dann wurden sie in Berlin

△ *Nekrolog des Stiftes Obermünster zu Regensburg*

registriert. Der Suchdienst des Deutschen Roten Kreuzes erstellte anhand von Zeitzeugenaussagen und nach vorliegenden Lageplänen Gutachten über das mögliche Schicksal vermißter Personen. Für diese wurden Karteien angelegt.

Kirchenbücher

Kirchenbücher sind mit Abstand die wichtigste genealogische Quelle für die Zeit vor der Einführung von Standesämtern im Jahre 1876. In Süddeutschland und Österreich werden Kirchenbücher als Matrikeln oder Matriken und in der Schweiz als Pfarrbücher bezeichnet. In den meisten deutschen Gebieten werden Kirchenbücher seit dem 16. Jahrhundert geführt. Es gab aber bereits in römischer Zeit unter Marc Aurel Tauflisten, und für Bischöfe wurden im Mittelalter Sterberegister geführt. In Klöstern wurden seit dem 7. Jahrhundert die Todestage der Mitglieder des Konvents und von Wohltätern aufgezeichnet. Diese Nekrologien wurden in Form von Kalendern geführt, mit dem jeweiligen Namen und dem Todestag.

Ab dem 15. Jahrhundert finden sich vereinzelt persönliche Aufzeichnungen von Pfarrern, z. B. das „Buch der Lebenden“ in Annaberg, begonnen 1498.

Unbestritten förderte die Reformation das Kirchenbuchwesen nachhaltig. Die verschiedenen Konfessionen sahen hier die Möglichkeit, durch Zahlen zu beweisen, wieviele Menschen sich zu dem jeweiligen Glauben bekannten. Dies diente der Sicherung des „Besitzstandes“. Die Aufgabe der Registerführung für die Pfarrer wurde schon in den ersten evangelischen landeskirchlichen Verordnungen, so z. B. 1533 in Brandenburg-Kulmbach, festgelegt. Bis 1563 wurden in 130 Orten Bücher geführt, in denen die kirchlichen Handlungen verzeichnet wurden. Ihre Zahl wuchs bis zum Ende des Jahrhunderts auf 800.

Auf katholischer Seite beginnen Kirchenbücher durch die Bestimmungen, die das Konzil von Trient (1545–1563) beschloß. Es wurde festgelegt, daß Tauf- und Heiratsregister zu führen seien, Sterbebücher wurden erst 1614 im Rituale Romanum eingeführt. Es dauerte jedoch noch bis ins 17. Jahrhundert, bis sich Kirchenbücher allgemein durchgesetzt hatten. Der Einfluß der Landesherren darf in diesem Zusammenhang nicht unterschätzt werden, da diese in Kirchenbüchern ein hervorragendes Mittel für ihre eigenen Interessen sahen. Mit deren Hilfe war es möglich, die Bevölkerung namentlich zu erfassen und Statistiken zu erstellen. Für Rekrutenerhebung und Steuerlisten waren Kirchenbücher damit zu einem unverzichtbaren Hilfsmittel geworden. Angesichts einer zunehmenden Bürokratisierung spielten sich Kirche und Staat gegenseitig in die Hände.

Trotz einer relativ großen Zahl von Kirchenbüchern aus dem 16. Jahrhundert sind diese heute eher die Ausnahme, da der Dreißigjährige Krieg unwiederbringliche Verluste verursacht hat. Unsachgemäße Lagerung, Brände und Hochwasser waren für weitere Verluste ebenso verantwortlich wie die Kriege des 20. Jahrhunderts mit all ihren Folgen. Ab dem frühen 19. Jahrhundert mußten in manchen Gegenden Kirchenbuchdoubletten geführt werden, die nach einem vorgeschriebenen Zeitraum an staatliche Stellen abgegeben wurden. Bei Verlust der Originale lohnt deshalb ein Nachforschen nach eventuell noch vorhandenen Kopien. Eine Vielzahl der Doubletten findet sich in der Deutschen Zentralstelle für Genealogie in Leipzig.

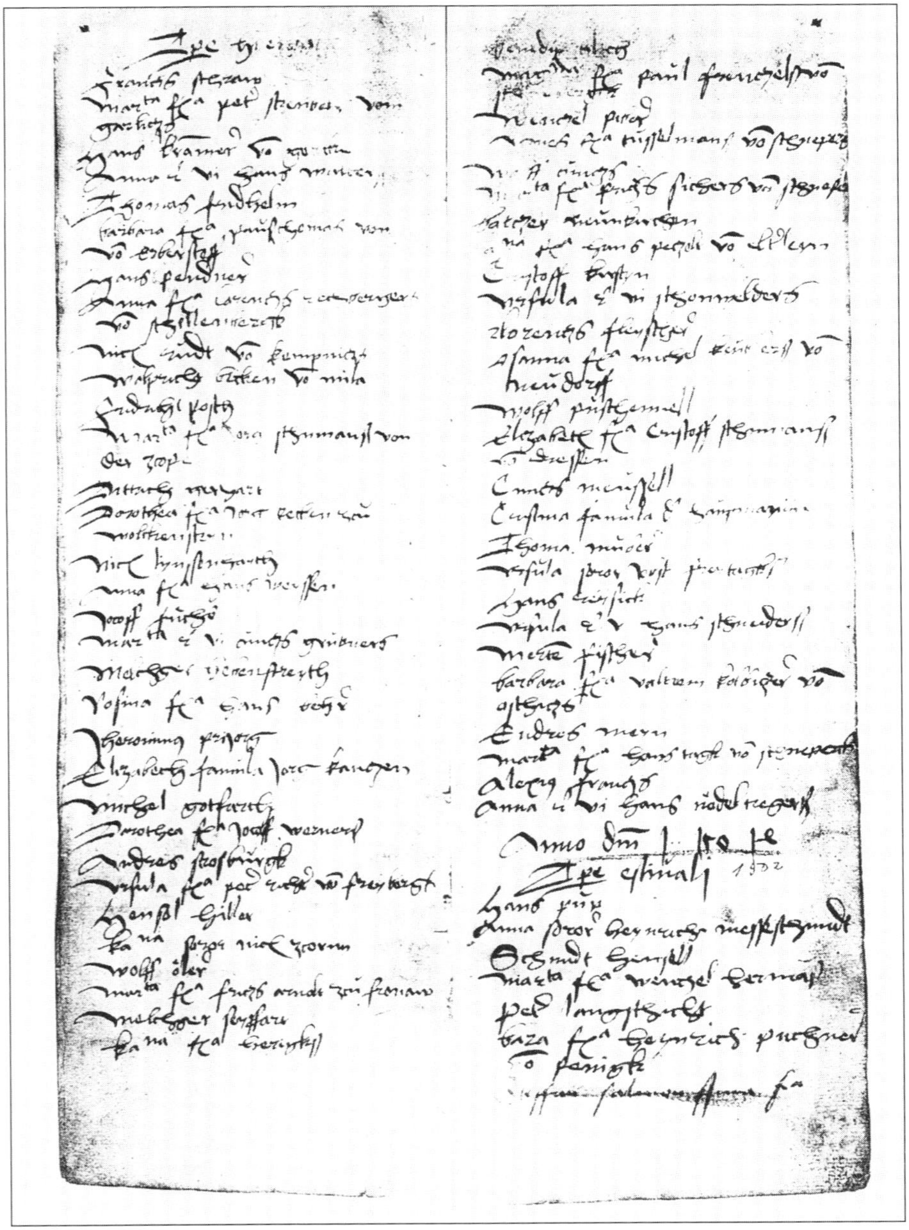

△ *Auszug aus dem Kirchenbuch von Annaberg/Sachsen aus dem Jahr 1502*

Welche Aussagen sind nun für den Forscher in Kirchenbüchern zu finden? In der Regel chronologisch geordnet, zumeist in getrennten Verzeichnissen, sind die kirchlichen Handlungen Taufe, Heirat und Begräbnis der Gemeindemitglieder aufgezeichnet. Bei Forschungen in Kirchenbüchern ist also zu beachten, daß ursprünglich nicht die Geburt, sondern die Taufe, das Begräbnis und nicht der Tod aufgenommen sind. Aus dieser Tatsache ergeben sich folgende Punkte:

Geburt und Taufe

Die Taufe fand oft am gleichen Tag wie die Geburt statt. Ein zeitlicher Abstand von einem bis zu fünf Tagen war aber keine Seltenheit. Bei sozial höher gestellten Familien konnte die Taufe unter Umständen

△ *Taufbuch Seubrigshausen*

erst Wochen nach der Geburt stattfinden, um den Paten Gelegenheit zur Anreise zu geben. Im Taufbuch findet man im Idealfall folgende Angaben:
Name des Kindes, Angabe der wievielten Geburt, Angabe vom Vater, dessen Beruf und Anschrift, die Angabe der Mutter, der Hebamme, des Geburtstages, der Geburtszeit und des Ortes, Taufpaten mit ihrem Stand und Wohnort.
Derart vollständige Aussagen sind aber erst für spätere Zeit zu erwarten.

Besonderheiten

Ist das Geburtsdatum nicht genannt, muß das verzeichnete Datum als Taufdatum ausgewiesen werden. Es war früher nicht selten, Vornamen an Kinder doppelt zu vergeben, so daß ein Kind die Namen eines früher verstorbenen Geschwisters erhielt. Namen kehren häufig auch in den Generationen wieder, so daß hier größte Vorsicht geboten ist, damit es nicht zu Verwechslungen kommt. Totgeborene Kinder konnten, mußten aber nicht im Tauf- und Sterberegister erscheinen. Sehr oft sind sie nur einmal verzeichnet, dann meistens im Sterberegister. Für uneheliche Kinder gibt es unter Umständen in der Gemeinde getrennte Verzeichnisse. Es kam vor, daß Eintragungen dieser Art auf dem Kopf stehend ins Buch geschrieben wurden.

Heirat

Die Eheschließung ist in der katholischen Kirche ein Sakrament, in der evangelischen Kirche eine Einsegnung. Die Kirchen versuchten bereits früh, Einfluß auf das Zusammenleben der Menschen zu nehmen. Für eine Ehe wurden des-

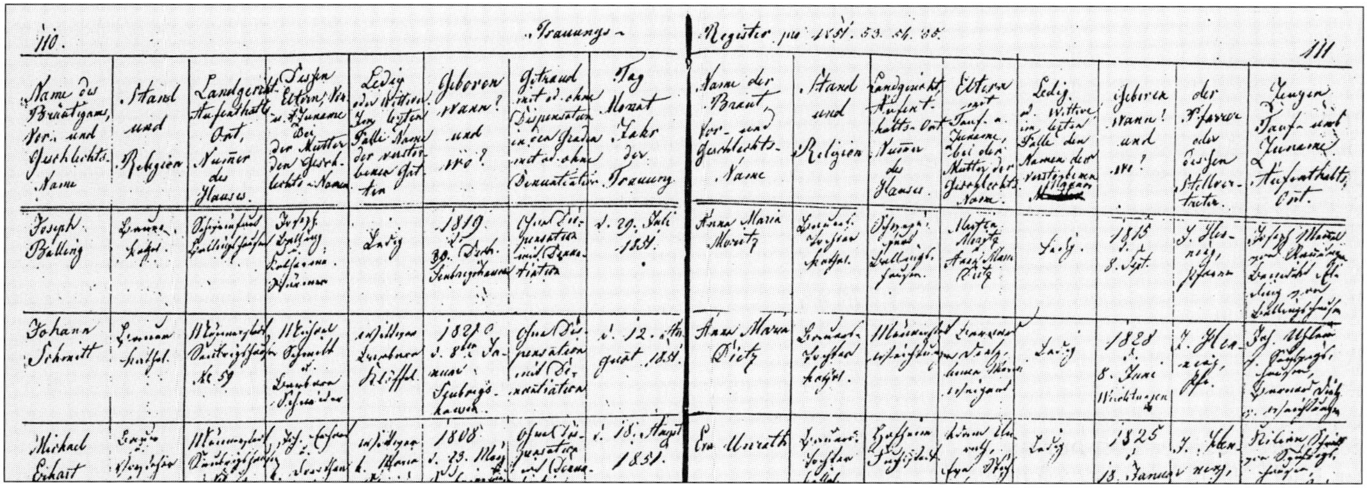

△ *Traueintrag*

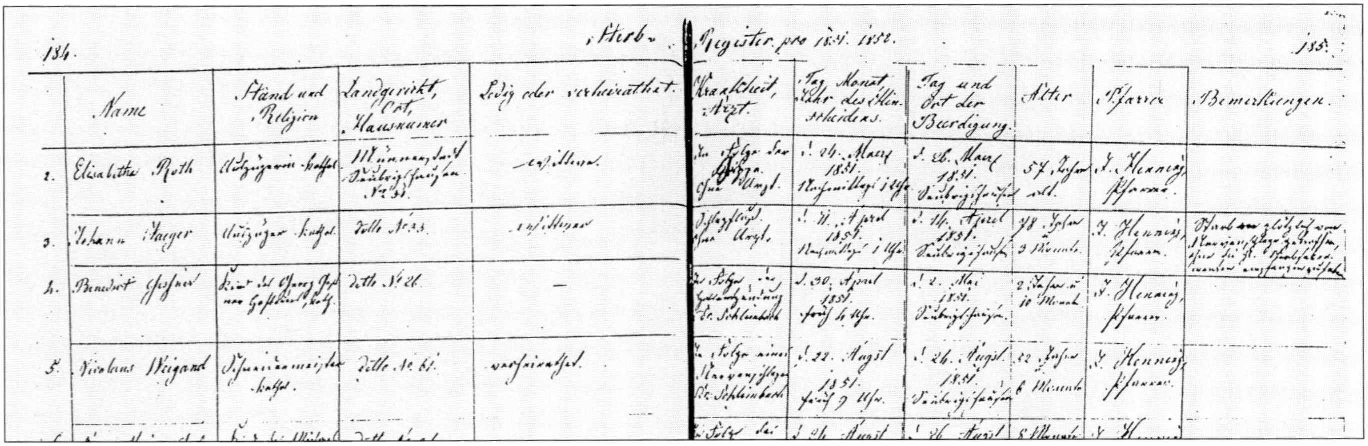

△ *Sterbeeintrag*

halb im Laufe der Zeit bestimmte Restriktionen eingeführt, so z. B. die Volljährigkeit der Brautleute (Ausnahmen bedurften der Genehmigung der Kirche) oder das Verbot der Verwandtenehe, die einen Dispens benötigt. Im Idealfall enthält der Traueintrag folgende Angaben: Name der Brautleute, Familienstand, Beruf und Wohnort des Bräutigams, manchmal auch der Braut, die Namen der Brauteltern, Alter der Brautleute und Namen, Stand und Wohnort der Trauzeugen.

Besonderheiten

Die Trauung fand manchmal auch am Wohnort der Frau statt, wobei das Aufgebot am Wohnort des Mannes erfolgt sein kann. Die Angaben der Trauzeugen können Hinweis auf die soziale Herkunft des Brautpaares sein: Diese Besonderheiten können gerade für die Überwindung eines „Toten Punktes“ von Bedeutung sein, auf den später noch eingegangen wird.

Tod und Begräbnis

Ebenso wie bei der Taufe wird in den Sterberegistern oft nur die kirchliche Handlung verzeichnet. In früherer Zeit fand eine Beerdigung nicht zwangsläufig innerhalb von drei Tagen nach dem Tod statt, wie dies heute die Regel ist. So ist keine verbindliche Aussage über die Zeitdifferenz zwischen Tod und Beerdigung möglich. Sozial höherstehende Personen wurden manchmal erst Wochen später beigesetzt. Beerdigungen am nachfolgenden Tag waren keine Seltenheit. Eine Beerdigung am Todestag läßt oft auf eine Seuche am Ort schließen. In der Regel finden sich in den Sterberegistern der Name des Verstorbenen, der Todestag, Zeit und Ort, die Beerdigungsdaten, die Todesursache, der Familienstand, der Name des Pfarrers und die Altersangabe.

Besonderheiten

Die Angaben zum Alter des Verstorbenen erfolgten von Freunden und Verwandten mündlich, so daß hier eine mögliche Fehlerquelle zu suchen ist. Bei der Todesursache muß man bedenken, daß das medizinische Wissen des einzelnen möglicherweise mangelhaft war. In Kirchenbüchern finden sich für uns unbekannte Krankheitsbezeichnungen. Hier sei auf die Fachliteratur verwiesen.

Besonderheiten bei Kirchenbüchern

Erfahrungsgemäß finden sich in den Kirchenbüchern nicht immer ausführliche Angaben. Fehlende Angaben aus den Eintragungen kann man eventuell aus anderen kirchlichen Quellen ergänzen. Diese finden sich im Kapitel zum „Toten Punkt“. Namensschreibung erfolgte nach Gehör und unter dem Einfluß des Dialektes, so daß bei der Forschung in diesem Zusammenhang auf mögliche Fehlerquellen geachtet werden muß. Bei Frauen wurde an den Familiennamen in älterer Zeit die Endung „-in“ angehängt. Mangelhafte Einträge in Kirchenbüchern sind keine Seltenheit. Die Ursachen hierfür können in äußeren Umständen (Kriegswirren, Seuchen), dem Tod des Pfarrers oder in der Vakanz der Pfarrstelle liegen. Fehlende Einträge bedeuten demnach nicht, daß die kirchlichen Handlungen nicht stattgefunden haben. Sie können einfach nur vergessen worden sein. Flüchtigkeitsfehler, vielleicht sogar absichtlich falsche Angaben erschweren die Forschung zusätzlich.

Die Verluste von Kirchenbüchern sind, besonders im 20. Jahrhundert, beträchtlich. Ein weiteres Problem liegt für den Genealogen in der Sprache und den Abkürzungen. Während die evangelischen Kirchenbücher in deutscher Sprache geschrieben wurden, sind die katholischen bis ins 19. Jahrhundert in Latein. Bei Exulanten wurden die Kirchenbücher in der eigenen Sprache geführt. Bei Problemen kann hier die Literatur weiterhelfen, die in der Bibliografie aufgeführt ist. Es war ebenfalls üblich, Abkürzungen zu verwenden. Die wichtigsten finden sich in der nebenstehenden Auflistung.

Vereinzelt finden sich in Kirchenbüchern auch Eintragungen von anderen Konfessionen. Verbreitet war dies in der Diaspora.

Kirchenbücher sind im allgemeinen beim zuständigen Pfarramt zu finden. In einigen Diözesen wurden sie im Laufe der letzten Jahre und Jahrzehnte zentralisiert, wobei aber die Regelungen unterschiedlich sind. Am besten erkundigt man sich bei den jeweiligen Landeskirchen und Diözesanarchiven.

Die Kirchenbücher der Vertreibungsgebiete befinden sich, soweit vorhanden, für die katholische Seite in Regensburg und für die protestantische im Zentralarchiv in Berlin bzw. in der Deutschen Zentralstelle für Genealogie in Leipzig.

Eine große Forschungshilfe bieten im Bereich der Kirchenbücher die Mormonen, die „Kirche Jesu Christi der Heiligen der Letzten Tage“. Die Mormonen verfilmen aus religiösen Gründen seit über 50 Jahren Kirchenbücher systematisch auf Mikrofilmen. Ihr Ziel ist die Stärkung der Familien, die auch die Verstorbenen miteinschließen. In den Archiven der Genealogischen Gesellschaft von Utah finden sich über 2 000 000 Daten. Ein Zugang ist für den Familiengeschichtsforscher über die 15 Forschungs- und Lesestellen in Deutschland möglich. Die Benutzung ist kostenfrei, lediglich die Bestellung der Filme kostet derzeit 10,– DM. Es kann zu einer Wartezeit bis zu drei Monaten kommen. Im Archiv lagert sehr viel Material, das auf andere Weise bereits verlorengegangen ist. Dies betrifft z. B. die Vertreibungsgebiete, so daß sich eine Anfrage in jedem Fall lohnen kann.

Militärkirchenbücher

Militärkirchenbücher stellen eine besondere Kategorie der Kirchenbücher dar. Sie entstanden erst mit der Schaffung stehender Heere in der zweiten Hälfte des 17. Jahrhunderts. Die durchschnittliche Dienstzeit betrug 20 Jahre und nahm damit einen bedeutenden Abschnitt im Leben eines Menschen ein. Findet sich in den zivilen Kirchenbü-

Liste von wichtigen Abkürzungen in Kirchenbüchern

Abkürzung	*Auflösung*	*Bedeutung*
ao	anno	im Jahre
A.C.	Anno Christi	im Jahre nach Christus
ad, A.D.	Anno Domini	im Jahre des Herrn
a.e.	anno edicto	im genannten Jahr
aet.	aetatis	im Alter von
a.m.	ante meridiem	vormittags
cop.	copulatus	verheiratet
den	denatus	gestorben
ex	exitus	Tod
fil.	filius, filia	Sohn, Tochter
g.m.	generis masculini	männl. Geschlechts
jur.	juvenis	Jüngling, Junggeselle
m., mort.	mortuus	gestorben
Mrstr.		Meister
n.	natus	geboren
N.N.	nomen nescio	Name unbekannt
nup.	nuptiae	Hochzeit
ob.	obiit	starb
p.	parrain	Pate, Taufzeuge
rel.	relicta	hinterlassen
ren	renatus, renata	getauft
r.f.	relicta filia	nachgelassene Tochter
seel.		selig, verstorben
sep.	sepultus	begraben
sp.	spuria, spurius	unehel. Tochter, Sohn
U.	uxor	Ehefrau
ve.	veuve	Witwe
VID.	vidua	Witwe
Wwe		Witwe
Xbr		Dezember

△ *Liste von Abkürzungen in Kirchenbüchern*

chern kein Eintrag, müssen die Militärkirchenbücher herangezogen werden. Die Armeen waren bis zur Reichsgründung eigenständig, und ihre Militärkirchenbücher befinden sich für die Zeit vor 1867 bzw. 1871 in den jeweiligen Staatsarchiven. Die Armeen aus Bayern, Sachsen und Württemberg behielten ihre Eigenständigkeit bis 1919, so daß der Bestand bis zu diesem Zeitpunkt in den Staatsarchiven lagert. Die Unterlagen der Schleswig-Holsteinischen Armee befinden sich für die Zeit vor 1867 im Reichsarchiv Kopenhagen, die der Vorpommern im Riksarkiv in Stockholm, da sie bis 1815 in königlich schwedischen Diensten standen. Das Gros an Militärkirchenbüchern entstand in der altpreußischen Armee (1714–1806) und in der neuen preußischen Armee (1806–1919).

Man unterscheidet zwischen Regimentskirchenbüchern und Garnisonskirchenbüchern. Während Regimentskirchenbücher, klein und handlich, immer als persönliches Eigentum des Feldpredigers mit dem Regiment mitgeführt wurden, waren Garnisonskirchenbücher an die Garnison gebunden und verzeichneten Taufen, Trauungen und Sterbefälle der durchziehenden Truppenteile. Eine Verflechtung bei Aufzeichnungen im zivilen und militärischen Kirchenbuch war selbstverständlich, da Truppenteile außerhalb der Garnison untergebracht waren und deshalb nicht in den Garnisonskirchenbüchern geführt wurden. Sterbefälle von Soldaten wurden im zivilen Kirchenbuch geführt, da sie auf dem örtlichen Friedhof beigesetzt wurden. Der Feldgeistliche wurde bei Abwesenheit durch den örtlichen Pfarrer vertreten. Seine Handlungen wurden auf Meldezetteln vermerkt, die eine sehr hohe Verlustrate hatten.

Besonderheiten

Alle Konfessionen treten nebeneinander auf, das heißt, die reformierte, evangelische und katholische Konfession wird gleichberechtigt nebeneinander behandelt. Erst ab 1850 wurde sowohl ein evangelischer als auch katholischer Feldprediger berufen, so daß es getrennte Kirchenbücher gab.

Die Bezeichnung der Regimenter wechselte mit den Kommandeuren. Hilfreich sind hier die seit 1784 publizierten Ranglisten oder Offiziersnachweise der preußischen Armee.

Die Angabe von Geburtsorten ist oft unzuverlässig. Häufig wurde der Sitz des Regimentsstabes als solcher verwendet. In Frage kommt jedoch auch der letzte Aufenthaltsort oder das Kirchspiel, in dem das Regiment lag.

Die Taufbescheinigungen sind nur selten in Militärkirchenbüchern zu finden. Diese sind nur vorhanden, wenn der Vater im aktiven Dienst stand. Dasselbe gilt für Sterbeeinträge.

Der größte Bestand an Militärkirchenbüchern lagert in Berlin und Hannover. Beim Katholischen Militärbischofsamt in Bonn liegen ca. 800 Militärkirchenbücher aus katholischen Militärpfarreien des ehemaligen Deutschen Reiches (in den Grenzen von 1914) für die Zeit von 1739–1945 (Anschrift siehe katholische Archive).

Andere Quellen/ Schriftstücke

Adreßbücher

Adreßbücher sind ein wichtiges Hilfsmittel für die neuere Zeit. Ihren Ursprung haben sie in den Adreßkalendern des 18. Jahrhunderts. Die ersten erschienen in Königsberg (1704) und Berlin (1706). Im Laufe des 19. Jahrhunderts verschwand das Kalendarium. Gedruckte Adreßbücher befinden sich heute in den jeweiligen Stadtarchiven und/oder -bibliotheken. Der Familiengeschichtsforscher kann aus den Adreßbüchern wichtige Informationen für den jeweiligen Wohnort eines Vorfahren bekommen. Dies ist vor allem für Städte von eminenter Bedeutung, in denen Einwohnermelderegister durch äußere Umstände wie Krieg oder Brand verlorengingen. Ein Beispiel hierfür ist Nürnberg, wo Einwohnermeldelisten aus der Zeit um die Jahrhundertwende kriegsbedingt verloren gingen. Anhand der Adreßbücher, die in einem Zeitraum von etwa fünf Jahren erschienen, ist es möglich, den Lebensweg eines Vorfahren zu verfolgen. In Adreßbüchern findet sich die Angabe des Haushaltsvor-

Adreßbuch
für
die königl. bayerische Stadt
Schweinfurt.
Nach dem Stande vom Monat April 1865
bearbeitet von
Caspar Trillhaas.
Mit einem Anhange, betr. die Eintheilung der Stadt Schweinfurt in zwölf Distrikte.
Schweinfurt.
Im Selbstverlage des Verfassers.
1865.

△ *Adreßbuch von 1865 der Stadt Schweinfurt*

standes mit seiner Berufsbezeichnung, die sich im Laufe der Jahre ändern kann. Festzustellen ist auch, ob und welchen Grundbesitz er besaß.

Ein Verzeichnis der Adreßbücher mit den jeweiligen Erscheinungsjahren ist im Taschenbuch für Familiengeschichtsforschung von Ribbe/Henning, S. 235–261, bearbeitet von Christel Wegeleben.

Einwohnermelderegister/ Bürgerbücher

Einwohnermelderegister liegen, nachdem sie von den kommunalen Verwaltungen abgegeben wurden, in den Stadtarchiven. Sie verzeichnen Umzüge innerhalb des jeweiligen Wohnorts. Diese Meldebögen können eingesehen werden. Sie verzeichnen den Namen des Mannes und seiner Familie mit den Kindern, die Geburtsdaten, seinen Beruf und seinen Heimatort. Oft liegt diesen Bögen auch der Heimatschein bei, der Auskunft darüber gibt, in welchem Ort der Erwähnte das Heimatrecht besitzt. Diese Heimatscheine gibt es seit der zweiten Hälfte des 19. Jahrhunderts.

In Bürgerbüchern, auch als Bürgeraufnahmebücher und Bürgerrollen bezeichnet, wurden seit dem Hochmittelalter neuaufgenommene Bürger einer Stadt verzeichnet, da jeder, der in einer Stadt Grundbesitz erwerben, Handel treiben oder ein städtisches Amt bekleiden wollte, das Bürgerrecht besitzen mußte. Wer dieses Bürgerrecht beantragte, mußte nachweisen, daß er ehelicher Geburt und christlichen Glaubens war und einen ehrlichen Beruf ausübte (unehrliche Berufe waren z. B. Schinder, Abdecker). Angesichts einer Bevölkerung, die zu 80 Prozent auf dem Land lebte, sind die Bürgerbücher nur für relativ wenige Familiengeschichtsforscher interessant.

Heimatzeitungen/Vereinszeitungen

Im Zeitalter der Massenmedien macht man sich kaum Gedanken, daß eine Zeitung noch vor 200 Jahren keine Selbstverständlichkeit war. Auch heute enthält fast jede Zeitung täglich genealogische Quellen, ohne daß man sich dies bewußt macht: Geburtsanzeigen, Heiratsanzeigen, Todesanzeigen, Glückwunschanzeigen zum Geburtstag und zu Jubiläen. Intelligenzblätter gibt es seit dem 18. Jahrhundert. Sie werden in den Stadtarchiven aufbewahrt. Überregionale Zeitungen unseres Jahrhunderts finden sich in den Staatsbibliotheken und können jederzeit

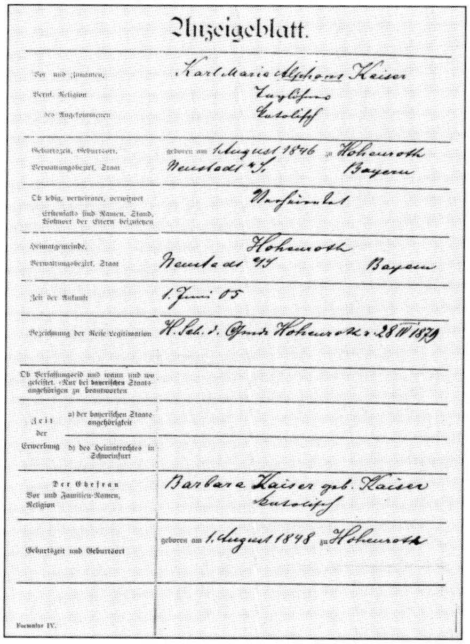

Anzeigeblatt.

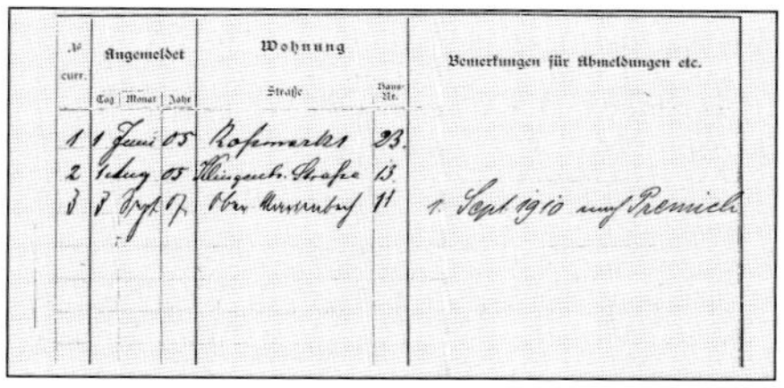

△ Meldebogen aus dem Jahr 1905

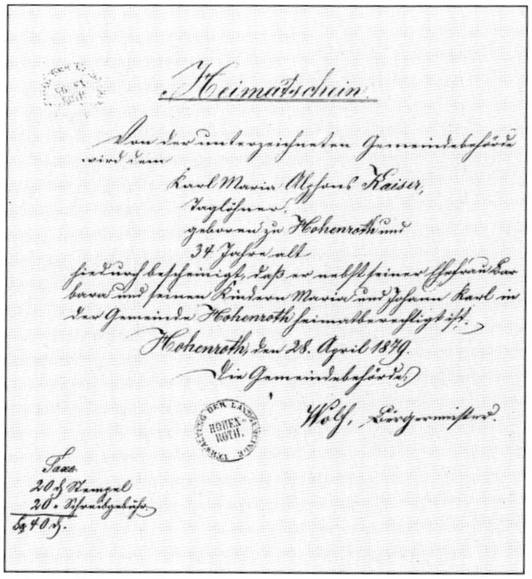

Heimatschein

Hohenroth, den 28. April 1879.

△ Heimatschein vom 28. April 1879

eingesehen werden. Selbst wenn sich kein direkter Hinweis auf die Vorfahren finden läßt, vermitteln die Lokalzeitungen einen hervorragenden Einblick in das Leben der damaligen Zeit. Dadurch werden nüchterne Daten mit Leben erfüllt.

Daneben sind auch erwähnenswert die Veröffentlichungen von Heimatvereinen und -verbänden. Diese spielen vor allem im dörflichen Bereich eine große Rolle und vermitteln das Leben in der Gemeinschaft. Eine Fundgrube sind auch die Aufzeichnungen anderer Organisationen wie z. B. der freiwilligen Feuerwehr. Überall werden heute Jahrestage von Vereinen gefeiert, zu deren Anlaß oft Chroniken erstellt werden. Hier finden sich Gesamtverzeichnisse der Mitglieder. In manchen Gebieten, z. B. in Nordböhmen, bemühten sich Exkursionsclubs um die Vermittlung landeskundlichen und heimatgeschichtlichen Wissens an die interessierte Öffentlichkeit. Die aus breit angelegten Studien erwachsenen Ergebnisse wurden in Mitteilungen der Exkursionsclubs abgedruckt.

Wochenzeitung vom 5. Februar 1776 ▷

NUM. LX.

Schweinfurther wöchentliche Anzeige.

Mit großgünstig-Obrigkeitlicher Erlaubniß.

Montags, den 5.ten Februar, 1776.

Beschluß des Replic-Satzes

des Mainströhmers, auf die eingebrachte Exceptiones der Schweinfurther Häcker-Zunfft.

Neuntens: Darf das Laubabschneiden durchaus nicht eher vorgenommen werden, als bis das Holz zeitiget; Dieses kommt aber auf die Jahrszeit an, welche veränderlich ist; Oeffters zeitiget das Holz bald, öffters spath. Waswegen der Pfähle eingestreuet wird: Als ob Ihre Häcker deren nicht mehr einschlagen könnten, als sie von denen Bauherren bekämen, ist unerheblich. Ein Bauherr mag noch so viele Pfähle in seine Weinberge schaf-

NB. Am 3.ten Februar, ist auf dem allhiesigen Holzmarkt ein Scheuer-Schlüssel verlohren worden; Wer solchen gefunden, melde es, gegen ein Trankgeld, bey dem Verleger.

Früchten-Preis.

Mittwochs, den 31. Januar.

	Fl.	ß.	Pf.		Fl.	ß.	Pf.
Das Malter Waitzen à	5.	14.	-	Das Malter Haber.	3.	-	-
Das Malter Korn à	5.	-	-	Die Metz Wicken.	-	14.	-
Auch -	4.	26.	1.	Die Metz Erbsen.	-	16.	-
Das Malter Gersten.	4.	22.	2.	Die Metz Linsen.	-	15.	-

Sonnabends, den 3. Februar.

	Fl.	ß.	Pf.		Fl.	ß.	Pf.
Das Malter Waitzen	5.	26.	1.	Das Malter Haber	3.	1.	5.
Das Malter Korn	5.	-	-	Die Metz Erbsen	-	16.	-
Auch - - -	4.	26.	1.	Die Metz Linsen	-	15.	-
Das Malter Gersten	4.	26.	1.	Die Metz Wicken	-	14.	-

Fleisch-Taxe.

	Fl.	ß.	Pf.		Fl.	ß.	Pf.
Rind-Fleisch	-	1.	4.	Kalb-Fleisch.	-	1.	4.
junges Rind-Fleisch	-	1.	2.	Lamm-Fleisch.	-	-	-
Hammel-Fleisch	-	1.	3.	Schweinen-Fleisch.	-	1.	5.
Schaaf-Fleisch	-	1.	-				

Weis-Brod.

Mercurii, d. 3. Januarii 1776.

Ist auf Grosgünstigen Befehl Eines Hoch-Edlen und Hochweisen Magistrats die Becken-Waag geändert, und den Beckern bey Strafe wohl auszubacken anbefohlen worden: $12\frac{1}{2}$. Loth Waitzen pro 2. Pf. à 6. Fl. - ß. das Malter.

Rocken-Brod.

$18\frac{1}{2}$. Loth Rocken pro 2. Pf. à 4. Fl. 22. ß. 2. Pf. das Malter. Ein Knackenlaiblein muß wiegen 1. Pfund 5. Loth. Ein Groschen Laiblein muß wiegen 2. Pf. 10. Loth. Ein zwey groschen Laib wiegt 4. Pf. 20. Loth. Ein 4. Schillings Laib wiegt 6. Pf. 30. Loth.

Saltz-Preis.

In dem allhiesigen Saltz-Laden kostet dermahlen die Maas 7. ß. 2. Pf.

Hochfürstlich-Wirzburgische Lotterie.

In Gefolg des von Seiner Hochfürstlichen Gnaden Bischoffen zu **Bamberg** und **Wirzburg**, Herzogen zu Francken, &c. d. d. 9.ten Febr. 1767. erlassenen gnädigsten Patents, ist heute den 30.ten Januarii 1776. zu Wirzburg vollzogen worden.

Die Hundert Ein und Funfzigste Ziehung.

Die aus dem Glücksrade gezogene Nummern sind:

N.ro 18. 23. 65. 61. 55.

Die Hundert Zwey und Funfzigste Ziehung ist zu Wirzburg den 23. Februar. 1776., die übrigen sind von 3. zu 3. Wochen.

Fremde, so allhier angekommen.

Zum Brücken-Thor herein paßirt.

Den 28. Januar, Herr Lücker, Kauff- und Handelsmann, aus Kitzingen, kommt par Courier, logirt in der goldenen Crone.

Zum Obern-Thor herein paßirt.

Den 3. Februar, Herr Consulent Lang, aus Erlang, kommt per Posto von Frankfurth, logirt im wilden Mann.

Sachen, so zu verkauffen sind.

Ein noch schier neuer Brandewein-Zeuch, (von ohngefehr 25. Pfund schwehr, ohne Röhrn,) ist zu verkauffen; Wer Lust dazu hat, melde sich bey dem Verleger dieser wöchentlichen Anzeige.

Ein noch schier neuer rother- mit gutem Eisen versehener Renn-Schlitten, nebst schönem Geläut, ist zu verkauffen; Wer Lust dazu hat, kan sich bey dem Verleger dieser wöchentlichen Anzeige melden, und denselben in Augenschein nehmen.

Acht Klaffter büche Holz, recht schön, ist zu verkauffen; Wer Lust dazu hat, melde sich bey dem Verleger dieser wöchentlichen Anzeige, um ein mehreres zu erfahren.

Avertissement.

Am 18. Januar, ist Abends bey dem Zieh-Brunnen beym goldenen Löwen, ein Eymer und Seil liegen geblieben; Wer solches zu sich genommen, beliebe es bey dem Verleger dieser Anzeige zu melden, er soll ein Trankgeld bekommen.

NB.

schaffen, so werden ihrer doch alle Jahre genug fehlen. Die Ursach ist, weil Ihre Häckers-Weiber solche zusammen knicken, und ihrer jungen Zucht davon zu Haus Brey kochen. Man sollte ihre Kötzen, oder Körbe, welche oben allemahl mit etwas Reben bedeckt sind, unter den Thoren visitiren, so würde sichs veroffenbahren.

Zehendens: Was das dreymahlige Brachen mit dem Karst, worunter aber das **Hacken** mit zu verstehen ist, betrifft; So werden es Ihre Häcker allemahl treffen, wenn solche bey ihrer Arbeit nur ordentlich seyn wollen, nach **Bartholomä**, wächst sellten Klee, folglich auch kein Graß mehr, mithin bleiben die Weinberge rein, wenn solche vorhero ordentlich tractirt worden.

Eilftens: Daß die **Dung** zwischen 4. Stöcken nichts tauge, sondern das Unkraut vermehre, ist falsch.

Wenn Ihre Häcker zu rechter Zeit, wie schon gedacht, **hacken und brachen**, so kan kein Graß, oder Unkraut, überhand nehmen. Machen Sie nur einmahl einen Versuch! Von Bamberg bis nach Wirzburg, und von dar fast bis nach Werthheim, thut einerley Bauart in denen Weinbergen gut.

Zwölftens: Das **Vexer ausbüssen** geschicht am füglichsten im **Frühjahr**; Im Winter können Ihre Häcker alte Weinreben eingraben, und die Vexer verkauffen, denen Bauherren aber sodann weiß machen, sie wären erfrohren, oder verdorben.

Meine Meynung ist nicht gewesen, daß man einem Vexer 3. Pfähle geben müsse, ehe er aufgewachsen; sondern ich habe nur gewollt, man müsse denselben, durch ein Querholz, welches mit dem **Zeichen** einen Triangel, einer Spanne hoch, von der Erde macht, vor dem Niedertretten bewahren.

Schließlich erinnere ich noch, daß bey Uns kein Häcker, das ganze Jahr über, ohne Erlaubniß seines Bauherrns, in den Weinberg gehen darf, dadurch werden alle Schlumpereyen vermieden; Und hiermit beschliesse ich zu einem gedeyhlich- und obsieglichen Urthel.

Maynstrohm,
den 16. Decembris 1775.

Sempronius.

Decretum:

Gegenwärtiger Replic-Satz des **Maynströhmers** wird der beklagten Schweinfurther Häcker-Zunfft, auf 4. Wochen, zu ihrer schließlichen Nothdurffts-Beobachtung communiciret.

Nachrichtsstube,
den 5. Februarii 1776.

Hoch-

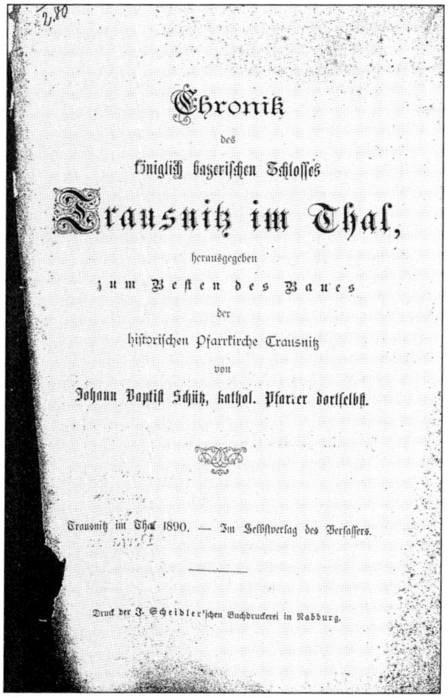

Chronik
des
königlich bayerischen Schlosses
Trausnitz im Thal,
herausgegeben
zum Besten des Baues
der
historischen Pfarrkirche Trausnitz
von
Johann Baptist Schütz, kathol. Pfarrer dortselbst.

Trausnitz im Thal 1890. — Im Selbstverlag des Verfassers.

Druck der J. Scheidler'schen Buchdruckerei in Nabburg.

△ *Ortschronik von Trausnitz aus dem Jahr 1890 (Titelseite)*

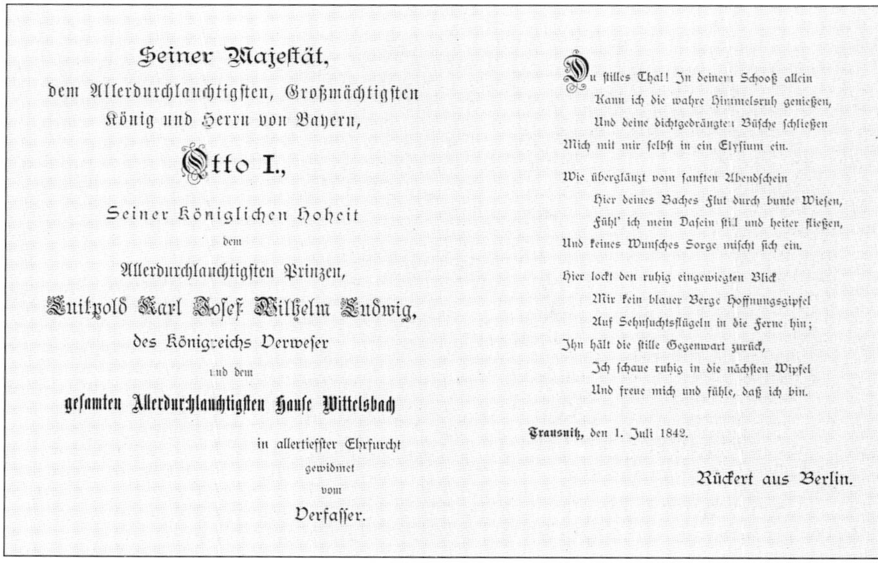

Seiner Majestät,
dem Allerdurchlauchtigsten, Großmächtigsten
König und Herrn von Bayern,
Otto I.,
Seiner Königlichen Hoheit
dem
Allerdurchlauchtigsten Prinzen,
Luitpold Karl Josef Wilhelm Ludwig,
des Königreichs Verweser
und dem
gesamten Allerdurchlauchtigsten Hause Wittelsbach
in allertiefster Ehrfurcht
gewidmet
vom
Verfasser.

Du stilles Thal! In deinem Schooß allein
Kann ich die wahre Himmelsruh genießen,
Und deine dichtgedrängten Büsche schließen
Mich mit mir selbst in ein Elysium ein.

Wie überglänzt vom sanften Abendschein
Hier deines Baches Flut durch bunte Wiesen,
Fühl' ich mein Dasein still und heiter fließen,
Und keines Wunsches Sorge mischt sich ein.

Hier lockt den ruhig eingewiegten Blick
Mir kein blauer Berge Hoffnungsgipfel
Auf Sehnsuchtsflügeln in die Ferne hin;
Ihn hält die stille Gegenwart zurück,
Ich schaue ruhig in die nächsten Wipfel
Und freue mich und fühle, daß ich bin.

Trausnitz, den 1. Juli 1842.

Rückert aus Berlin.

△ *Ortschronik von Trausnitz aus dem Jahr 1890 (Widmung)*

Chroniken

Die Chroniken gehören zu den literarischen Quellen, das heißt, daß sie zu dem Zweck geschaffen wurden, die Nachwelt über bestimmte Vorgänge zu informieren. Dementsprechend muß man sich darüber im klaren sein, daß historische Chroniken unter Umständen ein einseitiges Bild geben. In den letzten Jahren erschienen zu einzelnen Orten sehr viele Chroniken. Für den Familiengeschichtsforscher haben sie aber nur Wert, wenn sie ein Register enthalten. Daneben gibt es auch aus dem 19. Jahrhundert eine Anzahl von Ortschroniken, die ihrerseits ein historisches Bild der Heimat vermitteln.

Neben diesen Ortschroniken finden sich für das 17.–19. Jahrhundert unter Umständen Pfarrchroniken. Diese Aufzeichnungen geben Auskunft über Ernten, Kriegsereignisse, Feuersbrünste, Wetter, ungewöhnliche Ereignisse. Durch solche Quellen kann sich das Bild einer Zeit anschaulich vervollständigen.

In diese Quellengattung gehören auch andere genealogisch wichtige Arten wie die Autobiografie, Annalen und Memoiren.

Leichenpredigten/Sterbebilder

Leichenpredigten sind eine genealogische Quelle, die ihre größte Verbreitung im heutigen Ostdeutschland, dem Kernland des Protestantismus, hatten. Grabreden gab es bereits im Mittelalter und in der Antike, aber die Lutheraner entdeckten die Leichenpredigt als Mittel zur Selbstdarstellung ihres neuen Glaubens. Spätestens seit der Mitte des 16. Jahrhunderts wurde die Leichenpredigt für die Ober- und oft auch für die Mittelschicht üblich. Die Auflage betrug ca. zwischen 100 und 300 Stück. Verteilt wurde sie zur Belehrung, Tröstung und Erbauung an Freunde und Verwandte des Verstorbenen, war jedoch auch in Buchhandlungen als Erbauungsliteratur zu kaufen.

Der Druck von Leichenpredigten erfolgte aufgrund testamentarischer Verfügung des Verstorbenen oder aufgrund dessen gesellschaftlicher Stellung. Da der Druck nicht billig war, war es für die Familien oft eine Frage des Prestiges, und auch der gesellschaftliche Zwang darf als Motiv nicht unterschätzt werden. Von der Mitte des 16. bis zur Mitte des 18. Jahrhunderts wurden etwa 250 000 Leichenpredigten gedruckt. Teilweise sind sie sehr aufwendig gestaltet, mit Bildern und Wappen. Sie haben in der Regel folgenden Aufbau:

1. Widmung des Geistlichen an die Hinterbliebenen
2. Predigt (christl. Leichenpredigt, aufgebaut auf einer Textstelle in der Bibel, die der Verstorbene selbst bestimmt hatte oder Bezug auf sein Leben hatte)
3. Ehrengedächtnis (Lebenslauf des Toten, häufig auch „Curriculum vitae")
4. Abdankung mit der Würdigung

△ *Leichenpredigt des Johann Geißler aus dem Jahr 1702 (Schmuckblatt mit Porträt)*

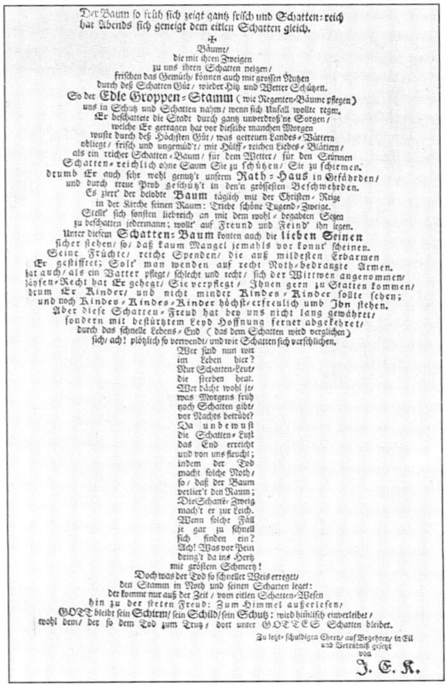
Der Baum so früh sich zeigt gantz frisch und Schatten-reich
hat Abends sich geneigt dem eitlen Schatten gleich.
✠
Bäume/
die mit ihren Zweigen
zu uns ihren Schatten neigen/
frischen das Gemüth/ können auch mit grossen Nutzen
durch deß Schatten Güt/ wieder Hitz und Wetter Schützen.
So der Edle Groppen-Stamm (wie Regenten-Bäume pflegen)
uns in Schutz und Schatten nahm/ wenn sich Unfall wollte regen.
Er beschattete die Stadt durch gantz unverdroß'ne Sorgen/
welche Er getragen hat vor dieselbe manchen Morgen
wuste durch deß Höchsten Güt/ was getreuen Landes-Vättern
obliegt/ frisch und ungemüd't/ mit Hülff-reichen Liebes-Blättern/
als ein reicher Schatten-Baum/ für dem Wetter/ für den Stürmen
Schatten-reichlich ohne Saum Sie zu schützen/ Sie zu schirmen.
drumb Er auch sehr wohl genütz't unserm Rath-Haus in Gefährden/
und durch treue Prob geschütz't in den'n grössesten Beschwehrden.
Es ziert' der belobte Baum täglich mit der Christen-Reige
in der Kirche seinen Raum: Triebe schöne Tugend-Zweige.
Stellt' sich sonsten liebreich an mit dem wohl-begabten Segen
zu beschatten jedermann; wollt' auf Freund und Feind' ihn legen.
Unter diesem Schatten-Baum konten auch die lieben Seinen
sicher stehen/ so/ daß kaum Mangel jemahls vor konnt' scheinen.
Seine Früchte/ reiche Spenden/ die auß mildesten Erbarmen
Er gestifftet; Solt' man wenden auf recht Noth-bedrangte Armen.
hat auch/ als ein Vatter pflegt/ schlecht und recht/ sich der Wittwen angenommen/
Wäysen-Recht hat Er gehegt/ Sie verpflegt/ Ihnen gern zu Statten kommen/
drum Er Kinder/ und nicht minder Kindes-Kinder sollte sehen;
und noch Kindes-Kindes-Kinder höchst-erfreulich umb Ihn stehen.
Aber diese Schatten-Freud hat bey uns nicht lang gewähret/
sondern mit bestürtztem Leyd Hoffnung ferner abgekehret/
durch das schnelle Lebens-End (das dem Schatten wird verglichen)
sich/ ach! plötzlich so verwendt/ und wie Schatten sich verschlichen.
Wer sind nun wir
im Leben hier?
Nur Schatten-Leut/
die sterben heut.
Wer dächt wohl jt/
was Morgens früh
noch Schatten gibt/
vor Nachts betrübt?
Da unbewust
die Schatten-Lust
das End erreicht
und von uns fleucht;
indem der Tod
macht solche Noth/
so/ daß der Baum
verlier't den Raum;
Die Schatte-Zweig
mach't er zur Leich.
Wenn solche Fäll
je gar zu schnell
sich finden ein?
Ach! Was vor Pein
dring't da ins Hertz
mit grösten Schmertz!
Doch was der Tod so schneller Weis erreget/
den Stamm in Noth und seinen Schatten leget:
der kommt nur auß der Zeit/ vom eitlen Schatten-Wesen
hin zu der steten Freud: Zum Himmel außerlesen/
GOTT bleibt sein Schirm/ sein Schild/ sein Schutz: wird himlisch einverleibet/
wohl dem/ der so dem Tod zum Trutz/ dort unter GOTTES Schatten bleibet.
Zu letzt-schuldigen Ehren/ auf Begehren/ in Eil
und Betrübniß gesetzt
von
J. E. K.

△ *Leichenpredigt des Johann Geißler aus dem Jahr 1702 (Epicedia)*

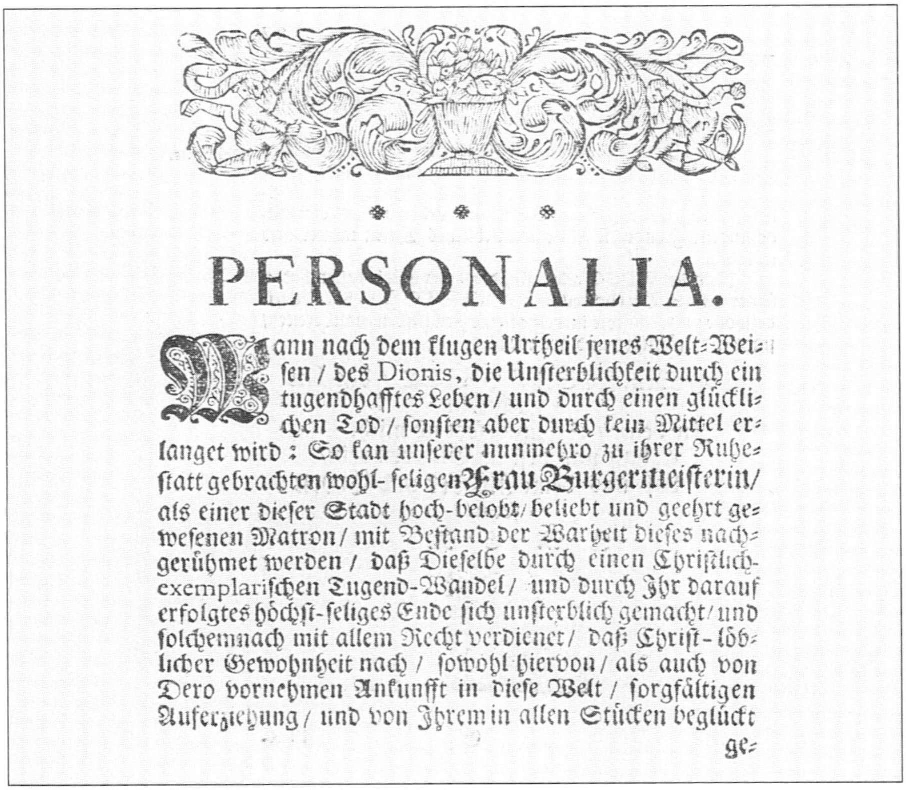
PERSONALIA.

Wann nach dem klugen Urtheil jenes Welt-Weisen/ des Dionis, die Unsterblichkeit durch ein tugendhafftes Leben/ und durch einen glücklichen Tod/ sonsten aber durch kein Mittel erlanget wird: So kan unserer nunmehro zu ihrer Ruhestatt gebrachten wohl-seligen Frau Burgermeisterin/ als einer dieser Stadt hoch-belobt/ beliebt und geehrt gewesenen Matron/ mit Bestand der Warheit dieses nachgerühmet werden/ daß Dieselbe durch einen Christlich-exemplarischen Tugend-Wandel/ und durch Ihr darauf erfolgtes höchst-seliges Ende sich unsterblich gemacht/ und solchemnach mit allem Recht verdienet/ daß Christ-löblicher Gewohnheit nach/ sowohl hiervon/ als auch von Dero vornehmen Ankunfft in diese Welt/ sorgfältigen Auferziehung/ und von Ihrem in allen Stücken beglückt ge-

△ *Leichenpredigt des Johann Geißler aus dem Jahr 1702 (Lebenslauf)*

Jesus † Maria † Joseph †
Zur frommen Erinnerung im Gebete

an unsere liebe, treubesorgte Mutter, Großmutter, Schwiegermutter, Schwester und Schwägerin

Frau Johanna Hein
geb. Pfennig
geboren am 24. Juni 1866 zu Althausen
gestorben am 23. August 1950 zu Strahlungen,
nach längerem Leiden, öfters versehen mit den hl. Sterbesakramenten.

O Herr, gib ihr die ewige Ruhe † Und das ewige Licht leuchte ihr Herr, laß sie ruhen in Frieden. Amen.

O ruhe sanft, oh ruh' in Frieden
Du Mutter, stets von uns beweint,
Auf ewig sind wir nicht geschieden,
Einst werden wir mit Dir vereint.
O liebe Mutter, schau hernieder
Auf uns, die wir verlassen stehn,
Daß wir von Deinem Grabe wieder
Getrost, gestärkt nach Hause gehn.

Druck: J. Uhlein, Münnerstadt

△ *Sterbebild*

der Verdienste des Verstorbenen (wurde im Trauerhaus gehalten)
5. Epicedien (Trauer- und Trostgedichte von Verwandten und Freunden)

Für den Familiengeschichtsforscher enthalten Leichenpredigten wertvolle Angaben über Personalien, den Lebenslauf des Verstorbenen, ebenso Angaben über seine Familie und Abstammung. Leichenpredigten sind mit der nötigen Kritik zu beurteilen, weil sie dazu tendieren, die Leistungen des Verstorbenen über Gebühr zu loben. Als Ergänzung zu den Kirchenbüchern sind sie eine gute Quelle. Nach 1750 werden gedruckte Leichenpredigten selten.

Die meisten Sammlungen finden sich in Bibliotheken. Mit 24 600 Drucken besitzt die Herzog-August-Bibliothek in Wolfenbüttel die größte Sammlung dieser Art.

In einem Projekt der „Forschungsstelle für Personalschriften" werden Leichenpredigten an der Universität Marburg systematisch mit Hilfe der EDV ausgewertet.

Die katholische Kirche verbot Leichenpredigten als ausschweifenden Luxus. Das Gegenstück zu den Leichenpredigten wurden die Sterbebilder, allerdings setzte sich dieser Brauch in Deutschland erst im 19. Jahrhundert durch und ist bis heute verbreitet. Die Gedenkzettel haben eine Bildseite und eine Textseite. Die Bildseite zeigt ein religiöses Motiv, die Textseite enthält Angaben zu Vor- und Nachnamen des Verstorbenen, sein Geburts- und Sterbedatum, den Geburts- und Sterbeort, Beruf, Titel, Auszeichnungen. Der Text schließt mit einem Gebet, Gedicht oder einem Bibelzitat. Seit 1870 wurde es auch üblich, ein Foto des Verstorbenen mitabzudrucken. Sterbebilder werden beim Requiem oder sonntäglichem Hochamt nach der Beerdigung ausgegeben. Da sie leicht zugänglich sind – oft werden sie im Gebetbuch aufbewahrt – bilden sie für den Anfänger einen besonderen Anreiz, sich umfassender mit der eigenen Familie zu beschäftigen.

Grundbücher/Grundakten

Eine weitere ergiebige genealogische Quelle für viele Familiengeschichtsforscher sind Grundbücher und Grundakten. Beide zählen zu den Gerichtsakten. Das Grundbuch wird beim Amtsgericht geführt, und in ihm finden sich die Angaben über sämtliche Rechtsverhältnisse an einem Grundstück, wie der Erwerb des Eigentums und die Belastungen. In den Grundakten befinden sich Testamente, Erbverträge, Kaufverträge, Überschreibungsurkunden sowie Akten zu Erbstreitigkeiten. Die Entwicklung des Grundbuchwesens reicht bis ins Hochmittelalter zurück. Im 18. Jahrhundert entwickelte sich in Preußen das Hypothekenbuchsystem. 1872 wurde es auf das Grundbuchwesen umgestellt, das seit 1900 im gesamten Deutschen Reich seine Gültigkeit hat. Alte Grundbücher werden an die jeweiligen Staatsarchive abgegeben. Als genealogische Quelle betreffen sie vor allem das 19. und 20. Jahrhundert.

Universitäts- und Hochschulmatrikel

Der Begriff Universität steht sowohl für die Wissenschaft als auch für die Gesamtheit der Lehrer und Schüler. Die ersten Universitäten wurden im Deutschland des 14. Jahrhunderts als Stiftungseinrichtung gegründet. Sie bildeten sich außerhalb der herkömmlichen Dom- und Klosterschulen als Zusammenschluß von Lehrenden und Lernenden. Die Universität gliederte sich in die vier Fakultäten Theologie, Jura, Philosophie und Medizin; die Studenten waren in einer korporativen Gliederung nach Nationen eingebunden.

Die Universität besaß von Beginn an besondere Privilegien, z. B. die Befreiung von Steuern und Rechtsschutz gegenüber lokalen Gerichten. Ihre Autonomie zeigte sich in Insignien wie Siegeln. Um die Privilegien ihrer Mitglieder sicherzustellen, wurden diese offiziell verzeichnet, und zwar in sogenannten Matrikeln. Diese Register erfaßten alle Mitglieder der Universität (Hauptmatrikeln). Verzeichnisse der Fakultäten, der Graduierten und der Promovierten werden als Nebenmatrikeln bezeichnet.

Matrikeln können eine wichtige genealogische Quelle darstellen, allerdings nur für einen kleinen Teil der Familiengeschichtsforscher. Im Idealfall finden sich dort folgende Angaben: Name, Geburtsdatum, Herkunftsort, Studienfach sowie Lebenslauf des Studierenden, seine Eltern, Vermögensverhältnisse (selten) und die Exmatrikulation. Die Matrikeln wurden bis in das 18. Jahrhundert in Latein geführt. Die meisten der vorhandenen Matrikelbücher liegen in gedruckter Form vor.

Probleme der Genealogie und deren Lösungsmöglichkeiten

Problem der großen Zahlen/ Ahnengleichheit

Früher oder später wird der Forscher mit der Tatsache der „großen Zahlen" in der Familiengeschichtsforschung konfrontiert. Ausgehend davon, daß jeder heute lebende Mensch 2 Eltern, 4 Großeltern, 8 Urgroßeltern usw. hat, würde dies bedeuten, daß er – gerechnet mit einer Generationsdauer von 30 Jahren – vor 10 Generationen, also vor 300 Jahren, 1024 Vorfahren hatte.

Formel: Summe der Ahnen $2^{(n-1)}$, wobei n = Zahl der Generationen

Angesichts der heutigen 80 Millionen Menschen in Deutschland hätten damals hochgerechnet über 4 Milliarden Menschen in Deutschland leben müssen. Die Weltbevölkerung betrug 1650 aber nur etwa 500 Millionen. Das Problem löst sich durch den sogenannten „Ahnenschwund" (Ahnenverlust), wobei die Bezeichnung „Ahnengleichheit" richtiger wäre. Die Ursache liegt in der Verwandtenehe. Stammt der Proband aus einer Ehe zwischen Verwandten ersten Grades, müssen zwei Urgroßeltern doppelt aufgenommen werden. Dies verdoppelt sich in jeder weiteren Generation. Dieses Phänomen findet sich besonders häufig beim Adel. Das bekannteste Beispiel in der Geschichte ist die Genealogie der ägyptischen Pharaonen, wo die Geschwisterehe sehr verbreitet war. Ahnengleichheit tritt ebenfalls gehäuft auf bei religiösen Minderheiten, die nur untereinander heiraten durften, bei begüterten Bauern aus sozialen Gründen und aus geografischen Gegebenheiten (Isolierung durch Gebirgstäler, Inseln).

Grundsätzlich muß gesagt werden, daß sich die Ahnengleichheit in jeder Stammtafel finden läßt, vorausgesetzt, die Quellenlage erlaubt eine entsprechend weit zurückreichende Forschung.

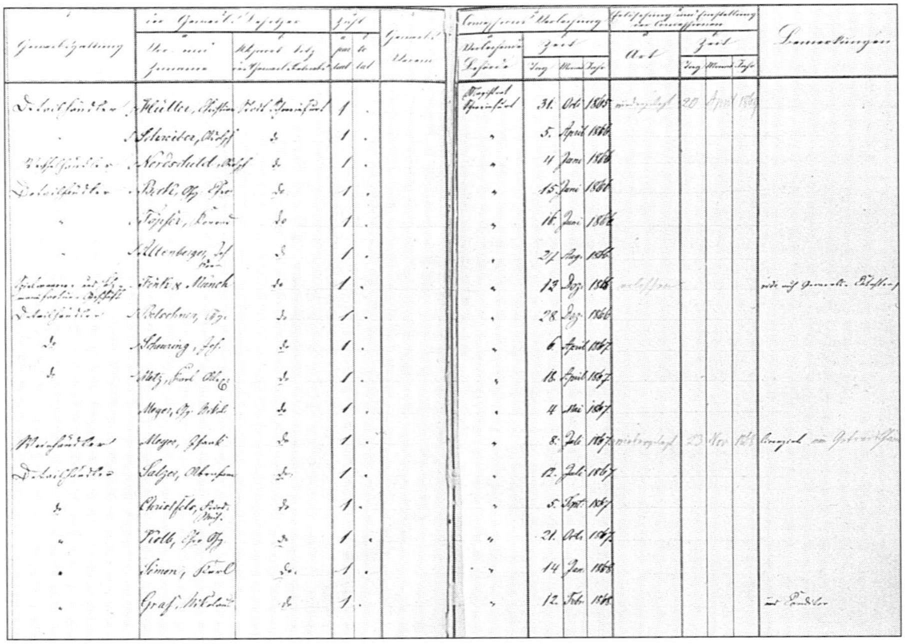

△ *Auszug aus einer Handelskonzession (19. Jahrhundert)*

Der Tote Punkt

Der sogenannte „Tote Punkt" tritt in der Familiengeschichtsforschung ein, wenn die Quellenlage bei der Ahnenforschung das Ermitteln einer weiteren Generation nicht mehr zuläßt. Das Fehlen einschlägiger genealogischer Quellen, insbesondere von Kirchenbüchern, erfordert ein Zurückgreifen auf andere Quellen, denen man bisher vielleicht nur geringe Bedeutung beigemessen hat. Ebenso stößt man häufig bei der Forschung nach Vorfahren im Ausland oder z. B. in den Oder-Neiße-Gebieten auf einen „Toten Punkt", weil die Quellenlage zunächst unübersichtlich ist oder die Quellen ausgelagert wurden und für eine Nutzung durch den Interessenten nicht oder noch nicht zugänglich sind.

Die Überwindung eines „Toten Punktes" hängt individuell vom Einzelfall ab. Es seien daher hier allgemein einige Quellen genannt, die in der praktischen Arbeit hilfreich sein können.

Neben dem Fehlen einschlägiger Quellen führen oft auch methodische Fehler oder Mißverständnisse in der Interpretation von Schriftstücken zu „Toten Punkten".

Besonders häufig geht es dabei um uneheliche Geburten, Zuzug ohne Angabe über den Herkunftsort, den nur vorübergehenden Aufenthalt an einem Ort, Namensgleichheit von Vor- und Familiennamen bei ansässigen Familien, falsche oder irrtümliche, teils veränderte Angaben über Vornamen, Alter und Beruf, Verwechslungen von gleich- oder ähnlich klingenden Ortsnamen, Lesefehler des For-

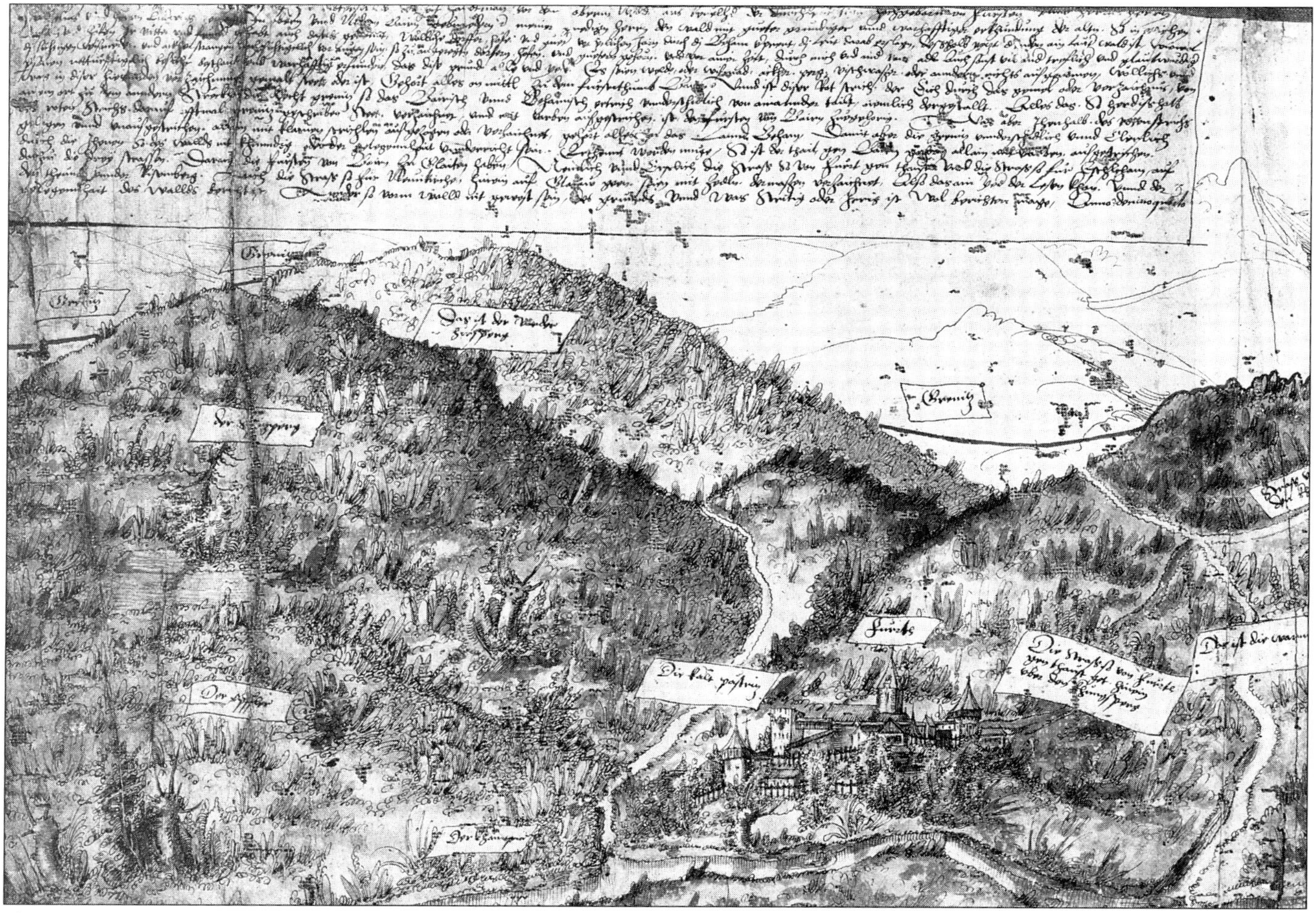

△ *Der Böhmerwald von Furth im Wald bis zum Arber 1514*

schers, Lücken in Kirchenbüchern sowie unsachgemäße Eintragungen der Kirchenbuchführer, z. B. an falschen Stellen.

Als Lösungsmöglichkeiten bieten sich die folgenden Vorgehensweisen an, wobei auch hier anhand des Einzelfalles eine sorgfältige Prüfung im Zusammenhang mit der Quellenlage vorzunehmen ist:

- Nochmalige Durchsicht der Quellen, um eigene Fehler auszuschließen.
- Erfassung aller Daten zur Person selbst – Schätzen bzw. Errechnen anhand der Altersangabe beim Sterbeeintrag.
- Überprüfung von sich aus unterschiedlichen Schreibweisen von Orts- und Personennamen ergebenden Irrtümern.
- Erfassung der gesamten Verwandtschaft in auf- und absteigender Linie, dadurch Hinweise auf mögliche Herkunftsorte
- Erfassung von Paten und Trauzeugen.
- Suche nach den Familiennamen in Gerichts- und Kaufbüchern, um somit vielleicht neue, bisher unbekannte Verwandtschaftsverhältnisse zu ermitteln.
- Systematische Durchsicht der Kirchenbücher der Nachbarorte.
- Durchsicht von Steuerlisten nach vorkommenden Familiennamen.
- Einsicht in Handelskonzessionen nach Personennamen.
- Studium von Personalakten.
- Ermittlung von Familien- und Ortsnamen in der gedruckten genealogischen Literatur wie

z. B. im Deutschen Geschlechterbuch (DGB), im Schlüssel (Gesamtinhaltsverzeichnisse mit Ortsquellen für genealogische, heraldische und geschichtliche Zeitschriften), im Deutschen Familienarchiv, für adelige Familien im Genealogischen Handbuch des Adels; Amtsblätter und Periodika sind oftmals auch eine Hilfe.

- Bestimmung von möglicherweise verkarteten Kirchen- und/oder Ortssippenbüchern.
- Ermittlung bisher nicht bekannter Quellen wie z. B. Gesuche um Ansässigmachung, Eheschließung und Heimatrecht.

In den kirchlichen Archiven finden sich neben den Kirchenbüchern auch noch zahlreiche „Nebenaufzeichnungen". Es lohnt sich in jedem Fall, diese bei einem Toten Punkt heranzuziehen. Im einzelnen handelt es sich hierbei um *Kirchenvorstandsprotokolle,* die Aufschluß über das Gemeindeleben geben, *Pfarrchroniken* (Pfarrerverzeichnisse) als Vorläufer der Kirchenbücher, *Eheaufgebotsbücher (Verkündbücher), Firmungsregister, Abendmahlregister, Osterbeichtverzeichnisse, Erstkommunikanten- und Konfirmantenbücher, Familienbücher, Seelenregister* (persönliche Eintragungen des Pfarrers), *Kirchenrechnungen* (Zehntregister, Kirchenstuhlbücher, Sitzstellenbücher, Grabstellenbücher) und *Schenkungsurkunden.*

Ein Toter Punkt gilt als überwunden, wenn die Verwandtschaft bewiesen ist. Vermutungen müssen als solche gekennzeichnet werden.

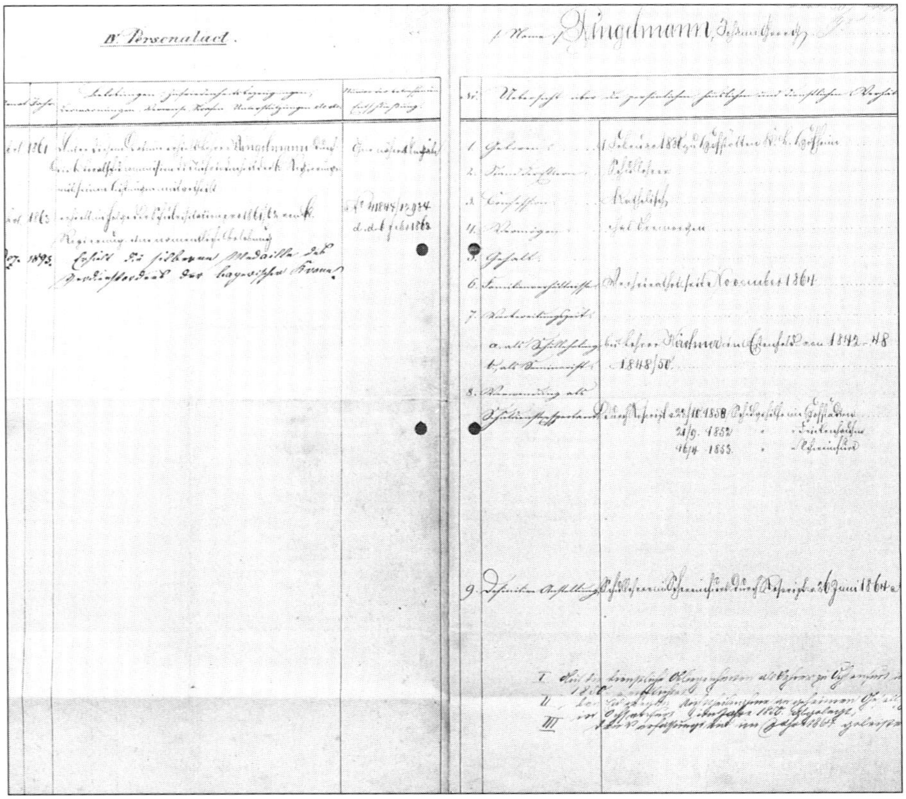
IV. Personalact.

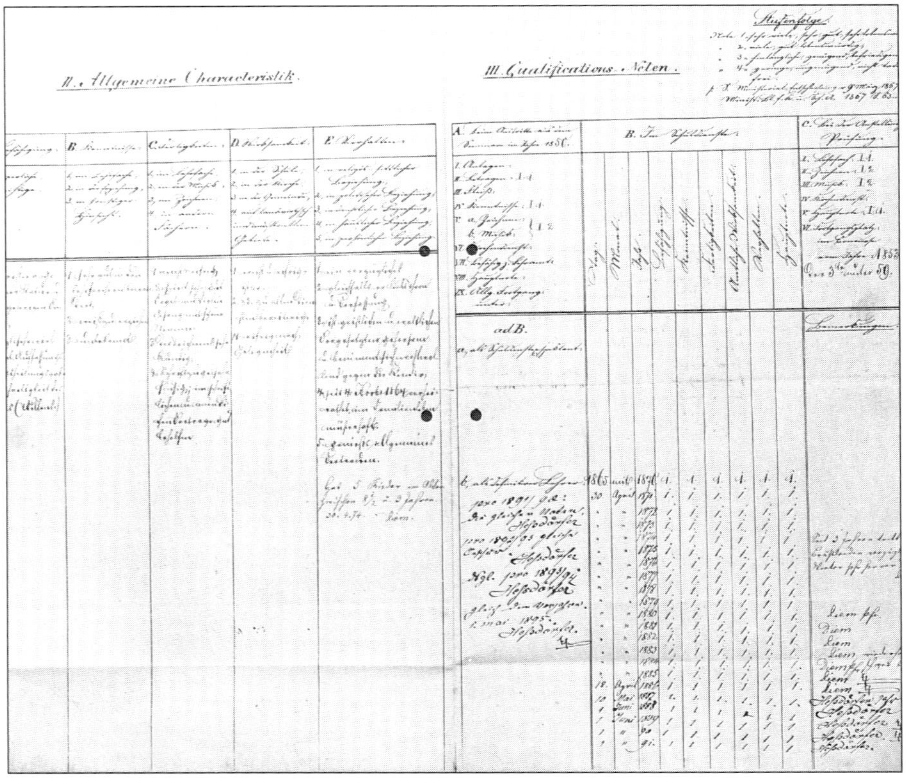
II. Allgemeine Characteristik.

III. Qualifications-Noten.

Personalakt Ende 19. Jahrhundert ▷

Vorwort.

Möge vorliegende Arbeit nur als eine Skizze betrachtet werden; von deren Unvollkommenheit ist wohl der Verfasser am meisten überzeugt. Wäre nicht am 29. Januar 1889 die Pfarrkirche Trausnitz im Auftrage des kgl. Bauamtes Amberg und des kgl. Bezirksamtes Nabburg, „weil im hohen Grade baufällig und gefährlich", geschlossen worden, müßte nicht eiligst getrachtet werden, wieder ein würdiges Gotteshaus zu bekommen, so wäre dieses Schriftchen etwa gar nicht veröffentlicht worden, oder es würde doch im Interesse der Vervollkommnung die Herausgabe noch lange verzögert worden sein.

Ehe die Chronik zu erzählen beginnt, sei dankschuldigst gedacht des Herrn Rates am kgl. obersten Gerichtshofe zu München, Hochwohlgebornen Herrmann Freiherrn von Reitzenstein, der bereitwilligst seine große historische Schatzkammer dieser Chronik geöffnet. Nicht geringeren Dank schuldet der Verfasser dem Herrn Redacteur Jos. Plaß von Donauwörth, welcher mit edelster Uneigennützigkeit eine reichhaltige Urkundensammlung zu einer Chronik von Trausnitz zur Verfügung gestellt. Das hochwürdigste Ordinariat Regensburg hatte ferner die große Güte, sein historisches Material dem Verfasser sogar zuzuschicken; für diese außerordentliche Herablassung sei hiemit ebenfalls der schuldigste Dank ausgesprochen. Sehr fühlt sich dann der Verfasser auch verpflichtet den Titl. Herren Beamten des kgl. Kreisarchives Amberg für ihre stete Zuvorkommenheit.

Benützt wurden weiters: Mon. boic., Reg. boic, Hund Stammbuch, Bavaria, Verhandlungen des hist. Vereins von Oberpfalz und Regensburg, das Pfarrarchiv, Inaugural-Dissertation von Walter Friedensburg ꝛc. ꝛc.

Möge dieses Werkchen etwas beitragen zur steten Pflege vaterländischer Geschichte!

Trausnitz, den 20. November 1889.

Joh. B. Schütz,
Pfarrer.

Königliches Schloß Trausnitz.

I.

Name und Ortsbeschreibung von Trausnitz im Thal.

Ganz einsam und versteckt im engen Thale des Flüßchens Pfreimd, zwei Stunden östlich vom gleichnamigen Städtchen, der ehemaligen Residenz der Landgrafen von Leuchtenberg, liegt das Dorf und die Burg Trausnitz im Thal; die ganze Welt kennt deren Namen.

Trausnitz im Thal, was ist das für ein Name? Das Münchner Conversationsblatt vom Jahre 1849 Nr. 24 ff. brachte folgendes über den Namen Trausnitz im Thal. Der Name Trausnitz klingt tschechisch, doch ist er ganz gut deutsch, er ist nur unkenntlich gemacht. Trausnitz

1

△ *Textbeispiel Fraktur*

Schriftkunde/Paläographie

Die Entwicklung der Schrift (Paläographie) ist an den Universitäten eine eigene hilfswissenschaftliche Disziplin. Zu unterscheiden ist zwischen deutscher und lateinischer Paläographie. Der Genealoge wird schon frühzeitig in seinen Forschungen mit der deutschen Schrift konfrontiert werden. Sie bereitet gerade bei der Arbeit mit handschriftlichen Quellen große Probleme. Die Schwierigkeiten vergrößern sich noch durch die jeweilige individuelle Ausprägung der Handschrift. Manche lassen sich hierdurch von Forschungen in Archiven abhalten. Dies ist nicht notwendig, da in jüngster Zeit verstärkt Seminare mit Übungen zur alten deutschen Schrift angeboten werden, und zwar von Volkshochschulen und von den genealogischen Vereinen.

Das Lesen der alten deutschen Schrift erfordert Übung. Zahlreiche Literatur (S.68/69) kann hierbei unterstützen, aber die Einarbeitung in den jeweiligen Text muß dem Forscher überlassen bleiben.

Das Schrifttum im Mittelalter war wenigen Schreibkundigen vorbehalten, die in Kanzleien und Schreibstuben arbeiteten. Selbst die meisten Herrscher konnten nicht schreiben und unterzeichneten Urkunden mit dem sogenannten Vollziehungsstrich. Mit dem Beginn der Neuzeit nahm die Schriftlichkeit zu. Ab 1717 gab es in Preußen die allgemeine Schulpflicht. Grundsätzlich unterscheidet man in Deutschland ab dem 16. Jahrhundert zwischen der Fraktur als Buchschrift und der Kurrentschrift als Schreibschrift. In anderen europäischen Ländern setzte sich die Antiqua als Buchschrift und die lateinische Kursive als Schreibschrift durch. Für jedes Jahrhundert sind zeittypische Elemente auffällig, so daß die Paläographie bei einem fehlenden Datum dazu beitragen kann, ein Schriftstück richtig einzuordnen. Ab 1917 war für Deutschland die sogenannte „Sütterlin-Schrift" maßgebend. Die deutsche Schrift wurde 1941 durch einen internen Parteierlaß der Nationalsozialisten abgeschafft und durch die Antiqua im Buchdruck und die lateinische Kursive in der Schreibschrift ersetzt.

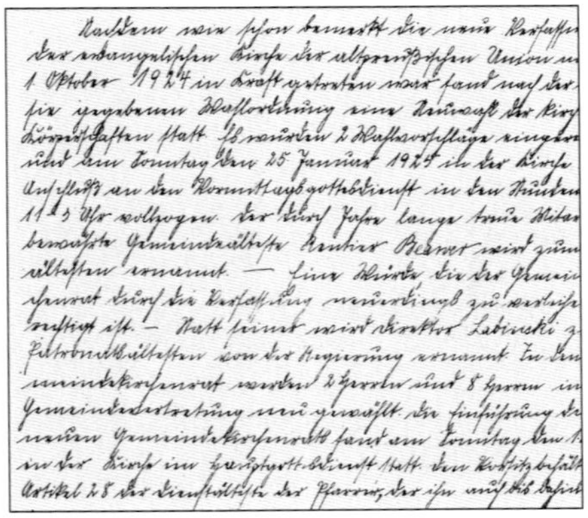

△ Textbeispiel für Sütterlin, 1925 (Kirchenchronik von Welau)

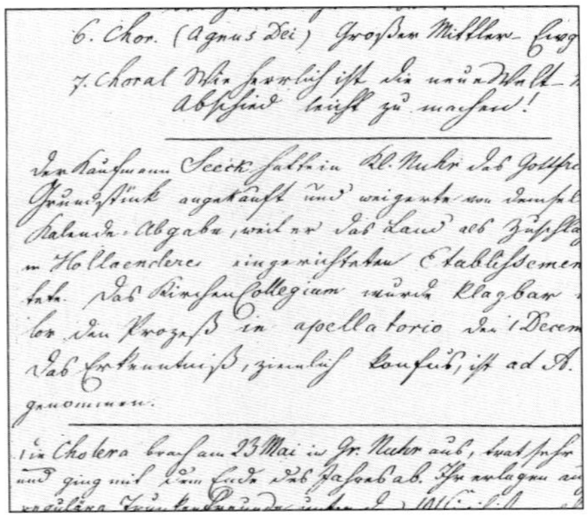

△ Textbeispiel für Schrift aus dem 19. Jahrhundert, 1848/49 (Kirchenchronik von Welau)

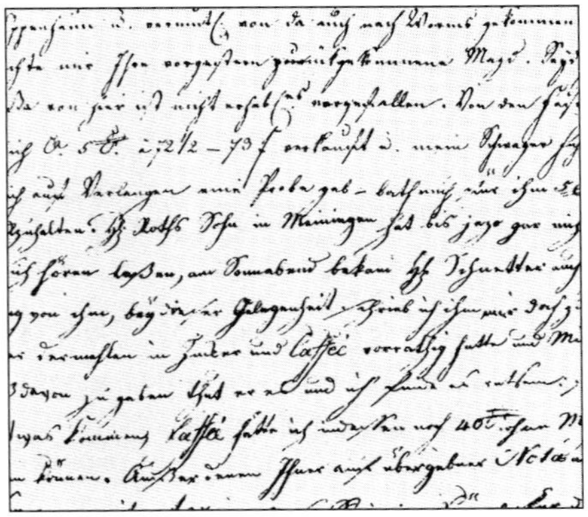

△ Textbeispiel für Schrift aus dem 18. Jahrhundert, 1796 (Kopiarbuch der Freien Reichsstadt Schweinfurt)

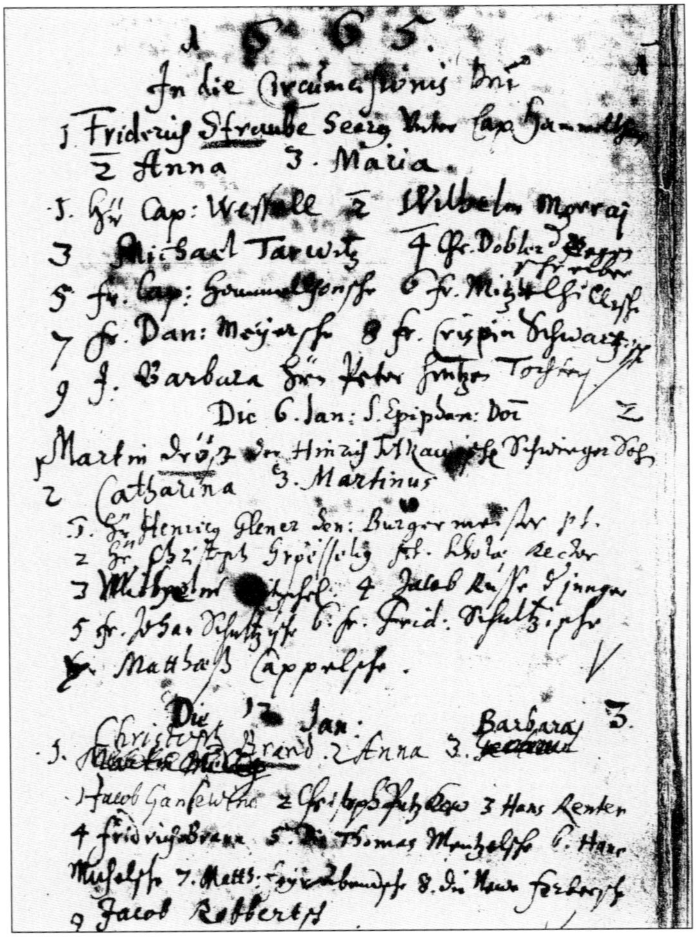

△ Textbeispiel für Schrift aus dem 17. Jahrhundert, 1665 (Taufbuch des Evangelischen Pfarramts der St.-Johannis-Gemeinde, Memel/Ostpreußen)

△ Textbeispiel für Schrift aus dem 16. Jahrhundert, 1521 (Kirchenbuch von Annaberg/Sachsen)

Zeitrechnung/ Chronologie

Die Zeitrechnung (Chronologie) ist für den Familiengeschichtsforscher ein wichtiges Hilfsmittel, um das jeweilige Datum von Quellen zu erschließen. Die Entdeckung der Dimension „Zeit“ ist für die Menschheit nicht zu unterschätzen. Die Einteilung unseres Lebens in Stunden, Tage, Wochen, Monate und Jahre ist für uns selbstverständlich und begleitet uns das ganze Leben.

Alle Kulturvölker haben ein System der Zeitrechnung entwickelt. Dies läßt auf einen bestimmten Bewußtseinsstand schließen. Es wurde unter anderem nach politischen oder kultischen Ereignissen, nach Steuerlisten oder Konsullisten gezählt. Die Woche in der heutigen Form war bereits im Altertum den Babyloniern bekannt.

Julianischer Kalender

Im Jahre 46 v. Chr. wurde der Kalender auf eine mathematisch-astronomische Grundlage gestellt und dem realen Jahr (365 Tage, 5 Stunden, 48 Minuten, 46 Sekunden) angepaßt. Alle vier Jahre wurde der 24. Februar doppelt gezählt (Schaltjahr). Der Beginn des Jahres wurde auf den ersten Januar gelegt (vorher der 1. März), die alten Monatsnamen, die bis heute gebräuchlich sind, jedoch beibehalten. Aus diesem Grund stimmen die Namen der Monate nicht mehr mit ihrer Stellung im Jahr überein (September = der 7. Monat, Oktober = 8. Monat, November = 9, Dezember = 10).

Die Jahreseinteilung in 365 Tage setzte sich im europäischen Kulturkreis durch, allerdings finden sich in den Urkunden des Mittelalters Jahreszählungen nach Regierungs-

	Neuer Stil Tag des folgenden Monats	1	2	3	4	5	6	7	8	9	10
Alter Stil	31 tägiger Monat	22	23	24	25	26	27	28	29	30	31
	30 tägiger Monat	21	22	23	24	25	26	27	28	29	30
	Februar (Schaltjahr)	20	21	22	23	24	25	26	27	28	29
	Februar (Gemeinjahr)	19	20	21	22	23	24	25	26	27	28

△ *Umrechnung des alten Stils bis Ende Februar 1700*

32 Agape — Aller sintentag

Agape et soc. v. *April* 5 *(Aquil.)*.
Agapiti m. *Aug.* 18. Inv. capitis *April* 20 *(Besançon)*.
Agathe v. m. (Aghetendach, Agtuntag; na lychtmissen) *Febr.* 5.
Agerici ep. Virdun. cf. *Dez.* 1 *(Metz, Verdun)*.
Agili abb. *Aug.* 30 *(Paris)*; *Jan.* 23 *(Sens)*.
Agilolfi ep. Colon. m. *Juli* 9 *(Köln)*.
Agnetis v. m. (na wynachten) *Jan.* 21. Agnetis secundo (octava) *Jan.* 28. Trl. *Sept.* 2 *(Utrecht)*.
Agni et Magni m. *Aug.* 19 *(Würzb.)*.
Agnus paschalis *Ostern*.
Agoardi et Agriberti m. *Juni* 24 *(Paris)*.
Agobardi ep. Lugd. m. *Juni* 6 *(Lyon)*.
Agrati ep. Vienn. cf. *Oktober* 14 *(Vienne)*.
Agricole et Vitalis m. *Nov.* 27; *(nur Aquileja : Nov. 4)*.
Agricole ep. Cabilon. cf. *März* 18 *(Chalon s. S.)*.
Agricole ep. Nivern. cf. *Febr.* 26 *(Sens)*.
Agricoli ep. Avin. cf. *September* 2 *(Avignon)*.
Agritii aep. Trev. *Jan.* 13 *(Trier)*.
Agritii ep. Senon. cf. *Juni* 13 *(Sens)*.
Aicardi abb. *Sept.* 15 *(Cambrai, Rouen)*.
Aidani ep. cf. *Aug.* 31 *(Schottland)*.
Aigulfi abb. et soc. m. *September* 3 *(Frankr.)*; Trl. *Mai* 17 *(Grasse)*.
Aimonis ep. Tull. *Okt.* 23 *(Toul)*.
Aindlef tausend maid tag *Okt.* 21.
Aindlefte tag *Jan.* 6.
Aires, les, l'air *August*.
Aischtag *Mittwoch vor Invocavit*.
Aitentag *Agathe*, *Febr.* 5.
Alba (paschalia), albe paschales, albaria *Woche nach Ostersonntag*

Albini m. *Juni* 22 *(Köln, Trier)*.
Albini ep. Andegav. cf. (m.) *März* 1 *(Schweiz, Erml., Gnes., Frankreich, Skand., York, Orden)*.
Albuini *s.* Ingenuini.
Alche ep. Tull. *Sept.* 28 *(Toul)*.
Aldegundis, Algundis v. *Jan.* 30.
Aldelmi ep. Sherburn. cf. *Mai* 25 *(England)*; Transl. *Mai* 5 *(London)*.
Alderici ep. Senon. cf. *Juni* 6 *(Sens)*; Trl. *Okt.* 10 *(Orléans)*.
Alderici ep. Cenom. cf. *Januar* 7 *(Mans)*.
Aldetrudis abb. v. *Februar* 25 *(Lüttich)*.
Alef dach *Juni* 12 *(Utr.)*, *Odulphi*.
Alenentag *s.* Helene reg.
Alexandri, Eventii et Theodoli m. *Mai* 3 *(selten verwendet)*.
Alexandri, Sanders (et soc.) m. *einer der 7 Brüder, Juli* 10 *(Halberstadt, Hildesheim, Minden, Verden)*.
Alexandri ep. Hieros. m. *März* 18 *(Deutschorden)*.
Alexandri et soc. m. *Apr.* 24 *(Lyon)*.
Alexandri m. († 1439) *Juni* 9 *(Rußland)*.
Alexii cf. (Alechsentag, Allixentag) *Juli* 17.
Alfonderen *s.* Halfonderen.
Allelujah claudere, dimittere, deponere, hinlegen *Septuagesima oder Sonnabend zuvor*.
Aller apostel tag *Juli* 15.
Aller Christen selen dach *Nov.* 2.
Allerheiligenfest, aller heiligen tag, aller gots heiligen tag *Nov.* 1.
Allerheiligenmond *November*.
Aller heilgen vorfirtag *Oktober* 28, *Simon und Juda*.
Aller kindlein tag *s.* Kindleintag.
Aller manne faschangtag, fassnacht,

△ *Datierung von Heiligentagen*

jahren des Herrschers, in Papsturkunden nach Pontifikatsjahren des Papstes. Ab dem 8. Jahrhundert wurde die Zählung der Jahre nach Christi Geburt üblich.

Das Kalenderjahr des Julianischen Kalenders war 11 Minuten länger als das astronomische Sonnenjahr. Damit war bis 1582 eine Differenz von 10 Tagen aufgelaufen.

Gregorianischer Kalender

Der sogenannte Gregorianische Kalender nach Papst Gregor XIII., unter dessen Pontifikat die Kalenderreform durchgeführt wurde, überbrückte die überzähligen 10 Tage. Der Unterschied wurde durch einen Kalendersprung behoben: Auf den 4. Oktober 1582 folgte der 15. Oktober 1582. Um die Jahresdifferenz nicht wieder auftreten zu lassen, wurde bestimmt, daß die Jahrhundertjahre nur noch dann ein Schaltjahr sein sollten, wenn sie durch 400 teilbar sind. Damit ergibt sich, daß die Jahre 1700, 1800 und 1900 keine Schaltjahre waren.

Die Problematik für den Genealogen besteht nun darin, daß der neue Kalender in den einzelnen deutschen Territorien unterschiedlich eingeführt wurde. Zwischen 1582 und 1700 bestanden beide Zeitrechnungen nebeneinander. Die meisten katholischen Bistümer im Deutschen Reich führten die Kalenderreform im Laufe des Jahres 1583 ein. Ausnahmen waren z. B. Hildesheim 1631 und das Fürstentum Minden 1668. Die evangelischen Territorien folgten im Jahre 1700. Erst im 20. Jahrhundert folgte Osteuropa. Rußland stellte 1918 um. Dadurch ergibt sich die Differenz von 13 Tagen. Somit werden die Feiern zur Russischen Oktoberrevolution am 7. November begangen.

Bei der Übernahme eines Datums aus Kirchenbuch oder Urkunde muß genau geprüft werden, welcher Kalender galt. Eventuell ist eine Umrechnung notwendig.

Eine weitere Schwierigkeit entsteht durch die Benennung der einzelnen Tage nach Heiligen und durch Festtage. So findet man in Quellen häufig keine Datumsangabe, sondern den Namen eines Heiligen für den jeweiligen Tag.

Weiterhin ist zu beachten, daß der Jahresbeginn zum 1. Januar, der uns heute selbstverständlich erscheint, sich erst relativ spät durchgesetzt hat. Die päpstliche Kanzlei begann das Jahr bis 1797 am 1. März, in einigen deutschen Gebieten war der Jahresanfang mit dem Osterfest verknüpft, also variabel zwischen dem 22. März und dem 25. April. In Minden galt der 25. Dezember, und in deutschen Verwaltungen begann das Haushaltsjahr noch bis 1961 am 1. April.

„Das Taschenbuch der Zeitrechnung" von Grotefend ist für die genaue Datierung ein unverzichtbares Hilfsmittel.

Französischer Revolutionskalender

Durch die Besetzung der Rheinbundstaaten, des Königreichs Westfalen, der preußischen Rheinprovinz, der linksrheinischen Gebiete Bayerns und Hessens wurde in diesen Gebieten der französische Revolutionskalender eingeführt. Das Jahr begann am 22. September 1792 mit 12 Monaten zu 30 Tagen. Dazu gab es 5 Ergänzungstage (bei Schaltjahren 6 Tage). Dieser Kalender war gültig bis zum Jahr XIV, also von 1792 bis 1805. Ab dem 1. Januar 1806 galt wieder der alte Kalender.

Namenkunde

Die Namenkunde hat keine direkte Verbindung zur Geschichtswissenschaft. Durch ihre Auseinandersetzung mit der Sprache ist sie ein Teil der Germanistik. Bei vielen Familiengeschichtsforschern besteht aber großes Interesse an der Bedeutung ihrer Namen. Diese können sehr viel über Herkunft und Beruf der Vorfahren aussagen. Da Familiennamen in der Regel älter sind als die schriftlichen Quellen, die einem Genealogen zur Verfügung stehen, können sie unter Umständen weitere Auskünfte über die Familie geben. Man unterscheidet in der Namenkunde zwischen Ruf- und Familiennamen. Der Rufname des Kindes wird von den Eltern frei gewählt, der Familienname vererbt. Auf die Problematik des Namensrechts wird später noch eingegangen.

Zunächst besaß jeder Mensch nur den Rufnamen. In einem überschaubaren Lebensraum war es nicht notwendig, einen Menschen durch einen zweiten Namen zu kennzeichnen. Der Adel begann bereits im 11. Jahrhundert, sich nach seinem Herkunftsort oder seiner Burg zu benennen. Ab dem 12. Jahrhundert lassen sich dann Beinamen nachweisen. Diese waren an eine bestimmte Person gebunden, ohne auf die Familie übertragen zu werden. Meist war dies eine bestimmte Eigenschaft, die mit der Person verbunden wurde. Mit der Zunahme der Verstädterung lebten mehr Menschen auf engem Raum, so daß es im Laufe der Zeit notwendig wurde, einzelne Personen gleichen Vornamens von anderen unterscheiden zu können.

Etwa ab dem 15./16. Jahrhundert hat sich in den Städten der Gesamtname durchgesetzt. Dieser bestand aus einem oder mehreren

Vornamen und einem erblichen Familiennamen. Im 17. Jahrhundert wurden in Bayern und in Sachsen gesetzliche Bestimmungen eingeführt, die auch die ländliche Bevölkerung zum Führen eines Familiennamens verpflichtete. Endgültige Regelungen traten erst zum Ende des 18. Jahrhunderts in Kraft.

Bei den Rufnamen unterscheidet man zwischen Namen germanischen und christlichen Ursprungs. Durch die zunehmende Christianisierung wurden die germanischen Namen im Laufe des Mittelalters verdrängt und die Benennung nach Heiligen üblich. Diese Namen waren vor allem griechischer, römischer oder hebräischer Herkunft. Im 19. Jahrhundert waren Namen aus der Literatur populär, und heute erhalten Kinder mitunter den Namen bekannter Persönlichkeiten.

Die Familiennamen werden nach ihrer Bildung unterschieden. Die ältesten haben sich aus Rufnamen entwickelt. Daneben leiten sie sich ab von Herkunftsbezeichnungen, Ortsnamen, Berufen, Spitznamen oder Hausnamen.

Bei den Familiennamen ist zu beachten, daß sich ihre Form im Laufe der Jahrhunderte stark verändert hat. Im Zeitalter des Humanismus wurden die Namen häufig latinisiert: Aus Konrad Bickel wurde Conradus Celtis. Weitere Umformungen ergaben sich durch mundartliche Aussprache, Einflüsse fremden Sprachgutes, Rückübersetzung von Namen aus dem Lateinischen. In den schriftlichen Quellen finden sich für denselben Namen oft verschiedene Schreibweisen. Dies kam durch Hörfehler, Mißverständnisse und Unkenntnis zustande. Die Festschreibung der Familiennamen erfolgte auf gesetzlichem Wege im 19. Jahrhundert.

Anfragen zur Namenkunde können gerichtet werden an die Gesellschaft für Namenkunde, Leipzig, und an die Gesellschaft für deutsche Sprache, Taunusstraße 11, 65183 Wiesbaden.

Wanderungen

Von Bedeutung sind für den Familiengeschichtsforscher auch Wanderungsbewegungen. Dieses Phänomen betrifft sowohl Einzelpersonen als auch ganze Gruppen und ist sehr oft ein Grund für den Toten Punkt. In diesem Kapitel soll in Kürze auf die wichtigsten Wanderungsbewegungen der Neuzeit eingegangen werden.

Vorbemerkungen

Angaben zu „Auswanderungen" in den Quellen bedeuten nicht immer eine Emigration nach Übersee, eventuell ist die Person auch nur in ein anderes Fürstentum oder Hochstift gezogen. Hier lohnt sich die Nachforschung in benachbarten Herrschaftsgebieten. Bei Einzelpersonen waren Wanderungen nicht selten, betrafen aber vor allem Handwerker und Studenten. Hierbei können Forschungsprobleme auftreten, wenn Handwerker an einem unbekannten Ort eingeheiratet haben oder die Ehefrau mit an den ursprünglichen Heimatort zieht. Eine Lösung zu diesem Problem könnte sich in den Bürgerbüchern finden. Die Herkunft von Studenten ist oft in den bereits angesprochenen Universitätsmatrikeln feststellbar.

Glaubensflüchtlinge

Migrationen von religiösen Minderheiten begegnen uns verstärkt seit dem Beginn des 16. Jahrhunderts mit den Glaubensspaltungen. Eine gesetzliche Grundlage zur Auswanderung schaffte der Augsburger Religionsfrieden von 1555. Danach hatte die Bevölkerung das Recht, aus religiösen Gründen den Staat zu verlassen. Die Rekatholisierung in der zweiten Hälfte des 16. Jahrhunderts führte in Süddeutschland in den Bistümern Fulda, Bamberg, Würzburg u. a. zur Vertreibung von Protestanten. Sie zogen entweder in benachbarte Gebiete oder in die protestantischen Reichsstädte. Auch der Wegzug von Katholiken aus andersgläubigen Gebieten ist zu beobachten, allerdings in wesentlich geringerem Umfang. Da durch den Dreißigjährigen Krieg gerade in Süddeutschland sehr viele Unterlagen verloren gingen, ist die Erfassung dieser Personen schwierig. Aber auch hier bietet sich ein Blick in die Bürgerbücher an oder auch in Kirchenbücher der näheren Umgebung. Aber es kam nicht nur in deutschen Territorien zu Vertreibungen, es gab aus den gleichen Gründen auch Einwanderungen, wie z. B. österreichische Exulanten nach dem Dreißigjährigen Krieg in das entvölkerte Franken einwanderten. Es ist festzustellen, daß die Wanderungen nach 1650 nicht unbedingt religiöse Motive hatten, sondern auch politische, da weite Gebiete menschenleer waren.

Mit der Aufhebung des Ediktes von Nantes 1685 begann eine weitere Wanderungsbewegung, und zwar der Hugenotten. Viele ließen sich in den Städten Frankfurt/O., Berlin und Königsberg nieder und trugen zum wirtschaftlichen Aufschwung bei.

Im 18. Jahrhundert wurden aus dem Erzstift Salzburg etwa 15 000 Protestanten ausgewiesen. Diese erhielten umgehend von König Friedrich Wilhelm I. von Preußen aus wirtschaftlichen und politischen Gründen eine Einladung zur Ansiedlung. Diese erfolgte dann in Ostpreußen. Aus den Entschädigungslisten des Erzbischofes ist die

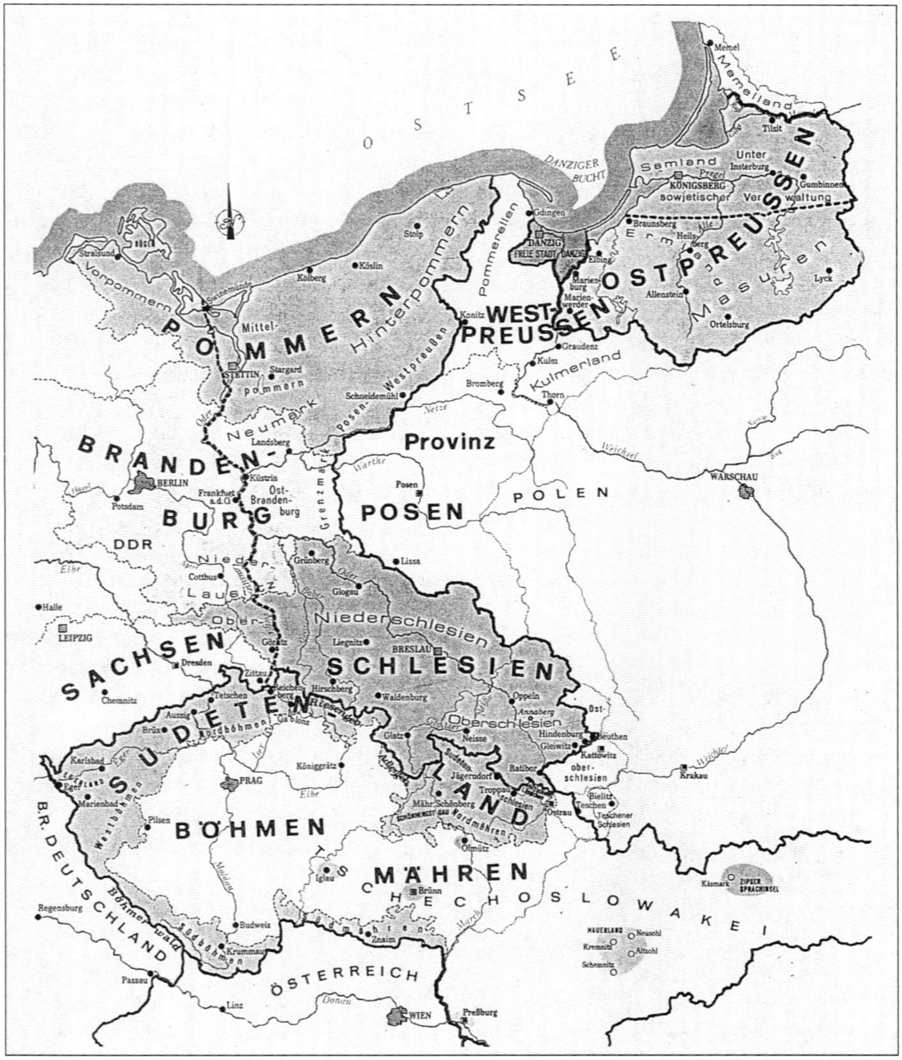

◁ *Die deutschen Ostgebiete und das Sudetenland (1938)*

Herkunft der Salzburger feststellbar. Sowohl für die Hugenotten als auch für die Salzburger haben sich eigene Vereine gebildet, die im Anschriftenverzeichnis aufgeführt sind.

Überseeische Auswanderung

Mit dem Westfälischen Frieden von 1648 wurden nur die lutherische, die katholische und die reformierte Konfession als Staatsreligionen anerkannt. Andere religiöse Gruppierungen wie die Pietisten um Jakob Spener in Frankfurt wurden unterdrückt. Mit der Gründung von Pennsylvania wurde eine Insel für religiös Verfolgte geschaffen, und die ersten deutschen Auswanderer kamen 1683 nach Philadelphia. Germantown, heute ein Stadtteil, wurde gegründet. Weitere Gruppen, wie die Mennoniten und die Herrnhuter, folgten. Insgesamt muß aber gesagt werden, daß die Anzahl der Auswanderer im 18. Jahrhundert eher gering war. Während des Amerikanischen Unabhängigkeitskrieges verkauften einige deutsche Kleinstaaten, wie Braunschweig und Hessen, etwa 30 000 Soldaten an die Engländer. Von diesen blieb nach der Unabhängigkeit der USA eine größere Anzahl im Land. Von einer Massenbewegung kann jedoch erst im 19. Jahrhundert die Rede sein. Zwischen 1820 und 1930 verließen fast sechs Millionen Deutsche ihre Heimat. Bis zum Ende des 19. Jahrhunderts kamen sie vorwiegend aus Südwestdeutschland und Mecklenburg. Um 1890 setzte in Preußen eine starke Auswanderungsbewegung ein. Im 20. Jahrhundert wurde die Emigration durch die amerikanischen Behörden streng reglementiert, so daß die Zahlen zurückgingen. Daneben wanderte eine größere Anzahl auch nach Südamerika und Australien aus.

Vertreibung

Zu den gravierendsten Folgen des Zweiten Weltkrieges zählt die Vertreibung von etwa 12,5 Millionen Menschen aus den Ostgebieten. Insgesamt waren von den Ereignissen durch Flucht, Vertreibung und Deportation etwa 18 Millionen Deutsche betroffen. Sie hatten 1938 in folgenden Gebieten gelebt: Ostpreußen, Pommern, Ostbrandenburg (östlich der Oder), Nieder- und Oberschlesien, Tschechoslowakei, in den baltischen Staaten mit dem Memelgebiet, Danzig, Polen, Ungarn, Jugoslawien, Rumänien und in der Sowjetunion. Etwa 2,3 Millionen kamen bei der Vertreibung und auf der Flucht ums Leben. 1950 lebten in der Bundesrepublik 7,8 Millionen Vertriebene, im Gebiet der DDR rund 4 Millionen und in Österreich rund 400 000.

Die ostdeutsche Familiengeschichtsforschung ist heute noch

weitaus schwieriger, als für andere Bevölkerungsgruppen. Die Kirchenbuchunterlagen und andere Quellen sind teilweise verlorengegangen, teilweise vernichtet worden. Die Forschung vor Ort war lange Zeit nicht möglich. Allerdings haben die Vertriebenenverbände und Landsmannschaften in den letzten Jahrzehnten zahlreiche kulturell und geschichtlich arbeitende Einrichtungen aufgebaut. Hierzu gehören die Historischen Kommissionen, ostdeutsche Spezialbibliotheken und die Häuser des Deutschen Ostens mit ihren Bibliotheken. Die Heimatortskarteien sind eine weitere wichtige Anlaufstelle. Diese wurden 1945 eingerichtet, um die Zusammenführung von Familien zu ermöglichen, die durch die Kriegswirren auseinandergerissen wurden. Die Registrierung erfolgte zuerst nach dem Herkunftsort und dann alphabetisch nach dem Namen. Die Struktur entspricht im wesentlichen der Verwaltungsgliederung der früheren preußischen Provinzen bzw. der staatlichen Ordnung der Herkunftsländer der Vertriebenen. Die einzelnen Heimatortskarteien finden sich im Anschriftenverzeichnis.

Die vorhandenen Kirchenbücher Ostdeutschlands werden zentral aufbewahrt: die evangelischen im Zentralarchiv in Berlin, die katholischen im Bischöflichen Zentralarchiv in Regensburg. Mit der Öffnung der Grenzen ergibt sich heute vielfach die Möglichkeit, Forschungsreisen zu unternehmen, um vor Ort die Originalquellen einzusehen. Dies war bis vor wenigen Jahren nur gegen sehr hohe Gebühren möglich.

Die Arbeitsgemeinschaft ostdeutscher Familienforscher (AGoFF) richtete für einzelne Gebiete zentrale Forschungsstellen ein (siehe unter Vereine). Hier werden Karteien, Ahnenlisten, teilweise Kirchenbuchauszüge, Ortschroniken sowie heimatkundliche Zeitschriften und Literatur verwahrt.

Daneben existiert eine in jahrzehntelanger Arbeit aufgebaute Spitzenahnenkartei, in der die ältesten bekannten Vorfahren ost-, sudeten- und südostdeutscher Familien erfaßt sind. Verkartete Ahnenlisten der AGoFF-Forschungsstellen sind hier vielfach miteingeflossen.

Diese befindet sich bei Frau Lore Schretzenmayr, Erikaweg 58, 94053 Regensburg.

Für die sudetendeutsche Familiengeschichtsforschung sei auf das „Sudetendeutsche Genealogische Archiv" in Regensburg und die Vereinigung sudetendeutscher Familienforscher verwiesen. Für Forschungsreisen in die Archive ist es inzwischen nicht mehr notwendig, eine Genehmigung der staatlichen Archivverwaltung in Prag einzuholen. Für Forschungen in polnischen Archiven ist eine Genehmigung der Generaldirektion notwendig.

Im übrigen gibt der Wegweiser der AGoFF und das Handbuch des Bundes der Vertriebenen weitere wertvolle Hinweise und Anschriften.

Zukunft der Genealogie

Namensrecht als Problem für zukünftige Genealogen?

Im Jahre 1976 wurde das erste Gesetz zur Reform des Ehe- und Familienrechtes verabschiedet. Damit war auch eine Neuordnung der Bestimmungen zum Familiennamensrecht verbunden. Diese verursachte eine fast zwei Jahrzehnte dauernde Auseinandersetzung um eine abermalige Neufassung des Namensrechtes. Viele verlangten die Durchsetzung des Gleichberechtigungsgrundsatzes, damit sowohl der Name des Mannes als auch der Name der Frau zum Ehenamen werden könne. Andere beriefen sich auf den im Grundgesetz garantierten Schutz von Ehe und Familie, um gerade das Festhalten am Namen des Mannes zu stärken. Nachdem 1991 das Bundesverfassungsgericht eine Entscheidung zugunsten des Gleichheitsgrundsatzes fällte, mußten neue gesetzliche Bestimmungen getroffen werden. An der folgenden öffentlichen Diskussion beteiligten sich auch genealogische Vereine und brachten eine Petition beim Deutschen Bundestag ein, die den Schutz der Familie in ihren Mittelpunkt stellte. Die umfangreichen Verbesserungsvorschläge wurden im Gesetzgebungsverfahren nicht beachtet. Trotzdem wurden die ursprünglich vorgesehenen, über 125 Wahlmöglichkeiten zur Bestimmung eines Ehenamens auf jetzt 17 Kombinationsmöglichkeiten reduziert. Im Falle der Nichteinigung der Eltern wurde auf Losentscheide für den Familiennamen von Kindern verzichtet. Statt dessen soll das Vormundschaftsgericht angerufen werden. Inwieweit dies eine gute Lösung ist, muß sich erweisen, da es keine gesetzlichen Grundlagen gibt. Im Mittelpunkt der Neuregelung steht der Geburtsname. Grundsätzlich wird die Bestimmung eines gemeinsamen Familiennamens angestrebt. Das Abstammungsprinzip bei der Namensführung ehelicher Kinder ist mit dieser gesetzlichen Neuregelung abgeschafft worden. Ein Doppelname kann nicht zum Familiennamen werden, und ein in erster Ehe angenommener Name kann nicht auf einen neuen Partner übertragen werden.

Ein fehlender Ehe- und Familienname kann das Problem von ausbleibender Familienbindung in die nächsten Generationen verlagern. Wegen einer mangelnden Einigung von Eheleuten über den Nachnamen des Kindes können Abweichungen entstehen, die den Genealogen in zwei oder drei Generationen vor erhebliche Schwierigkeiten stellen könnten. Die Familienzusammengehörigkeit ist dann nur noch über den Geburtsnamen der Eltern zu ermitteln. Dies widerspricht der genealogischen Arbeitsmethodik und kann zu einer Fehlerquelle führen. Wahrscheinlich bleibt die Benutzung des neuen Namensrechts erstmal beschränkt. Die Mehrheit der Bevölkerung wird wohl vorläufig ihren Namen in der traditionellen Art weiterführen und weitervererben.

Datenschutzbestimmungen

Immer wieder kommt es vor, daß der Genealoge bei seinen Forschungen mit den Datenschutzbestimmungen konfrontiert wird. Zur Einsicht der Unterlagen bei Standesämtern und Einwohnermeldeämtern gelten verbindliche gesetzliche Bestimmungen. Der kirchliche Datenschutz unterliegt besonderen Bestimmungen, aber man kann generell davon ausgehen, daß Kirchenbücher, die älter als 100 Jahre alt sind, allgemein zugänglich sind. Die Probleme beim Datenschutz wurden in den letzten Jahrzehnten durch den zunehmenden Einsatz der Computer bei staatlichen Behörden zum Politikum. Dabei steht im Mittelpunkt, die Daten von natürlichen Personen vor Mißbrauch durch Unbefugte zu schützen.

Mit dem Jahr 1937 wurde die Einsichtnahme in Standesamtsunterlagen auf die betroffene Person und deren direkte Vor- und Nachkommen beschränkt, nachdem seit 1876 eine uneingeschränkte Benutzung der Daten möglich war. Nicht zur Familie gehörende Personen, auch Verwandte zweiten Grades, mußten ein „berechtigtes Interesse“ nachweisen. 1957 wurde aus dem „berechtigten Interesse“ ein „rechtliches Interesse“. Zur Einsichtnahme muß der Forscher nachweisen, daß er die Personenstandsdaten aus rechtlichen Gründen benötigt. Diese Bestimmung unterliegt keiner zeitlichen Begrenzung und bedeutet, daß die Daten der direkten Vorfahren mitgeteilt werden. Für Verwandte zweiten Grades muß das Standesamt keine Auskunft erteilen, selbst wenn sie bereits im letzten Jahrhundert verstorben sind. Seit 1989 gibt es einen Entwurf für eine Novelle zur Abänderung dieses Gesetzes. Dieser sieht vor, daß der Forscher aus „berechtigtem Interesse“ 30 Jahre nach dem Tod oder bei unbekanntem Todesdatum 120 Jahre nach der Geburt Einsicht in alle Daten einer Person erhält. Leider wurde dieser Entwurf im Zuge der deutschen Vereinigung auf unbestimmte Zeit verschoben.

Aber auch bei der Benutzung der staatlichen und kommunalen Archive stößt man auf Datenschutzbestimmungen. Diese wurden inzwischen in der Form abgeändert, wie sie auch die oben angesprochene Novelle fordert. In diesem Zusammenhang muß auch erwähnt werden, daß die Anwendung der Datenschutzbestimmungen nicht einheitlich gehandhabt wird, und deshalb immer wieder Unsicherheiten auftreten.

Es bleibt zu hoffen, daß zur Klärung des Problems beim Datenschutz die erwähnte Novelle baldmöglichst verabschiedet wird.

Perspektiven der Genealogie

Angesichts eines steigenden Interesses an der Familiengeschichtsforschung, das in den letzten Jahren zu beobachten ist, steht die organisierte Genealogie in den kommenden Jahren vor neuen Herausforderungen.

Dazu gehört die Möglichkeit den Austausch mit den genealogischen Vereinen anderer Länder zu festigen, zumal von der Familiengeschichtsforschung unbestreitbar eine völkerverbindende Wirkung ausgeht. Das gute Miteinander vieler Vereine und Einzelforscher mit Genealogen aus anderen Ländern ist erwähnenswert und sollte künftig in der breiten Öffentlichkeit stärker herausgestellt werden. In diesem Zusammenhang ist zu bemerken, daß das mutige und engagierte Zusammenarbeiten von Forschern während der über vierzigjährigen Teilung Deutschlands einen beachtenswerten Beitrag für eine Annäherung geleistet hat. Vereine, die nicht nur zum benachbarten Ausland, sondern auch nach Übersee Verbindungen aufgebaut haben, helfen, auch für die deutsche Familiengeschichtsforschung relevante Quellen zu erschließen und ihren Mitgliedern und anderen Interessenten zugänglich zu machen.

Auf die herausragende Bedeutung, vor allem die in den östlichen Nachbarstaaten befindlichen deutschen Quellen systematisch für die Forschung bereitzustellen, ist in diesem Buch bereits verwiesen worden. Kooperationsseminare mit tschechischen und polnischen Genealogen fördern diesen Entwicklungsgang. Der Austausch von Vereinspublikationen, die Ermöglichung, gegenseitig Beiträge veröffentlichen zu lassen, sowie die unmittelbare Unterstützung bei Forschungen vor Ort erhöhen die Wirksamkeit.

Leider kann man generell wohl kaum von einer Zusammenarbeit zwischen den Familiengeschichtsforschern und den Universitäten sprechen. Auf beiden Seiten begegnet man Berührungsängsten. Diese sollten zugunsten einer wirksamen Zusammenarbeit beigelegt werden. Es müßte ein Austausch von Ergebnissen erfolgen, um Doppelarbeit zu vermeiden. In privaten Archiven befindet sich eine Menge Materialien, deren Auswertung für die Universitäten hilfreich wäre.

In der Öffentlichkeit begegnet man manchmal einer gewissen Zurückhaltung gegenüber den Genealogen. Das Vorurteil, auf der Suche nach dem adeligen Vorfahren zu sein, ist manchmal offensichtlich auch bei Archivaren immer noch nicht behoben. Hier ist eine gezielte Öffentlichkeitsarbeit, vor allen von seiten der DAGV aber auch jedes einzelnen, notwendig.

Durch die deutsche Vereinigung haben sich für die Vereine neue Herausforderungen ergeben. Neue, bisher nicht bekannte oder nicht nutzbare Möglichkeiten stellen sich ein. In diesem Zusammenhang sollte die Arbeit der Vereine untereinander verbessert werden. Manchmal ist sie zu sehr auf deren Forschungsgebiete bezogen. Gerade die Vereine in den neuen Bundesländern sollten in die Arbeit miteinbezogen werden, um ein Zusammenwachsen zu ermöglichen.

Ebenso ist es notwendig, die Rolle der Genealogie im Dritten Reich endlich aufzuarbeiten. Leider fehlt dies bisher, obwohl Veröffentlichungen in jüngster Zeit beweisen, daß diese Diskussion lange überfällig ist. Immer wieder erscheinen Presseartikel zu diesem Thema, die Handlungsbedarf zeigen.

Durch eine gezielte Öffentlichkeitsarbeit sollten vor allem jüngere Menschen für die Familiengeschichtsforschung gewonnen werden. Das Vorurteil, daß Genealogie nur ein Hobby für Pensionisten sei, ist längst widerlegt. Hierzu haben auch verstärkt Kurse zu hilfswissenschaftlichen Themen an den Volkshochschulen beigetragen. Auch diese sollten intensiviert werden.

Die Deutsche Zentralstelle für Genealogie in Leipzig sollte die genealogischen Vereine umfassend über ihre Arbeit informieren. Bei der Tätigkeit der Zentralstelle sollten die Bedürfnisse einzelner Familiengeschichtsforscher, nämlich das Erteilen von schriftlichen Auskünften, im Mittelpunkt stehen.

Anschriften von Vereinen und anderen bedeutenden Einrichtungen

Vereine

Die genealogischen Vereine sind entweder regional (nach Forschungsgebieten) gegliedert oder haben bestimmte Arbeitsschwerpunkte, wie z. B. die Hugenottenforschung. Während in den westlichen Bundesländern eine Mitgliedschaft in dem Verein üblich ist, in dessen Gebiet man forscht, hat sich in den neuen Bundesländern, zumindest noch, das Ortsprinzip durchgesetzt. Das heißt Mitgliedschaft in dem Verein, der dem Wohnort am nächsten ist.

Bei Anfragen an die Vereine ist unbedingt darauf zu achten, daß die Mitglieder ehrenamtlich tätig sind. Dies bedeutet, daß eine Antwort wegen Arbeitsüberlastung etwas länger dauern kann. Die Vereine haben nicht die Aufgabe und sind hierfür auch nicht in der Lage, einem Interessierten seine Vorfahren zu ermitteln. Sie können lediglich Hilfestellungen bei Schwierigkeiten leisten. Schriftliche Anfragen bitte genau präzisieren und wichtige Angaben wie die Religionszugehörigkeit nicht vergessen. Sie sollten auf jeden Fall doppeltes Rückporto beilegen. Manche Vereine waren in letzter Zeit auch gezwungen, für Auskünfte einen Beitrag zu erheben, um die gestiegenen Kosten auffangen zu können.

Dachverbände

Confédération Internationale de Généalogie et d'Héraldique (CIGH), Sekretariat: 448 New Jersey, Avenue S. E., Washington D. C. 20003, USA

Deutsche Arbeitsgemeinschaft genealogischer Verbände e.V. (DAGV), Vorsitzender Dr. Jörg Füchtner, An der Baumschule 7, 50374 Erftstadt

Für ganz Deutschland zuständige Einrichtungen

Akademie für Genealogie, Heraldik und verwandte Wissenschaften e.V., Präsident Oliver Dix, Gutenbergstraße 12 b, 38118 Braunschweig

Bund der Familienverbände, Präsident Manfred Bentele, Kirchgasse 18, 98693 Ilmenau

Deutsche Zentralstelle für Genealogie im: Sächsischen Staatsarchiv, Schongauer Straße 1, 04329 Leipzig

Deutsches Adelsarchiv, Vorsitzender Dr. Johannes Prinz zu Löwenstein-Wertheim-Rosenberg, Schwanallee 21, 35037 Marburg

Gesellschaft für Namenkunde, Vorsitzender Professor Dr. Dr. Ernst Eichler, Augustusplatz 9, 04109 Leipzig

„Herold", Verein für Heraldik, Genealogie und verwandte Wissenschaften zu Berlin, Vorsitzender Prof. Dr. Frhr. v. Lersner, Archivstraße 11, 14195 Berlin

Verein zur Förderung EDV-gestützter familienkundlicher Forschungen e.V., Vorsitzender Dieter God, Schorlemmerskamp 20, 44536 Lünen

Zentralstelle für Personen- und Familiengeschichte, Geschäftsführer Dr. Ludwig Becker, Birkenweg 13, 61381 Friedrichsdorf

Genealogische Vereine in den Bundesländern

Baden-Württemberg

Landesverein Badische Heimat e.V, Heilbronner Straße 3, 75015 Bretten

Verein für Familien- und Wappenkunde in Württemberg und Baden e.V., Postfach 105 441, 70047 Stuttgart

Bayern

Bayerischer Landesverein für Familienkunde e.V., Ludwigstraße 14/I (Hauptstaatsarchiv), 80539 München
mit Bezirksgruppen in Augsburg, München, Passau, Regensburg

Gesellschaft für Familienforschung in Franken e.V., Archivstr. 17, 90408 Nürnberg

Gesellschaft für Familienforschung in der Oberpfalz e.V.,Rachelstraße 12, 93059 Regensburg

Brandenburg mit Berlin

Interessengemeinschaft Genealogie Berlin e.V., Heinrich-Heine-Straße 11, 10179 Berlin

Bremen

Die Maus – Gesellschaft für Familienforschung e.V., Am Staatsarchiv 1, 28203 Bremen

Hamburg

Genealogische Gesellschaft Sitz Hamburg e.V., Postfach 302042, 20307 Hamburg

Hessen

Hessische familiengeschichtliche Vereinigung e.V., Karolinenplatz 3,

64289 Darmstadt

Familienkundliche Gesellschaft für Nassau und Frankfurt e.V., Mosbacher Straße 55, 65187 Wiesbaden

Gesellschaft für Familienkunde in Kurhessen und Waldeck e.V., Postfach 101346, 34013 Kassel

Vereinigung für Familien- und Wappenkunde Fulda e.V., Taunusstraße 4, 36043 Fulda

Mecklenburg-Vorpommern

Heraldische Fachgruppe „Zum Greifen" e.V., Eggerstraße 4, 18059 Rostock

Verein für Mecklenburg-Vorpommern, Thüne-Museum-Tellow, Frau A. Ziegler, 17168 Tellow

Niedersachsen

Niedersächsischer Landesverein für Familienkunde e.V., Am Bokemahle 14–16, 30171 Hannover

Genealogisch-Heraldische Gesellschaft m. Sitz in Göttingen e.V., Postfach 2062, 37010 Göttingen

Upstalboom-Gesellschaft für historische Personenforschung und Bevölkerungsgeschichte in Ostfriesland, Fischteichweg 16, 26603 Aurich

Oldenburgische Gesellschaft für Familienkunde, Lerigauweg 14, 26131 Oldenburg

Familienkundliche Kommission für Niedersachsen und Bremen sowie angrenzende Ostfälische Gebiete e.V., Steinfeldstraße 34, 30826 Garbsen

Nordrhein-Westfalen

Westdeutsche Gesellschaft für Familienkunde e.V., Im Sohl 60, 51643 Gummersbach (und Bezirksgruppen in Aachen, Bad Kreuznach, Bonn, Düsseldorf, Duisburg, Essen, Gummersbach, Kleve, Koblenz, Köln, Krefeld, Mönchengladbach, Trier und Wuppertal)

Bergischer Verein für Familienkunde e.V., Dr. Michael Knieriem, Historisches Zentrum, Engelsstraße 10, 42283 Wuppertal

Düsseldorfer Verein für Familienkunde e.V., Krummenweger Straße 26, 40885 Ratingen

Mosaik – Familienkundliche Vereinigung für das Klever Land e.V., Lindenallee 54, 47533 Kleve

Arbeitskreis für Familienforschung im Hagener Heimatbund e.V., Alperstraße 71-75, 58091 Hagen

Roland zu Dortmund e.V., Postfach 103326, 44033 Dortmund

Westfälische Gesellschaft für Genealogie und Familienforschung, c/o Westfälisches Archivamt, 48133 Münster

Rheinland-Pfalz

Arbeitsgemeinschaft für Pfälzisch-Rheinische Familienkunde e.V., Rottstraße 17, 67061 Ludwigshafen

Saarland

Arbeitsgemeinschaft für Saarländische Familienkunde e.V., Hebbelstraße 35, 66346 Püttlingen

Sachsen

Arbeitsgemeinschaft für mitteldeutsche Familienforschung e.V., c/o Sächsisches Staatsarchiv, Schongauer Straße 1, 04329 Leipzig

Genealogischer Verein Chemnitz e.V, Straße Usti nad Labem 23, 09119 Chemnitz

Interessengemeinschaft Genealogie, Krenkelstraße 9, 01309 Dresden,

Arbeitskreis „Vogtländische Familienforscher" im Verein für vogtländische Geschichte, Volks- und Landeskunde e.V., Alfred-Schlagk-Straße 12, 08523 Plauen

Leipziger Genealogische Gesellschaft e.V., c/o Sächsisches Staatsarchiv, Schongauer Straße 1, 04329 Leipzig

Sachsen-Anhalt

Genealogischer Abend „Ekkehard" Halle e.V., Otto-Hahn-Straße 2, 06126 Halle-Neustadt

Arbeitsgemeinschaft Genealogie Magdeburg, Thiemstraße 7, 39104 Magdeburg

Neuer Hallescher Genealogischer Abend, Brotuffstraße 9, 06217 Merseburg

Schleswig-Holstein

Schleswig-Holsteinische Gesellschaft für Familienforschung, Postfach 3809, 24037 Kiel

Arbeitskreis für Familienforschung e.V., Mühlentorplatz 2, 23552 Lübeck

Thüringen

Arbeitsgemeinschaft Genealogie

Thüringen e.V., Martin-Andersen-Nexö-Straße 62, 99096 Erfurt

Regionalgruppe Weimar: Warschauer Straße 30 a/125, 99427 Weimar

Vereine und Forschungsstellen für deutsche Siedlungsgebiete in Ost-, Ostmittel- und Südosteuropa

Arbeitsgemeinschaft ostdeutscher Familienforscher e.V., Detlef Kühn, Zum Block 1a, 01561 Medessen

Hilfen bei der Urkundenbeschaffung aus den Siedlungsgebieten

Arbeitskreis Genealogie Braunschweig, Gutenbergstraße 12b, 38108 Braunschweig

Baltikum (Estland, Lettland, Litauen)

Deutsch-Baltische Genealogische Gesellschaft, Herdweg 79, 64285 Darmstadt

Donauschwaben/Banat

Arbeitskreis donauschwäbischer Familienforscher, Dr. Martin Armgart, Graitengraben 31, 45326 Essen

Bukovina und Galizien

Manfred Daum, Haferkamp 25, 29525 Uelzen

Ostbrandenburg - Neumark

Rita Sydow, Veilchenweg 12, 26203 Wardenburg-Hundsmühlen

Ostpreußen

Verein für Familienforschung in Ost- und Westpreußen e.V., Reinhard Wenzel, An der Leegde 23, 29233 Celle

Pommern

Elmar Bruhn, Lohkamp 13, 22117 Hamburg (auch Sedina-Archiv)

Pommersches Familienarchiv, Lorenz-von-Stein-Ring 20, 24340 Eckernförde

Posen

Hilde Möller, Oppenheimer Straße 50, 60594 Frankfurt

Schlesien

Neithard von Stein, Talstraße 3, 31707 Bad Eilsen

Fgr. Grafschaft Glatz: Dr. Dieter Pohl, Bahnhofstraße 50, 64653 Lorsch

Fgr. Kreis Lauban: Kurt Michael Beckert, Kiefelhorn 13, 38154 Königslutter

Sudetenland

Vereinigung Sudetendeutscher Familienforscher, Steinkirchner Straße 15, 81475 München

Sudetendeutsches Genealogisches Archiv, Lore Schretzenmayr, Erikaweg 58, 93053 Regensburg

Westpreußen siehe Ostpreußen

Vereine für Spezialforschungen

Hugenotten

Deutscher Hugenotten-Verein e.V., Hafenplatz 9 a, 34385 Bad Karlshafen

Mennoniten

Mennonitischer Geschichtsverein, Am Hollerbrunnen 7, 67295 Bolanden

Mormonen

Genealogical Library of the Curch of Jesus Christ of Latter Day Saints, 50 East North Temple, Salt Lake City, Utah 84150, USA

Forschungsstellen in Deutschland:

Zentrales Genealogisches Forschungszentrum der Kirche Jesu Christi der Heiligen der Letzten Tage, Eckenheimer Landstraße 264, 60320 Frankfurt

Genealogisches Forschungszentrum der Kirche Jesu Christi der Heiligen der Letzten Tage, Klingelhöferstraße 24, 10785 Berlin

Rene-Schickele-Straße 8, 53123 Bonn

Carl-von-Ossietzky-Straße 5, 44225 Dortmund

Tiergartenstraße 40, 01219 Dresden

Mörsenbroicher Weg 184a, 40470 Düsseldorf

Hochheimer Straße 14, 99094 Erfurt

Hainicherstraße 64, 09599 Freiberg

Markgrafenstraße 87, 79115 Freiburg/Breisgau

Wartenau 20, 22089 Hamburg

Hildesheimer Straße 344, 30519 Hannover

Schröderstraße 94, 69120 Heidelberg

Lauterstraße 1, 67657 Kaiserslautern

Ernst-Frey-Straße 7, 76135 Karlsruhe

Stiftstraße 17, 24103 Kiel

Moltkestraße 3, 56068 Koblenz

Forststraße 130, 50767 Köln

Oeserstraße 3, 04229 Leipzig

Rückertstraße 2, 80336 München

Kieler Straße 333, 24536 Neumünster

Kesslerplatz 8, 90489 Nürnberg

Kalmanstraße 88, 66113 Saarbrücken

Birkenwaldstraße 46, 70191 Stuttgart

Martin-Luther-Straße 6, 42285 Wuppertal

Gellertstraße 1a, 08064 Zwickau

Salzburger

Salzburger Verein e.V., Memeler Straße 35, 33605 Bielefeld

Sonstige Vereine

Eisenbahner

Gruppe Familien- und Wappenkunde im Bundesbahn-Sozialwerk, Weißdornstraße 20, 31228 Peine

Deutsch-Amerikanisch

Genealogical Association of English-Speaking Researchers in Europe, Rheinstraße 13 e, 69126 Heidelberg

Siemens

Arbeitsgemeinschaft für Familiengeschichte im Kulturkreis Siemens e.V., Siemensdamm 10 13629 Berlin

Genealogischer Kreis in der Kameradschaft Siemens Erlangen e.V., Thomas Lonicer, Abt. VT 61, Werner-von-Siemens-Straße, 91052 Erlangen

Archive

Archive haben die Aufgabe, Dokumente wie Urkunden, Akten, Fotos und für die heutige Zeit Medienträger zu sichern, zu bewerten und zu erschließen. Diese Quellen entstehen aus der Tätigkeit von staatlichen Organen, Parteien, Kirchen, wirtschaftlichen Unternehmen, oftmals handelt es sich auch um Nachlässe von Einzelpersonen. Dementsprechend sind Archive nach ihren Aufgabengebieten gegliedert und an ihren Rechtsträger gebunden. Man unterscheidet Staats- und Kommunalarchive. Daneben gibt es aber auch noch Universitätsarchive, Adelsarchive, kirchliche Archive, Privatarchive, öffentlich-rechtliche und Spezialarchive. Die Archive sind oft über Jahrhunderte historisch gewachsen. Alte Bestände müssen nicht unbedingt den jetzigen politischen Gegebenheiten entsprechen. Bei der Ermittlung der Quellenlage ist es deshalb notwendig, zu ermitteln, welche Quellen sich für das gesuchte Forschungsgebiet in welchem Archiv befinden.

Probleme bei Archiven

Durch die territoriale Zersplitterung des Heiligen Römischen Reiches Deutscher Nation ist das Archivwesen nicht einheitlich gewachsen. Archive folgten der Herrschaft bei Erbfall, so daß Archivgut unterschiedlich gelagert sein kann.

Durch Kriege, besonders durch Auslagerungen während des Zweiten Weltkrieges und Verluste durch Kriegsbeute, sind weitere wichtige Güter verlorengegangen. Der Schaden, der durch die Teilung Deutschlands entstanden ist, muß innerhalb der nächsten Jahre behoben werden.

Die Bestände der Behörden werden in der Regel nach zwanzig Jahren an das zuständige Archiv abgegeben. Regierungsakten unterliegen meist einer jahrzehntelangen Sperrfrist. Für die Arbeit in den Archiven ist es notwendig zu wissen, welche Stellen an welche Archive ihre Unterlagen abgeben. Das Schriftgut des Staates wird an die Bundesarchive abgegeben, die Staats- und Landesarchive der Länder haben Materialien zur jeweiligen Landesgeschichte.

Bei Forschungsreisen in die staatlichen Archive sollte man sich vor Antritt der Reise nach den Öffnungszeiten erkundigen. Falls möglich, sollten die benötigten Akten bereits bestellt werden, da dies Wartezeiten ersparen kann. Man sollte sich vorab erkundigen, ob ein Kopierapparat zur Verfügung steht. Manche Archive verbieten aus verständlichen Gründen, daß alte Quellen abgelichtet werden, da das Material stark beansprucht wird. In größeren Archiven ist es aber möglich, Fotografien erstellen zu lassen, die man gegen Berechnung erhält. Man sollte zuvor ein Angebot über die für Fotos zu erwartenden Kosten einholen. In den Archiven befinden sich sogenannte „Repertorien". Dort sind die Findbücher zu finden, in denen die einzelnen Bestände verzeichnet sind. Anhand der Signaturen können sie dann zur Einsichtnahme in den Lesesaal bestellt werden.

Staatliche Archive des Bundes und der Länder

Bund

Berlin Document Center, Wasserkäfersteig 1, 14163 Berlin

Bundesarchiv, Potsdamer Straße 1, 56075 Koblenz

Deutsche Dienststelle für die Benachrichtigung der nächsten Angehörigen von Gefallenen der ehemaligen deutschen Wehrmacht (WASt), Eichborndamm 167–209, 13403 Berlin

Krankenbuchlager Berlin, Wattstraße 11–13, 13355 Berlin (vollständige Sammlung der Verlustlisten des 1. Weltkriegs)

Militärarchiv des Bundesarchivs, Wiesentalstraße 1, 79115 Freiburg

Militärgeschichtliches Forschungsamt, Grünwälderstraße 10–14, 79098 Freiburg

Politisches Archiv des Auswärtigen Amts, Adenauerallee 99–103, 53113 Bonn

Geheimes Staatsarchiv Preußischer Kulturbesitz, Archivstr. 12–14, 14195 Berlin

Deutscher Bundestag, Referat Parlamentsarchiv, Bundeshaus, 53113 Bonn

Baden-Württemberg

Generallandesarchiv Karlsruhe, Nördliche Hildapromenade 2, 76133 Karlsruhe

Hauptstaatsarchiv Stuttgart, Konrad-Adenauer-Straße 4, 70173 Stuttgart

Staatsarchiv Freiburg, Colombistraße 4, 79098 Freiburg i. Br.

Staatsarchiv Ludwigsburg, Schloß Ludwigsburg, Schloßstraße 30, 71634 Ludwigsburg

Staatsarchiv Sigmaringen, Karlstraße 1–3, 72488 Sigmaringen

Staatsarchiv Wertheim, Bronnbach Nr. 19, 97877 Wertheim

Bayern

Bayerisches Hauptstaatsarchiv, Schönfeldstraße 5–11, 80539 München

Staatsarchiv Amberg, Archivstr 3, 92224 Amberg

Staatsarchiv Augsburg, Salomon-Idler-Straße 2, 86159 Augsburg

Staatsarchiv Bamberg, Hainstr. 39, 96047 Bamberg

Staatsarchiv Coburg, Herrengasse 11, 96450 Coburg

Staatsarchiv Landshut, Burg Trausnitz, 84036 Landshut

Staatsarchiv München, Schönfeldstraße 3, 80539 München

Staatsarchiv Nürnberg, Archivstr.17, 90408 Nürnberg

Staatsarchiv Würzburg, Residenz-Nordflügel, 97070 Würzburg

Berlin

Landesarchiv Berlin, Kalckreuthstraße 1–2, 10777 Berlin

Brandenburg

Brandenburgisches Landeshauptarchiv, Sanssouci-Orangerie 3, 14467 Potsdam

Bremen

Staatsarchiv Bremen, Am Staatsarchiv 1, 28203 Bremen

Hamburg

Staatsarchiv der Freien und Hansestadt Hamburg, ABC-Straße 19 a, 20354 Hamburg

Hessen

Hessisches Hauptstaatsarchiv, Mosbacher Straße 55, 65187 Wiesbaden

Hessisches Staatsarchiv Darmstadt, Schloß, 64289 Darmstadt

Hessisches Staatsarchiv Marburg, Friedrichsplatz 15, 35037 Marburg

Mecklenburg-Vorpommern

Mecklenburgisches Landeshauptarchiv, Graf-Schack-Allee 2, 19053 Schwerin

Vorpommersches Landesarchiv Greifswald, Martin-Andersen-Nexö-Platz 1, 17489 Greifswald

Niedersachsen

Niedersächsisches Hauptstaatsarchiv i. Hannover, Am Archiv 1, 30169 Hannover

Niedersächsisches Staatsarchiv in Aurich, Oldersumer Straße 50, 26603 Aurich

Niedersächsisches Staatsarchiv in Bückeburg, Schloß, 31675 Bückeburg

Niedersächsisches Staatsarchiv in Oldenburg, Damm 43, 26135 Oldenburg

Niedersächsisches Staatsarchiv in Osnabrück, Schloßstraße 29, 49074 Osnabrück

Niedersächsisches Staatsarchiv in Stade, Am Sande 4c, 21682 Stade

Niedersächsisches Staatsarchiv in Wolfenbüttel, Forstweg 2, 38302 Wolfenbüttel

Nordrhein-Westfalen

Nordrhein-Westfälisches Hauptstaatsarchiv, Mauerstraße 55, 40476 Düsseldorf

Nordrhein-Westfälisches Staatsarchiv Detmold und Nordrhein-Westfälisches Personenstandsarchiv Westfalen-Lippe, Willi-Hofmann-Str. 2, 32756 Detmold

Nordrhein-Westfälisches Staatsarchiv Münster, Bohlweg 2, 48147 Münster

Nordrhein-Westfälisches Personenstandsarchiv Rheinland, Schloß Augustusburg (Eingang Schloßstr. 12), 50321 Brühl

Rheinland-Pfalz

Landeshauptarchiv Koblenz, Karmeliterstraße 1–3, 56068 Koblenz

Außenstellen:

Landeshauptarchiv Koblenz, Außenstelle Rommersdorf, 56566 Neuwied

Landeshauptarchiv Koblenz, Außenstelle Kobern-Gondorf, Wasserschloß, 56330 Kobern-Gondorf

Landesarchiv Speyer, Otto-Mayer-Straße 9, 67346 Speyer

Saarland

Landesarchiv Saarbrücken, Scheidter Straße 114, 66123 Saarbrücken

Sachsen

Sächsisches Hauptstaatsarchiv Dresden, Archivstraße 14, 01097 Dresden

Außenstelle Bautzen des Sächsischen Hauptstaatsarchivs Dresden, 02625 Bautzen

Außenstelle Chemnitz, Schulstraße 38-41, 09125 Chemnitz

Außenstelle Freiberg des Sächsischen Hauptstaatsarchivs Dresden (Bergarchiv), Kirchgasse 11, 09599 Freiberg

Sächsisches Staatsarchiv Leipzig, Schongauer Straße 1, 04329 Leipzig

Sachsen-Anhalt

Landeshauptarchiv Sachsen-Anhalt, Hegelstraße 25, 39104 Magdeburg

Landeshauptarchiv Oranienbaum Schloß, 06785 Oranienbaum

Außenstelle Wernigerode des Landeshauptarchivs Sachsen-Anhalt, Lindenallee 21, Orangerie, 38855 Wernigerode

Schleswig-Holstein

Landesarchiv Schleswig-Holstein, Prinzenpalais (Schloß Gottorf) Gottorfstraße 6, 24837 Schleswig

Thüringen

Thüringisches Hauptstaatsarchiv, Marstallstraße 2, 99423 Weimar

Außenstellen:

Außenstelle Altenburg des Thüringischen Hauptstaatsarchivs, Schloß 7, 04600 Altenburg

Außenstelle Gotha des Thüringischen Hauptstaatsarchivs, Schloß Friedenstein, 99867 Gotha

Thüringisches Staatsarchiv Meiningen, Schloß Bibrabau, 98617 Meiningen

Thüringisches Staatsarchiv Rudolstadt, Schloß Heidecksburg, 07407 Rudolstadt

Außenstelle Greiz des Thüringischen Staatsarchivs Rudolstadt, Oberes Schloß 7, 07973 Greiz

Kirchliche Archive

Die Kirchen streben an, den Kirchenbuchbestand in den Diözesanarchiven und Landeskirchlichen Archiven zu zentralisieren. Dies ist bisher in den einzelnen Gebieten sehr unterschiedlich durchgeführt worden. In einigen Diözesen und Landeskirchen sind die örtlichen Pfarrer verpflichtet, alte Kirchenbücher abzugeben, in anderen liegt es in deren eigenem Ermessen.

Bei den Archiven besteht eine Gebührenordnung für den Benutzer, die inzwischen weitgehend einheitlich geregelt wurde. Für die kirchlichen Archive gelten die gleichen Aussagen, die bereits für Forschungsreisen zu den staatlichen Archiven gemacht wurden. Man sollte seinen Besuch in den kirchlichen Archiven unbedingt vorher anmelden, um sicherzustellen, daß das Archiv geöffnet hat (während der Sommermonate können auch größere Kirchenarchive wegen Urlaubs geschlossen sein). Auf diesem Weg kann man gleichzeitig in Erfahrung bringen, ob sich die gesuchten Unterlagen in dem jeweiligen Archiv befinden. Befinden sich die Kirchenbücher noch in Pfarreien, muß der Besuch angekündigt werden. Eine schriftliche Anfrage an Diözesan- und Landeskirchliche Archive ist möglich. Für die Arbeit wird zumeist ein festgelegter Stundensatz berechnet.

Nachfolgende Aufstellung enthält die Landeskirchlichen Archive und die Diözesanarchive in Deutschland. Auf die Pfarrarchive mußte verzichtet werden. Nach der Vereinigung Deutschlands hat die katholische Bischofskonferenz beschlossen, die Bistümer in Norddeutschland und in den neuen Bundesländern umzustrukturieren. Dies wird in den kommenden Jahren geschehen. Von dieser Maßnahme werden auch die Archive betroffen sein. Inwieweit sich hier Veränderungen ergeben, kann aber zum jetzigen Zeitpunkt noch nicht gesagt werden.

Evangelisch

– alphabetisch nach den Landeskirchen sortiert –

Evangelische Kirche in Deutschland

Evangelisches Zentralarchiv in Berlin (Archiv der Evangelisches Kirche der Union/EKU und der Evangelischen Kirchen in Deutschland/EKD), Jebensstr. 3, 10623 Berlin

Vereinigte Evangelisch-Lutherische Kirche Deutschlands, Archiv des Lutherischen Kirchenamts, Richard-Wagner-Straße 26, 30177 Hannover

Evangelische Landeskirche Anhalt

Archiv des Landeskirchenamts, Friedrichstraße 22, 06844 Dessau

Evangelische Landeskirche in Baden

Archiv des Evangelischen Oberkirchenrates, Landeskirchliches Archiv, Blumstraße 1, 76133 Karlsruhe

△ *Die katholischen Bistümer in Deutschland*

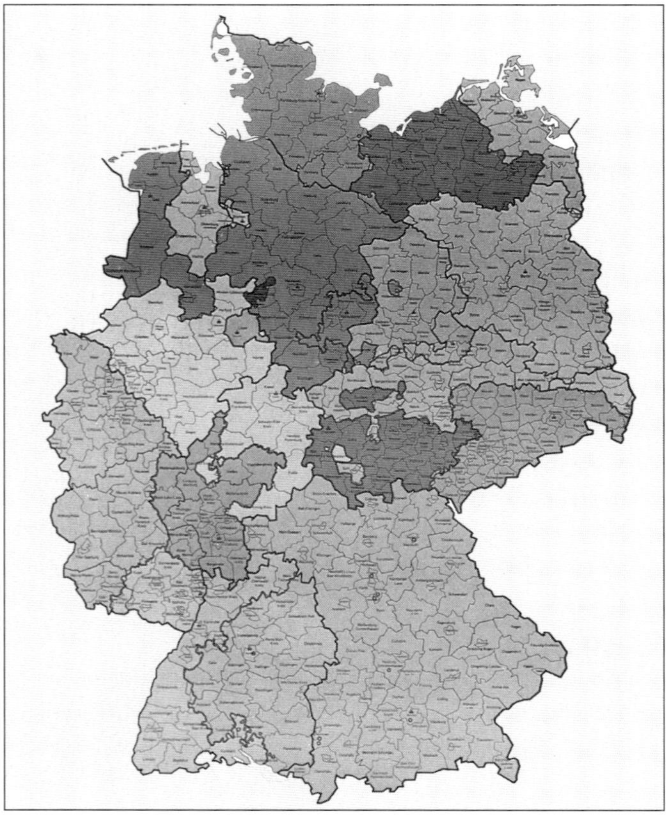

△ *Die Gliedkirchen der Evangelischen Kirche in Deutschland (DEKD)*

Evangelisch-Lutherische Kirche in Bayern

Landeskirchliches Archiv, Veilhofstraße 28, 90489 Nürnberg

Landeskirchliches Archiv, Kirchenbucharchiv, Am Ölberg 2, 93047 Regensburg

Evangelische Kirche in Berlin-Brandenburg

Archiv der Evangelischen Kirche in Berlin-Brandenburg, Dezernat 5, Neue Grünstraße 19–22, 10179 Berlin

Evangelisch-lutherische Landeskirche in Braunschweig

Landeskirchliches Archiv, Alter Zeughof 1, 38100 Braunschweig

Bremische Evangelische Kirche

Archiv der Kirchenkanzlei, Franziuseck 2–4, 28199 Bremen

Evangelisch-Lutherische Landeskirche Hannovers

Landeskirchliches Archiv, Am Steinbruch 14, 30449 Hannover

Evangelische Kirche in Hessen und Nassau

Zentralarchiv der Evangelischen Kirche in Hessen und Nassau, Ahastraße 5a, 64285 Darmstadt

Evangelische Kirche in Kurhessen-Waldeck

Archiv des Landeskirchenamts, Heinrich-Wimmer-Str. 4 (Martin-Bucer-Haus), 34131 Kassel-Wilhelmshöhe

Lippische Landeskirche

Landeskirchliches Archiv, Leopoldstraße 27, 32756 Detmold

Evangelisch-Lutherische Landeskirche Mecklenburg

Landeskirchliches Archiv, Münzstraße 8, 19055 Schwerin

Nordelbische Evangelisch-Lutherische Kirche

Nordelbisches Kirchenarchiv, Winterbeker Weg 51, 24114 Kiel

Bereich Eutin: Am Kirchberg 4, 23684 Scharbeutz

Bereich Hamburg: Grindelallee 7, 20146 Hamburg

Bereich Lübeck: Bäckerstraße 3–15, 23564 Lübeck

Bereich Schleswig-Holstein: Dänische Straße 21–35, 24103 Kiel

Evangelisch-Reformierte Kirche in Nordwestdeutschland

Archiv des Landeskirchenrates, Saarstraße 6, 26789 Leer

Evangelisch-Lutherische Kirche in Oldenburg

Archiv des Evangelisch-lutherischen Oberkirchenrates, Philosophenweg 1, 26121 Oldenburg

Evangelische Kirche der Pfalz (Protestantische Landeskirche)

Zentralarchiv, Domplatz 6, 67346 Speyer

Pommersche Evangelische Kirche

Evangelisches Landeskirchenarchiv Greifswald, Bahnhofstraße 35/36, 17489 Greifswald

Evangelische Kirche im Rheinland

Archiv der Evangelischen Kirche im Rheinland, Hans-Böckler-Str. 7, 40476 Düsseldorf

Evangelisch-Lutherisches Kirchenamt Sachsen

Archiv, Lukasstraße 6, 01069 Dresden

Evangelisches Konsistorium der Kirchenprovinz Sachsen

Archiv, Am Dom 2, 39104 Magdeburg

Evangelisch-Lutherische Landeskirche Schaumburg-Lippe

Archiv der Schaumburg-Lippischen Landeskirche, Herderstraße 27, 31675 Bückeburg

Konsistorium der Evangelischen Kirche der schlesischen Oberlausitz

Archiv, Schlaurother Straße 11, 02827 Görlitz

Evangelisch-Lutherische Kirche Thüringen

Landeskirchenarchiv, Schloßberg 4a (Kreuzkirche), 99817 Eisenach

Evangelische Kirche von Westfalen

Landeskirchliches Archiv, Altstädter Kirchplatz 5, 33602 Bielefeld

Evangelische Landeskirche in Württemberg

Landeskirchliches Archiv, Gänseheidestraße 4, 70184 Stuttgart

Sonstige Archive im Bereich der Evangelischen Kirche:
– nach dem Sitz sortiert –

Archiv der Evangelischen Akademie Bad Boll, Akademieweg 11, 73087 Bad Boll

Archiv der Evangelischen Brüder-Unität, Zittauer Straße 24, 02747 Herrnhut

Archiv des Diakonischen Werkes der Evangelischen Kirche in Westfalen, Friesenring 32, 48147 Münster

Katholisch – alphabetisch nach Bistümern sortiert –

Aachen

Bischöfliches Diözesanarchiv Aachen, Klosterplatz 7, 52062 Aachen

Augsburg

Archiv des Bistums Augsburg, Hafnerberg 2/II, 86152 Augsburg

Bamberg

Archiv des Erzbistums Bamberg, Domplatz 3, 96049 Bamberg

Bautzen

Domstiftsarchiv St. Petri in Bautzen (Bistum Dresden-Meißen), An der Petrikirche 6, 02625 Bautzen
Berlin

Bistum Berlin, Bistumsarchiv, Hinter der kath. Kirche 3, (Eingang: Französische Straße 34), Berlin

Domstiftsarchiv Brandenburg (Havel), Burghof 11, 14776 Brandenburg

Diözesanarchiv Berlin, Götzstr. 65, 12099 Berlin

Eichstätt

Diözesanarchiv Eichstätt, Luitpoldstraße 1, 85072 Eichstätt

Erfurt

Domarchiv Erfurt, Hermannsplatz 9 (Eingang: Stiftsgasse), 99084 Erfurt

Essen

Bistumsarchiv Essen, Zwölfling 16, 45127 Essen

Freiburg

Erzbischöfliches Archiv Freiburg, Herrenstraße 35, 79098 Freiburg

Fulda

Bistumsarchiv Fulda, Paulustor 5, 36037 Fulda

Görlitz (gehört derzeit noch zum Erzbistum Breslau)

Ordinariat der Apostolischen Administratur, Carl-von-Ossietzky-Straße 41, 02826 Görlitz

Hildesheim

Bistumsarchiv Hildesheim, Pfaffenstieg 2, 31134 Hildesheim

Köln

Historisches Archiv des Erzbistums Köln, Gereonstraße 2–4, 50670 Köln

Limburg

Diözesanarchiv Limburg, Roßmarkt 4, 65549 Limburg

Magdeburg

Zentralarchiv des Bischöflichen Amtes Magdeburg, Max-Joseph-Metzger-Straße 1, 39104 Magdeburg

Mainz

Dom- und Diözesanarchiv Mainz, Rochusstraße 9, 55116 Mainz

München und Freising

Archiv des Erzbistums München und Freising, Karmeliterstraße 1 (Eingang: Pacellistraße), 80333 München

Münster

Bistumsarchiv Münster, Georgskommende 19, 48143 Münster

Außenstellen:

Bistumsarchiv Münster, Außenstelle Xanten, Kapitel 21, 46509 Xanten

Bistumsarchiv Münster, Offizialratsarchiv Vechta, Bahnhofstraße 6, 49377 Vechta

Osnabrück

Bistumsarchiv Osnabrück, Große Domfreiheit 10, 49074 Osnabrück

Paderborn

Erzbistumsarchiv Paderborn, Domplatz 3, 33098 Paderborn

Passau

Archiv des Bistums Passau, Luragogasse 4, 94032 Passau

Regensburg

Bischöfliches Zentralarchiv, St. Peters-Weg 11–13, 93047 Regensburg

Rottenburg

Diözesanarchiv Rottenburg, Eugen-Bolz-Platz 1, 72108 Rottenburg

Schwerin

Bischöfliches Amt Schwerin, Lankower Straße 14–16, 19057 Schwerin

Speyer

Archiv des Bistums Speyer, Kleine Pfaffengasse 16, 67346 Speyer

Trier

Bistumsarchiv Trier, Jesuitenstraße 13 b, 54290 Trier

Würzburg

Diözesanarchiv Würzburg, Domerschulstraße 2, 97070 Würzburg

Sonstige Archive im Bereich der katholischen Kirche:

Kirchliches Archiv des Katholischen Militärbischofs für die Deutsche Bundeswehr, Kaiserstraße 141, (postalische Anschrift: Adenauerallee 115–117), 53113 Bonn

Verband der röm.-kath. Kirchengemeinden in der Freien und Hansestadt Hamburg, Katholisches Kirchenamt, Danziger Straße 52, 20099 Hamburg

Archiv der Abtei Maria Laach, 56653 Maria Laach (Eifel)

Domarchiv Ratzeburg, Domhof 18, 23909 Ratzeburg

Jüdische Archive

Zentralarchiv zur Erforschung der Geschichte der Juden in Deutschland, Bienenstraße 5, 69117 Heidelberg

Stiftung „Neue Synagoge Berlin – Centrum Judaicum", Oranienburger Straße 28–29, 10117 Berlin

Jüdische Akten und Nachlässe befinden sich in Berlin, die Personenstandsunterlagen liegen in der Deutschen Zentralstelle für Genealogie in Leipzig. Das Bundesarchiv in Koblenz bewahrt Register jüd. Gemeinden in Ost- und Westpreußen, Pommern, Nieder- und Oberschlesien mit Angaben hauptsächlich aus dem 19. Jh. auf.

Kommunale Archive

Zu den kommunalen Archiven zählen die Stadt- und Gemeindearchive. Hier befindet sich eine große Anzahl von relevanten Quellen für den Familiengeschichtsforscher wie Bürgerbücher, Einwohnerlisten, Ziehkinderverzeichnisse, Klassenbücher, Nachlässe, Testamente, Vormundschaftsakten, Personalakten, Militärakten, Kopialbücher, Postkarten, Fotos, Lokalzeitungen sowie heimatgeschichtliche Literatur. Die Anschriften dieser Archive können bei der Stadt- und Gemeindeverwaltung erfragt werden. Im übrigen sei auf das Minerva-Handbuch verwiesen, das immer noch die ausführlichste Darstellung der vorhandenen Archive in Deutschland beinhaltet.

Staats- und Landesbibliotheken

Baden-Württemberg

Württembergische Landesbibliothek, Konrad-Adenauer-Straße 8, 70173 Stuttgart

Bayern

Bayerische Staatsbibliothek, Ludwigstraße 16, 80539 München

Berlin

Staatsbibliothek Preußischer Kulturbesitz, Unter den Linden 8, 10102 Berlin

Staatsbibliothek Preußischer Kulturbesitz, Potsdamer Straße 33, Postfach 1407, 10721 Berlin

Brandenburg

Brandenburgische Landesbibliothek, Am Kanal, 14467 Potsdam

Bremen

Staats- und Universitätsbibliothek Bremen, Bibliothekstraße, 28331 Bremen

Hamburg

Staats- und Universitätsbibliothek Hamburg, Von-Melle-Park 3, 20146 Hamburg

Hessen

Hessische Landesbibliothek, Rheinstraße 55–57, 65185 Wiesbaden

Mecklenburg-Vorpommern

Mecklenburgische Landesbibliothek, Am Dom 2, 19055 Schwerin

Niedersachsen

Niedersächsische Landesbibliothek, Waterloostr. 8, 30169 Hannover

Nordrhein-Westfalen

Stadt- und Landesbibliothek Dortmund, Markt 12, 44137 Dortmund

Sachsen

Sächsische Landesbibliothek Dresden, Marienallee 12, 01074 Dresden 01099

Sachsen-Anhalt

Universitäts- und Landesbibliothek Sachsen-Anhalt, August-Bebel-Straße 13, 06108 Halle

Schleswig-Holstein

Landesbibliothek, Kieler Schloß, 24103 Kiel

Thüringen

Forschungs- und Landesbibliothek, Schloß Friedenstein, 99867 Gotha

Anschriften von Institutionen und Archiven zur Auswanderung und Vertreibung

Überseeische Auswanderung

Historic Emigration Office im Museum für Hamburgische Geschichte, Holstenwall 24, 20355 Hamburg (Schiffspassagierlisten von 1850–1934, unvollständig für die Jahre 1853 und 1915–1919)

Auskunft wird erteilt für familiengeschichtliche Zwecke

Institut für pfälzische Geschichte und Volkskunde – Heimatstelle Pfalz – Benzinoring 6, 67657 Kaiserslautern (Materialien über die umfangreichen pfälzischen Auswanderungen)

National Archives and Record Service, 20 408 Washington 25 D.C. USA (Passagierlisten der Einwandererschiffe seit etwa 1800)

Senat der Freien und Hansestadt Hamburg – Staatsarchiv -, ABC-Straße 19a, 20354 Hamburg (Schiffspassagierlisten von 1850–1934, unvollständig für die Jahre 1853 und 1915–1919)

Auskunft wird erteilt für rechtliche und wissenschaftliche Zwecke

Vertreibung

Die zuständigen Vereine mit ihren Forschungsstellen befinden sich im Verzeichnis der Vereine

Standesamt I in Berlin, Standesamtsregister, Rheinstraße 54, 12161 Berlin (Personenstandsbücher aus den ehemaligen Ostgebieten, Konsularregister)

Bund der Vertriebenen (BdV) Vereinigte Landsmannschaften und Landesverbände, Godesberger Allee 72, 53175 Bonn

Heimatauskunftsstellen

Die Heimatauskunftsstellen (HASt) haben Nachweise über land- und forstwirtschaftlichen sowie sonstigen Grundbesitz, Akten über die Beschlagnahmung von Grundbesitz, Adreßbücher, Branchenverzeichnisse, Einwohnerbücher, Jahrbücher, Telefonbücher, Volkszählungsergebnisse.

Bayerisches Staatsministerium für Arbeit und Sozialordnung – Landesausgleichsamt – Winzererstraße 9, 80797 München für

HASt Regierungsbezirk Aussig

HASt Böhmen und Mähren

HASt Rumänien (außer Bessarabien und Dobrudscha)

Innenministerium Baden-Württemberg – Landesausgleichsamt – Dorotheenstraße 6, 70197 Stuttgart für

HASt Regierungsbezirk Troppau

HASt Ungarn

HASt Slowakei mit Karpatho-Ukraine

HASt Jugoslawien (31.12.1937)

HASt Sowjetunion, Bulgarien, Bessarabien und Dobrudscha

Hessisches Sozialministerium – Landesausgleichsamt – Luisenstraße 13, 65185 Wiesbaden für
HASt Regierungsbezirk Eger

HASt Baltikum (Lettland, Litauen, Estland)

Finanzministerium des Landes Nordrhein-Westfalen – Landesausgleichsamt – Jägerhofstr. 6, 40479 Düsseldorf für

HASt Regierungsbezirk Oppeln einschl. Hultschiner Ländchen

HASt Industriegebiet Westoberschlesien

HASt Industriegebiet Ostoberschlesien

HASt Polen I (Bereich Lodz, Wartheland)

HASt Nordwesteuropa

Ministerium der Finanzen des Landes Rheinland-Pfalz – Landesausgleichsamt – Bauhofstraße 55124 Mainz für

HASt Übriges Europa (die nicht durch andere HASt erfaßt sind)

Niedersächsischer Minister für Bundes- und Europaangelegenheiten – Landesausgleichsamt – Schöneworth 7, 30167 Hannover für

HASt Regierungsbezirk Breslau

HASt Stadtkreis und Landkreis Breslau

HASt Regierungsbezirk Liegnitz/Schlesien

HASt Regierungsbezirk Frankfurt für die Gebiete östlich der Oder und Neiße

HASt Heimatauskunftsstelle Polen II (Gebietsstand 31.12. 1937)

Finanzminister des Landes Schleswig-Holstein – Landesausgleichsamt – Meesenring 9, 23566 Lübeck für

HASt Regierungsbezirk Königsberg

HASt Stadtkreis Königsberg

HASt Regierungsbezirk Gumbinnen einschl. Memelland

HASt Regierungsbezirk Allenstein einschl. des Soldauer Ländchens

HASt Regierungsbezirk Danzig

HASt Stadtkreise Danzig und Zoppot

HASt Regierungsbezirk Bromberg

HASt Regierungsbezirk Marienwerder

HASt Regierungsbezirk Stettin

HASt Regierungsbezirk Köslin

HASt Regierungsbezirk Schneidemühl

HASt Posen

Freie Hansestadt Bremen Der Senator für Arbeit – Landesausgleichsamt – Contrescarpe 73, 28195 Bremen für

HASt Übersee

Heimatortskarteien

Zentralstelle der Heimatortskarteien der kirchlichen Wohlfahrtsverbände, Lessingstraße 1, 80336 München

Nordosteuropa

Heimatortskartei Nordosteuropa, Vorwerkstr. 103, Block 33, 23554 Lübeck

mit

Abt. Ostpreußen und Memelland

Abt. Danzig-Westpreußen

Abt. Pommern

Abt. Deutsch-Balten, Estland, Lettland

Abt. Litauen

Mark Brandenburg und ehemalige DDR

Heimatortskartei Mark Brandenburg, Auf dem Kreuz 41, 86152 Augsburg

Deutsche aus Wartheland-Polen

Heimatortskartei Wartheland-Polen, Engelbosteler Damm 72, 30167 Hannover

Schlesien

Niederschlesien

Heimatortskartei Schlesien Abt. Niederschlesien u. Breslau, Tränkgasse 9, 96052 Bamberg

Oberschlesien

Heimatortskartei Oberschlesien, Abt. Oberschlesien, Ostuzzistraße 4, 94032 Passau

Sudetendeutsche

Heimatortskartei für Sudetendeutsche, Von-der-Tann-Straße 9, 93047 Regensburg

Südosteuropaumsiedler

Heimatortskartei Südosteuropa, Rosenbergstraße 50, 70176 Stuttgart

mit

Abt. Ungarn

Abt. Jugoslawien

Abt. Rumänien

Abt. Slowakei

Abt. Ruthenien

Heimatortskartei Ostumsiedler

mit

Abt. Rußland, Bessarabien, Bulgarien, Dobrudscha

beim

Johann-Gottfried-Herder-Institut, Gisonenweg 7, 35037 Marbur

Historische Kommissionen

Historische Kommission für Pommern und Mecklenburg, Gisonenweg 7, 35037 Marburg

Historische Kommission für ost- und westpreußische Landesforschung, Eichener Straße 32, 53902 Bad Münstereifel-Houverath

Historisch-landeskundliche Kommission für Posen und das Deutschtum in Polen, Saarstraße 21, 55122 Mainz

Historische Kommission für Schlesien, Mainz-Universität, Historisches Seminar, Jakob-Welder-Weg 18, 55128 Mainz

Baltische Historische Kommission, Münchhausenstraße 12, 37085 Göttingen

Bedeutende Archive in Auswahl

Bischöfliches Zentralarchiv, St. Peters-Weg 11–13, 93047 Regensburg

(katholische Kirchenbücher aus den Vertreibungsgebieten)

Evangelisches Zentralarchiv in Berlin, Jebensstraße 3, 10623 Berlin (evangelische Kirchenbücher der Vertreibungsgebiete)

Geheimes Staatsarchiv Preußischer Kulturbesitz, Archivstr. 12–14, 14195 Berlin-Dahlem (Auswandererakten, Trauregister aus Ostgebieten)

Archiv des Bistums Breslau

Archiwum Archidiecezalne Wrochaw, ul. Kanonia 12, PL-50-328 Wrochaw

Archiv des Bistums Danzig

Kuria Biskupia Gdanska, Ul. Cystersow 15, PL-80-330 Gdansk-Oliwa

Diözesanarchiv Ermland in Allenstein

Archiwum Diecezji Warminskiej, Kopernika 47, PL-10-512 Olsztyn

Archiv des Bistums Gnesen

Archiwum Diecezji Gniezno, ul. Kanclerza Jana Laskiego 7, PL-62-200 Gniezno

Archiv des Bistums Kattowitz

Archiwum Diecezji Katowickiej, ul. Jordana 39, PL-40-953 Katowice

Archiv des Bistums Kulm in Pelplin

Archiwum Diecezji Chelminskiej, Ogrod Biskupi 1, PL-83-130 Pelplin

Archiv des Bistums Posen

Archiwum Archidiecezjalne, ul. Lubranskiego, PL-61-108 Poznan

Ausgewählte genealogische Vereine und Archive im Ausland

Australien

Australian Federation of Family-History Organisation, Postoffice 13, Marden/South Australia 5070

Belgien

Evêché de Liège – Bisdom Luik (Bistum Lüttich), Archives, 33, rue Reynier, B-4400 Liège

Chile

Instituto Chileno de Investigaciones Genealogicas, Casilla 1386, Santiago de Chile 1

Dänemark

Katolsk Bispekontor Kobenhavn (Kopenhagen), Bredgade 69a, DK-1260 Kobenhavn

Service de Centralisation des Études généalogiques et démographiques de Belgique (S.C.G.D.), chaussée de Haecht, 147, 1030 Bruxelles

Frankreich

Archevêché de Strasbourg (Straßburg), Archives, 16, rue Brûlée, F-7081 Strasbourg Cedex

Cercle généalogique d'Alsace, 5, rue Fischart, 67000 Strasbourg

Großbritannien

The Society of Genealogists, 37 Harrington Gardens, London SW7 4JX

Irland

Irish Family History Society, Sekretär: M.J. Bryne, Convent View, Tullamore, Co. Offaly

Österreich

Bistum Eisenstadt: Diözesanarchiv, St. Rochusstraße 21, A-7001 Eisenstadt

Bistum Feldkirch: Archiv der Diözese, Bahnhoftstraße 13, A-6800 Feldkirch

Bistum Graz-Seckau: Diözesanarchiv, Bischofsplatz 4, A-8010 Graz

Bistum Innsbruck: Diözesanarchiv, Domplatz 6, A-6021 Innsbruck

Bistum Gurk in Klagenfurt: Archiv der Diözese, Mariannengasse 6, A-9020 Klagenfurt

Bistum Linz: Ordinariatsarchiv, Harrachstraße 7, A-4020 Linz

Erzbistum Salzburg: Konsistorialarchiv, Kapitelplatz 2, A-5010 Salzburg

Bistum St. Pölten: Diözesanarchiv, Domplatz 1, A-3100 St. Pölten

Bistum Wien: Diözesanarchiv, Wollzeile 2, A-1010 Wien

Heraldisch-genealogische Gesellschaft „Adler", Haarhof 4, A-1014 Wien 1

Schweiz

Schweizerische Gesellschaft für Familienforschung, Präsident: Mario von Moos, Neugrundstraße 5, CH-8320 Fehraltdorf

Bistum und fürstbischöflicher Staat Basel (vor 1815): Archives de l'ancien Evêché de Bale, Hotel de Gléresse, 10 rue des Annonciades, CH-2900 Porrentruy

Bistum Basel (nach 1815): Bischöfliches Archiv, Baselstraße 58, CH-4500 Solothurn

Evêché de Lausanne, Genève et Fribourg: Archives épiscopales, 86 rue de Lausanne, CH-1701 Fribourg

Bistum Lugano: Bischöfliches Archiv, Curia Vescovile, via borghetto 6, CH-6900 Lugano

Bistum St. Gallen: Bischöfliches Archiv, Klosterhof 6 b, CH-9000 St. Gallen

Bistum Sitten/Sion: Archives épiscopales, Avenue de la Tour 12, CH-1950 Sion

USA

Federation of Genealogical Society, P.O. Box 220, Davenport, Iowa 52805

German-Genealogical Society of America, P.O. Box 291818, Los Angeles, CA. 90020

Verlage

Verlag Degener & Co., Nürnberger Straße 27, 91413 Neustadt a. d. Aisch

RNK-Vordruckverlag, Kreuzstraße 67, 38118 Braunschweig

C.A. Starke-Verlag, Postfach 1310, 65533 Limburg/Lahn

Literaturverzeichnis

Standardwerke

BAHN, PETER: Familienforschung, Ahnentafel, Wappenkunde, Niedernhausen/Ts. 1989

DEVRIENT, ERNST: Familienforschung, Leipzig 1919

FORST DE BATTAGLIA, OTTO: Wissenschaftliche Genealogie, Bern 1948

GATTERER, JOHANN CHRISTOPH: Abriß der Genealogie, Göttingen 1788

HENNING, ECKART/RIBBE WOLFGANG (Hrsg): Taschenbuch für Familiengeschichtsforschung, 11. Auflage, Neustadt a. d. Aisch 1997

HENNING, ECKART/RIBBE, WOLFGANG (Hrsg.): Handbuch der Genealogie, Neustadt a. d. Aisch 1972

HEYDENREICH, EDUARD: Handbuch der praktischen Genealogie, Leipzig 1913

LORENZ, OTTOKAR: Lehrbuch der gesamten wissenschaftlichen Genealogie, Berlin, 1898

LÜTGENDORFF-LEINBURG, WILLIBALD LEO V.: Familiengeschichte, Stammbaum und Ahnenprobe, Frankfurt/M. 1910

ROESLER, GOTTFRIED: Leitfaden für familiengeschichtliche Forschungen. Ihr Sinn, ihre Ordnung, ihr Verfahren (Praktikum für Familienforscher, Heft 32, Neustadt a. d. Aisch 1957

WENTSCHER, ERICH/MITGAU, HERMANN: Einführung in die praktische Genealogie, 2. Auflage, Limburg 1966

Nachschlagewerke/Register

AHNENLISTE-KARTEI, Lfg. 1–18 (Genealogische Informationen, Band 4–10), Neustadt a. d. Aisch 1975–1988

ANTONI, M. G. M.: Ostdeutsche Museen und Sammlungen in der Bundesrepublik Deutschland und Österreich, Bonn o. J.

BAUMGART, WINFRIED: Bücherverzeichnis zur deutschen Geschichte, 10. erw. Auflage, München 1992

BRANDT, AHASVER V.: Werkzeug des Historikers, 13. Auflage, Stuttgart 1992

DEUTSCHES GESCHLECHTERBUCH. Genealogisches Handbuch bürgerlicher Familien. Quellen- und Sammelwerk mit Stammtafeln der bürgerlichen Geschlechter, Band 1–100, Görlitz bzw. Limburg a. d. Lahn 1887 ff.

FAMILIENGESCHICHTLICHE BIBLIOGRAPHIE. Hrsg. von der Zentralstelle für Deutsche Personen- und Familiengeschichte. 1 (1900)–11,3 (1962), Leipzig 1932–33

GENEALOGICAL RESEARCH DIRECTORY (erscheint jährlich)

GLENZDORFS INTERNATIONALES GENEALOGEN-LEXIKON, Biographisches Handbuch für Familienforscher und Heraldiker, Bad Münder/Deister 1977, 1979, 1984, 3 Bände

MOOS, MARIO VON: Familiengeschichtliche Bibliographie der Schweiz, (Arbeitshilfen für Familienforscher in der Schweiz. Hrsg von der Schweizerischen Gesellschaft für Familienforschung), 2 Bände, Fehraltdorf 1993

MÜLLERS GROSSES DEUTSCHES ORTSBUCH. Vollständiges Gemeindelexikon, Wuppertal-Barmen 1972

QUESTER, ERICH (Bearb.): Wegweiser für die Forschung nach Vorfahren aus den ostdeutschen und sudetendeutschen Gebieten sowie aus den Siedlungsräumen in Mittel-, Ost- und Südosteuropa, Neustadt a. d. Aisch 1991

ZWINGER, DIETER: Mitgliederverzeichnis der DAGV, Aktuelle Themen zur Genealogie, Heft 16, Neustadt a. d. Aisch 1998

ZWINGER, DIETER: Druckschriftenverzeichnis 1990 DAGV, Aktuelle Themen zur Genealogie, Heft 12, Neustadt a. d. Aisch 1990

VERDENHALVEN, FRITZ: Namensänderungen ehemals preußischer Gemeinden von 1850–1942 (mit Nachträgen bis 1950). Ein Schlüssel zu den Umbenennungen, Eingemeindungen und Zusammenschlüssen von Stadt- und Landgemeinden während eines Jahrhunderts, Neustadt a. d. Aisch 1971

Zeitschriften

Die meisten genealogischen Vereine publizieren eigene Zeitschriften bzw. Mitteilungen. Nachfolgend sind die wichtigsten aufgeführt:

ADLER

ALTPREUSSISCHE GESCHLECHTERKUNDE

ARCHIV FÜR DIPLOMATIK

ARCHIV FÜR FAMILIENGESCHICHTSFORSCHUNG

BEITRÄGE ZUR WESTFÄLISCHEN FAMILIENFORSCHUNG

Blätter des Bayerischen Landesvereins für Familienkunde

Blätter für Familienkunde und Familienpflege

Blätter für Fränkische Familienkunde

Computergenealogie – Zeitschrift für die Anwendung von Mikrocomputern in der Familienforschung, Heft 1 ff., 1985 ff.

Deutsche Hugenotten

Deutsches Adelsblatt

Deutsches Familienarchiv

Donauschwäbische Familienkundliche Forschungsblätter

Familie und Geschichte

Familienkundliche Nachrichten

Familienforschung in Mitteldeutschland

Genealogie

Genealogisches Jahrbuch, Band 1 ff., Neustadt a. d. Aisch 1961 ff.

Der Herold

Hessische Familienkunde

Mitteilungen der Westdeutschen Gesellschaft für Familienkunde

Oldenburgische Familienkunde

Österreichisches Familienarchiv

Ostdeutsche Familienkunde

Pfälzisch-Rheinische Familienkunde

Quellen und Forschungen zur ostfriesischen Familien- und Wappenkunde

Sudetendeutsche Familienforschung

Südwestdeutsche Blätter für Familien- und Wappenkunde

Zeitschrift für niederdeutsche Familienkunde

Archivverzeichnisse

Archive. Archive im deutschsprachigen Raum. Band 1–2 (Minerva-Handbücher), 2. Auflage, Berlin/New York 1974

Archive und Archivare in der Bundesrepublik Deutschland, Österreich und der Schweiz. Hrsg. vom Verein deutscher Archivare, 15. Ausgabe, Münster 1995

Beiträge zum Archivwesen der katholischen Kirche Deutschlands. Hrsg. von der Bundeskonferenz der kirchlichen Archive in Deutschland, Band 1, Speyer 1991

Branig, Hans/Bleiss, Ruth/Bleiss, Winfried: Übersicht über die Bestände des Geheimen Staatsarchivs in Berlin-Dahlem – Teil 1: Provinzial- und Lokalbehörden/Provinz Brandenburg/Provinz Westpreußen/Provinz Posen, Köln und Berlin 1966

Dumrath, Karlheinrich/Eger, Wolfgang/Steinberg, Hans: Handbuch des kirchlichen Archivwesens, Teil 1: Die zentralen Archive in der evangelischen Kirche, 3., neu von Wolfgang Eger und Ekkehard Kätsch bearbeitete Auflage, Neustadt a. d. Aisch 1986

Friedrichs, Heinz F.: Familienarchive in öffentlichem und privatem Besitz, Register der Familienarchive, Familienstiftungen, genealogische Nachlässe in Europa und Übersee, Band 1, 2. Auflage, Neustadt a. d. Aisch 1980, Band 2 1977

Führer durch die Bistumsarchive der katholischen Kirche in Deutschland, Hrsg. von der Bundeskonferenz der kirchlichen Archive in Deutschland, 2. überarb. und erw. Auflage, Siegburg 1991 (mit Bestandsangaben der einzelnen Archive)

Granier, Gerhard/Henke, Josef/Oldenhage, Klaus: Das Bundesarchiv und seine Bestände, 3. erg. und neu bearb. Auflage, Boppard a. Rhein 1977

Täubrich, Rainer: Archive in Ostpreußen vor und nach dem Zweitem Weltkrieg unter Einschluß des Memellandes und des Soldaugebietes. Hrsg. von der Kulturstiftung der Deutschen Vertriebenen, Bonn 1990

Wagner, Ulrich/Baer, Wolfram/Hecker, Hans-Joachim (Hrsg.): Kommunale Archive in Bayern, Würzburg 1993

Literatur zu einzelnen Themen

Ahnenverlust

Ebersbach, Günther W.: Gedanken über den Ahnenschwund, in: Blätter für Fränkische Familienkunde 12. Band, Heft 1 1984, S. 2–11

Euler, Friedrich Wilhelm: Zum Studiums des „Ahnenverlustes", in: Der Hessische Familienforscher 1 /1948–1952, S. 66–71

Lorenz, Ottokar: Über den Ahnenverlust in den oberen Generationen, in: Festschrift des Vereins Herold 1894, S. 63 ff.

Wirsig, Eva: Implex, in: Handbuch

der Genealogie, Neustadt a. d. Aisch, S. 31 f.

Aktenkunde

Bresslau, Harry: Handbuch der Urkundenlehre für Deutschland und Italien, 3 Bände, Darmstadt 1931–1960

Henning, Eckart: Historische „Überreste" – Archivalische Quellen und ihre Benutzung, in: Der Herold, Band 14, 1993, Heft 2, S. 51 ff.

Meisner, Otto: Archivalienkunde vom 16. Jahrhundert bis 1918, Göttingen 1969

Chronologie

Grotefend, Hermann: Zeitrechnung des deutschen Mittelalters und der Neuzeit, Hannover 1891–98 (Nachdruck Aalen 1970 u. 1984)

Grotefend, Hermann: Taschenbuch der Zeitrechnung, 13. Auflage, Hannover 1991

Genealogische Darstellungsformen

Friedrichs, Heinz F.: Bezifferung und Beletterung in Stamm- und Nachfahrenlisten, in: Blätter für Familienkunde und Familienpflege, Band 5 H.3/1977, S. 38 f.

Kekulé v. Stradonitz, Stephan: Über eine zweckmäßige Bezifferung der Ahnen, in: Vierteljahrsschrift für Wappen-, Siegel- und Familienkunde 26/1898, S. 64–72

Kekulé v. Stradonitz, Stephan: Genealogische Abkürzungen und Zeichen, Görlitz 1912

Klocke, Friedrich v.: Zum Problem der Genealogie, der Stammtafel und der Ahnentafel, in: Mitteilungen des Roland 12/1927, S. 17 f.

Liebich, Curt: Zeichnerische Darstellungen familiengeschichtlicher Forschungergebnisse (Praktikum für Familienforschung, Heft 26), Leipzig 1933

Spohr, Oswald: Verwandtschafts- und Sippschaftstafeln, (Praktikum für den Familienforscher, Heft 2) Leipzig 1924

Kirchenbücher/ Militärkirchenbücher

Armgart, Martin: Genealogische Gesellschaft von Utah – Erweiterungen der Forschungsmöglichkeiten, in: Altpreußische Geschlechterkunde 1986, S. 472 f.

Börsting, Heinrich: Geschichte der Matrikeln der Frühkirche bis zur Gegenwart, Freiburg/Br. 1959

Eger, Wolfgang: Verzeichnis der Militärkirchenbücher in der Bundesrepublik Deutschland (Veröffentlichung der Arbeitsgemeinschaft der Archivare und Bibliotheken in der evangelischen Kirch, Band 18), Neustadt a. d. Aisch 1993

Eger, Wolfgang: Verzeichnis der Militärkirchenbücher in der Bundesrepublik Deutschland/neue Bundesländer - römisch-katholische Kirche (Veröffentlichung der Arbeitsgemeinschaft der Archivare, Band 23), Neustadt a. d. Aisch 1996

Henning, Eckart/Wegeleben, Christel: Kirchenbücher. Bibliographie gedruckter Tauf-, Trau- und Totenregister sowie der Bestandsverzeichnisse im deutschen Sprachgebiet, Neustadt a. d. Aisch 1991

Kaps, J.: Handbuch der katholischen Kirchenbücher in der Ostdeutschen Kirchenprovinz östlich der Oder und Neiße und dem Bistum Danzig, München 1962

Lesaar, Bernhard F.:, Möglichkeiten der Familienforschung in den Mormonen-Archiven, in: Genealogie, Heft 11–12/1992, S. 321–326

Lyncker, A.: Die Altpreußische Armee 1714–1806 und ihre Militärkirchenbücher, Berlin 1937

Lyncker, A.: Die preußische Armee 1807–1867 und ihre sippenkundliche Quellen, Berlin 1939

Pfarrbücherverzeichnis für das Bistum Regensburg, Bearb. vom Bischöflichen Zentralarchiv Regensburg, Regensburg 1985

Stache, Christa: Verzeichnis der Kirchenbücher im Evangelischen Zentralarchiv in Berlin, Teil 1: Die östlichen Kirchenprovinzen der Evangelischen Kirche der altpreußischen Union (Veröffentlichungen des Evangelischen Zentralarchivs in Berlin, Band 3), 3. erw. und verbesserte Auflage, Berlin 1992

Stache, Christa: Das Evangelische Zentralarchiv in Berlin und seine Bestände (Veröffentlichungen des Evangelischen Zentralarchivs in Berlin, Band 5), Berlin 1992

Wermes, Martina u. a.: Bestandsverzeichnis der Zentralstelle für Genealogie Leipzig, Teil 1: Die Kirchenbuchunterlagen der östlichen Provinzen Posen, Ost- und Westpreußen, Pommern und Schlesien. Hrsg. von der Zentralstelle für Personen- und Familiengeschichte Frankfurt, Band 32, Neustadt a. d. Aisch 1997

WERMES, MARTINA U.A.: Bestandsverzeichnis der Zentralstelle für Genealogie Leipzig, Teil 2: Die archivalischen Kirchenbuchunterlagen der außerdeutschen Siedlungsgebiete Bessarabien, Bukovina, Estland, Lettland, Litauen, Siebenbürgen, Slowenien und Südtirol. Hrsg. von der Zentralstelle für Personen- und Familiengeschichte Frankfurt, Band 25, Neustadt a. d. Aisch 1992

WERMES, MARTINA: Bestandsverzeichnis der Zentralstelle für Genealogie Leipzig, Teil 3: Die Kirchenbuchunterlagen der Länder und Provinzen des deutschen Reichs (mit Ausnahme der östlichen Provinzen Preußens), hrsg. von DZfG, Band 27, Neustadt a. d. Aisch 1994

WEIß, VOLKMAR/MÜNCHOW, KATJA: Bestandsverzeichnis der Zentralstelle für Genealogie Leipzig, Teil 4: Ortsfamilienbücher mit Standort in der Deutschen Bücherei und der DZfG, hrsg. von DZfG, Band 28, Neustadt a. d. Aisch 1996

Leichenpredigten

LENZ, RUDOLF: Leichenpredigten. Eine bislang vernachlässigte Quellengattung. Geschichte, Forschungsstand, methodische Probleme, Bibliographie, in: Archiv für Kulturgeschichte 56 (1974), S. 296 ff.

LENZ, RUDOLF (Hrsg.): Quellen zur Erforschung der Frühen Neuzeit. Forschungsstelle für Personalschriften, Arbeitsstelle der Akademie der Wissenschaften und der Literatur zu Mainz, Marburg 1989

ROTH, F.: Restlose Auswertungen von Leichenpredigten und Personalschriften für genealogische Zwecke, Boppard 1959–1980

Namenkunde

ABEL, OTTO H.: Die deutschen Personennamen, Berlin 1889

BAHLOW, HANS: Deutsches Namenlexikon, Familien- und Vornamen nach ihrem Ursprung und Sinn erklärt, Frankfurt am Main, 1972

BAHLOW, HANS: Schlesisches Namenbuch, Kitzingen 1953

BAHLOW, HANS: Niederdeutsches Namenbuch, Walluf 1972

BAHLOW, HANS: Mecklenburgisches Namenbüchlein, Rostock 1932

BAHLOW, HANS: Unsere Vornamen im Wandel der Jahrhunderte, Limburg 1965

BASS, ALFRED: Deutsche Vornamen, Leipzig 1909

BAUER, GERHARD: Namenkunde des Deutschen (Langs germanistische Lehrbuchsammlung, Band 21), Bern 1985

GOTTSCHALD, MAX: Deutsche Namenkunde, Berlin 1970

HEINRICHS, KARL: Studien über die Namensgebung im Deutschen seit dem Anfang des 16. Jahrhunderts (Quellen und Forschung zur Sprach- und Kulturgeschichte der germanischen Völker, Band 102), Straßburg 1908

HELLFRITZSCH, VOLKMAR: Familiennamenbuch des sächsischen Vogtlandes (Deutsch-Slawische Forschungen zur Namenkunde und Siedlungsgeschichte, Nr. 37), Berlin 1992

MAAS, HERBERT: Von Abel bis Zwicknagel. Lexikon deutscher Familiennamen, München 1964

MITTERAUER, MICHAEL: Ahnen und Heiligen. Namensgebung in der europäischen Geschichte, München 1993

NAUMANN, HORST (Hrsg.): Familiennamenbuch, 2. Aufl., Leipzig 1989

NAUMANN, HORST: Deutsche Familiennamen. Eine Einführung (Bausteine der Genealogie. Hrsg. von der Akademie für Genealogie, Heraldik und verwandte Wissenschaften e.V.; Reihe B: Grundlagen der historischen Hilfswissenschaften, Heft 1), Neustadt a. d. Aisch 1993

Personenstandsregister

FRIEDBERG, EMIL: Das Recht der Eheschließung in seiner geschichtl. Entwicklung, Leipzig 1865 (Unveränd. Nachdruck Aalen 1965

FÜCHTNER, JÖRG (Bearb.): Die Zivilstandsregister im Nordrhein-Westfälischen Personenstandsarchiv Rheinland. Eine Übersicht (Veröffentlichung der staatlichen Archive des Landes Nordrhein-Westfalen. Reihe B.: Archivführer und Kurzübersichten, H.8), Brühl 1985

GUNDRUM, HANS/QUESTER, ERICH: Personenstandsgesetz und Ehegesetz. Mit Durchführungsvorschriften, 2. Auflage, Frankfurt a. M. 1977

HECKEL, HANS: Einführung in das Ehe- und Familienrecht, Darmstadt 1981

SCHÜTZ, WOLFGANG: 100 Jahre Standesämter in Deutschland, Frankfurt 1977

VERZEICHNIS DER IM STANDESAMT I IN BERLIN VORHANDENEN STANDESREGISTER UND PERSONENSTANDSBÜCHER, 3. Auflage, Frankfurt am Main 1988

Schriftkunde/Abkürzungen

ARNSWALDT, W.K. V.: Handschriftenkunde für Familienforscher. Praktikum für Familienforscher, Heft 12, Leipzig 1925

DÜLFER, KURT: Gebräuchliche Abkürzungen des 16.–20. Jahrhunderts (Veröffentlichung der Archivschule Marburg, Band 1), Marburg 1966

DÜLFER, KURT/KORN, HANS-ENNO: Schrifttafeln zur deutschen Paläographie des 16.–20. Jahrhundert, Archivschule, Marburg 1985

GRUN, PAUL ARNOLD: Leseschlüssel zu unserer alten Schrift, Görlitz 1935

GRUN, PAUL ARNOLD: Schlüssel zu alten und neuen Abkürzungen. Wörterbuch lateinischer und deutscher Abkürzungen des späten Mittelalters und der Neuzeit mit historischer systematischer Einführung für Archivbenutzer, Studierende, Heimat- und Familienforscher (Grundriß der Genealogie, Band 6), Limburg a. d. Lahn 1966

STURM, HERIBERT: Unsere Schrift, unveränderter Nachdruck, Neustadt a. d. Aisch 1998

VERDENHALVEN, FRITZ: Die deutsche Schrift, 2. verb. Auflage, Neustadt a. d. Aisch 1991

Sprachprobleme

HEBEL, EDWIN/GRÖBEL, FRIEDRICH (HRSG.): Mittellateinisches Glossar, Neustadt a. d. Aisch 1989

HERGLOTZ, ANTON: Latein in Kirchenmatrikeln, in: Sudetendeutsche Familienforschung I (1928/1929), S. 15–16; (1931/1932), S. 30

LACHAT, PAUL: Lateinische Bezeichnungen in alten Kirchenbüchern (Veröffentl. der Schweizer Gesellschaft für Familienf., Reihe 1, Heft 22), Beromünster 1957

LAMPE, KARL H.: Latein I für den Sippenforscher, 2. ergänzte Auflage, Limburg 1965

LAMPE, KARL H.: Latein II für den Sippenforscher, 2. ergänzte Auflage, Limburg 1969

MECKL, HEINRICH: Latein in Kirchenmartikeln, in: Sudetendeutsche Familienforschung 5 (1932/1933), S. 105–107

METZKE, HERMANN: Lexikon der historischen Krankheitsbezeichnungen, Neustadt a. d. Aisch 1995

PUCHNER, KARL/STADLER, Josef Klemens: Lateinische Berufsbezeichungen in Pfarrmatrikeln und sonstigen orts- und familiengeschichtlichen Quellen, Hirschenhausen 1935

TREIXLER, GUSTAV: Latein in Kirchenmatrikeln, in: Sudetendeutsche Familienforschung 3, 1928/1929, S. 25–29; S. 60–61; S. 127–129

VERDENHALVEN, FRITZ: Familienkundliches Wörterbuch, 3. überarb. und erw. Auflage, Neustadt a. d. Aisch 1994

Universitätsmatrikel

ACHELIS, THOMAS OTTO: Universitätsmatrikel und ihre Benutzung, in: Schrifttumsberichte zur Genealogie und zu ihren Nachbargebieten 2 (1963), S. 16-25

ERMAN, WILHELM/HORN, EWALD: Bibliographie der deutschen Universitäten. Systematisch geordnetes Verzeichnis der bis Ende 1899 gedruckten Bücher und Aufsätze über das deutsche Universitätswesen, 3 Bände, Leipzig und Berlin 1904 (Neudruck Hildesheim 1965)

GALL, FRANZ: Die Archive der deutschen Universitäten in Deutschland, Österreich und der Schweiz, in: Archivalische Zeitschrift 50/51 (1955), S. 141–151

GIESSLER-WIRSIG, EVA: Universitäts- und Hochschulmatrikel in: Taschenbuch für Familiengeschichtsforschung (mit ausführlichem Verzeichnis der gedruckten Matrikel), 10. Auflage, Neustadt a. d. Aisch 1990, S. 181–220

NEEFE, KARL: Was muß der Familienforscher bei der Benutzung der Universitätsmatrikel wissen?, in: Archiv für Stamm- und Wappenkunde 14 (1913/14), S. 1–3, S. 17–19 und S. 33–35

Wanderung/Vertreibung

ADAMS, WILLI PAUL: Die deutschsprachige Auswanderung in die Vereinigten Staaten. Berichte über Forschungsstand und Quellenbestände (Materialien des John-F.-Kennedy-Instituts der Freien Universität Berlin, Nr. 14), Berlin 1980

BADE, KLAUS J. (Hrsg.): Deutsche im Ausland – Fremde in Deutschland. Migration in Geschichte und Gegenwart, München 1992

FLEISCHHAUER, INGEBORG: Die Deutschen im Zarenreich. Zwei Jahrhunderte deutsch-russischer Kulturgemeinschaft, Stuttgart 1986

Marschalck, Peter: Deutsche Überseewanderung im 19. Jahrhundert, Stuttgart 1973

Rusam, Georg: Österreichische Exulanten in Franken und Schwaben, Neustadt a. d. Aisch 1989

Scheben, Joseph: Untersuchungen zur Methode und Technik der deutsch-amerikanischen Wanderungsforschung, Bonn 1939

Wismuth, Johannes Michael (Bearb.): Findbuch zum Bestand Zentralbüro des Hilfswerks (1945–1957), (Veröffentlichungen der Arbeitsgemeinschaft der Archive und Bibliotheken der Evangelischen Kirchen, Band 14, Neustadt a. d. Aisch 1987

Literatur zu Perspektiven der Genealogie

Aicher, Manuel: Genealogische Forschungen in der Schweiz in: Der Herold, Heft 9-10, 38. Jg., 1995, S. 233-241

Dix, Oliver: Perspektiven der Genealogie nach der Wiedervereinigung, in: Genealogie, Heft 11–12/1991, S. 741–743

Dix, Oliver: Über die Notwendigkeit eines Lehrstuhls für Genealogie an der Universität Leipzig, in: Genealogie, Heft 9–10/1992, S. 303 ff.

Grolle, Joist: Deutsches Geschlechterbuch – Ahnenkult und Rassenwahn, in: Juden in Deutschland. Emanzipation, Integration, Verfolgung und Vernichtung. Hrsg. von Peter Freimark, Alice Jankowski, Ina S. Lorenz, Hamburg 1991

Hoevel, Ruth: Kritische Überlegungen und Fragen zur Organisation des Ahnenlistenumlaufes, in: Genealogie, Heft 1-5/1992, S. 161–163

Hoevel, Ruth: Brauchen wir eine internationale Dachvereinigung für Genealogie und Heraldik (Confédération Internationale de Généalogie et d'Héraldique, CIGH)?, in: Genealogie, Heft 1-5/1993, S. 527–533

Lehsten, Lupold v.: Was bietet die genealogische Forschung der Geschichtswissenschaft? in: Genealogie, Heft 1+7/1992, S. 142-239

Mitgau, Hermann: Zeitgemäße Genealogie, Göttingen 1977

Der Einsatz von Computern in der Genealogie

Einführung

Genealogie und Computer

In diesem Abschnitt soll auf ein Hilfsmittel eingegangen werden, dessen Einsatz erst in jüngster Zeit praktikabel geworden ist. Was vermag ein PC, ein „persönlicher Computer" (im Gegensatz zu den früher üblichen Großrechenanlagen, zu denen nur ein elitärer Kreis von Informatikern Zugang genoß), bei genealogischen Forschungen zu leisten?

Ein wesentliches Unterscheidungsmerkmal zur herkömmlichen, am Papier orientierten Aufzeichnungsmethode ist es, daß beim Computer Ergänzungen und Korrekturen jederzeit problemlos und ohne großen Aufwand vorgenommen werden können. Auch lassen sich die einmal eingetippten Daten erheblich schneller und nach mehr Fragestellungen auswerten als bei der Karteikastenmethode. Einige Programme sind außerdem in der Lage, grafisch ansprechende Ahnentafeln zu Papier zu bringen. Ein Beispiel: Die Vorfahren sollen nicht alphabetisch, sondern nach Geburtsort sortiert werden. Dies stellte bislang einen erheblichen Arbeitsaufwand dar. Mit dem PC ist es wirklich ein Kinderspiel, wenn die notwendigen Befehle bekannt sind.

Vereinfacht gesagt, ist ein Genealogieprogramm wie ein elektronischer Karteikasten zu betrachten, der natürlich mit Forschungsergebnissen „gefüttert" werden muß. Dabei hat der Anwender sich mit der Logik eines Computers anzufreunden. Und so, wie bei einer Fremdsprache ein grammatikalisches Grundgerüst und die häufige Wiederholung des Wortschatzes als Voraussetzung für den gewünschten Erfolg gelten, muß auch das Computer-Abc erlernt werden. Je nach Programm ist dabei mehr oder weniger Aufwand zu betreiben, wird der Benutzer besser oder schlechter durch die Fährnisse der PC-Welt geleitet.

Die Verwendung des Computers bei der Datenverwaltung kann außerdem dazu beitragen, daß sich auch jüngere Menschen für die Genealogie begeistern. Trotzdem sollte man sich davor hüten, die Einsatzmöglichkeiten des PCs zu überschätzen. Eine solide Archivarbeit kann und darf der Computer nicht ersetzen.

Der Rechner bietet aber auch die Chance, den Datenaustausch mit anderen Forschern zu vereinfachen. Dieser ist heute bereits über Telefon per Datenübertragung möglich, so daß nicht einmal die Briefpost zum Diskettenaustausch benötigt wird. Der Datenaustausch ist auch über große Entfernungen möglich und gibt so die Gelegenheit, über Grenzen hinweg Kontakt mit anderen Forschern aufzunehmen. So kann die völkerverbindende Wirkung der Genealogie verstärkt werden.

Wie die Inserate in Fachzeitschriften belegen, erscheinen laufend neue Genealogieprogramme auf dem schnellebigen Computermarkt. Ein aktueller Überblick wird dadurch erschwert. Daher kann der Anspruch, daß sämtliche auf dem Markt befindlichen, ernstzunehmenden deutschsprachigen Programme getestet wurden, nicht erfüllt werden. Beurteilt wurden deshalb die folgenden acht, entweder in Fachkreisen bekannten oder soeben neu auf dem Markt erschienenen Produkte in ihrer jeweils aktuellsten Version, die in alphabetischer Reihenfolge vorgestellt werden:

- AHNEN
- Ahnenverwaltung (ein für MS-Windows ausgelegtes Shareware-Programm)
- AHX
- Familien-Chronik (ein Shareware-Programm und zugleich die deutsche Version von Brother's Keeper)
- GENprofi
- GENISYS
- GES (die deutsche Version von PAF)
- Stammbaum/WIN (ein für MS-Windows ausgelegtes Programm)

Beachtet werden sollte, daß die hier vorgenommenen Tests lediglich einen ersten Eindruck vermitteln können, was diese Software leistet und was nicht. Eine pauschale Empfehlung für ein bestimmtes Programm wird man hier nicht finden, da die Ansprüche und Vorkenntnisse der potentiellen Anwender zu unterschiedlich sind. Jedes Programm zeigte Stärken und Schwächen – ein uneingeschränkt empfehlenswertes Produkt fanden wir nicht und wird es wohl auch nie geben. Die endgültige Wahl muß der interessierte Genealoge selbst treffen; diese Tests sollen dabei aber wertvolle Entscheidungskriterien an die Hand geben.

Die Prüfkriterien

Auch wenn sich ein Programm von routinierten Anwendern an deren Wünsche besonders gut anpassen ließ, gingen wir dennoch von den Standardvoreinstellungen aus, die nach der Installation ohne weiteres Zutun zur Verfügung stehen. Denn unserer Ansicht nach sollte ein Programm ohne großen Aufwand eine komfortable und sichere Bedienung gewährleisten, so daß sich auch der PC-Laie zurechtfindet.

Auf die Erwähnung von Selbstverständlichem wurde verzichtet, um statt dessen gezielter auf die spezifischen Programmeigenschaften einzugehen. Anstelle einer tabellarischen, gezwungenermaßen schematischen Auswertung bevorzugten wir ein Kriteriengerüst, das sich wie folgt aufbaut:

- Eckdaten
- Installation
- Hardware-Schnittstellen, d. h. Verbindungen zu anderen Geräten
- Leistungsmerkmale (im PC-Jargon „Features“ genannt)
- (Genealogische) Auswertungsmöglichkeiten
- Software-Schnittstellen (Kommunikationsmöglichkeiten mit Fremdprogrammen)
- Programmstabilität, Datensicherheit
- Hilfen, Unterstützung, Service
- Gesamturteil

Fachbegriffe

Unter *Hardware* versteht der Fachmann alle Gerätebestandteile, unter *Software* die Programme. Eine Scharnierfunktion nimmt dabei das sogenannte *Betriebssystem* ein, das quasi als Basisprogramm auf den Computer eingespielt werden muß, damit dieser zum Laufen gebracht werden kann. Es läßt sich als „Muttersprache“ des PCs ansehen. Das derzeit weitverbreitetste Betriebssystem im PC-Bereich ist MS-DOS (Microsoft Disk Operating System), das im Augenblick in der Version 6.2 vorliegt. Die meisten getesteten Programme geben sich sogar noch mit der Version 3.1 als *Software-Voraussetzung* zufrieden!

Manche Programme verweigerten kurioserweise die Zusammenarbeit mit der aktuellsten Version von MS-DOS. Dies lag nach unserer Feststellung an Problemen mit der Speicherverwaltung, wenn z. B. ein Expansionsspeicher mit EMM386 eingerichtet worden war. Die Gründe dürften darin zu suchen sein, daß die enstprechenden Genealogieprogramme mit inzwischen veralteten Programmiersprachen erstellt worden sind. Hier half ein Herumexperimentieren mit der Speicherkonfiguration, die freilich nur ein Fachmann zu lösen vermag. Hinweise in den Handbüchern fanden sich seltsamerweise nicht.

Vor vier Jahren machte ein Software-Produkt von sich reden, das den Umgang mit dem sperrigen MS-DOS erleichtern sollte: *MS-Windows*. Dabei handelt es sich um eine grafische Betriebssystemerweiterung, die beispielsweise Programmen mehr Arbeitsspeicher zur Verfügung stellen kann, den Datenaustausch vereinfacht und außerdem das zu erwartende Druckbild am Bildschirm besser vorwegnimmt.

Unter den acht getesteten Programmen befinden sich zwei Windows-Versionen: Ahnenverwaltung 1.2 und Stammbaum/WIN. Diese neu erschienenen Produkte sind in Fachkreisen noch wenig bekannt. Wir haben sie geprüft, um Aufschluß über die Vorteile des Arbeitens unter MS-Windows zu erhalten.

Bei den restlichen sechs Genealogieprogrammen handelt es sich hingegen um reine MS-DOS-Applikationen (Applikation ist ein anderes Wort für Programm). Zumindest einige von ihnen verwenden im Vorgriff auf MS-Windows den sogenannten *SAA-Standard*. Diese *Systems Application Architecture* stellt eine Vorgabe dar, wie Programme in Menü und Bedienung aufgebaut sein sollen. Beispielsweise das populäre MS-Word folgt seit der Version 5.5 der modernen SAA-Norm; zahlreiche andere Programme folgten in der Zwischenzeit. Der Vorteil beruht nicht nur auf der übersichtlicheren Bildschirmgestaltung, sondern auch auf der vereinfachten Erlernbarkeit, wenn man bereits einmal mit einem dieser Programme gearbeitet hat.

Aus diesem Grund sehen wir den zukunftsträchtigen SAA-Standard als einen Pluspunkt an, genauso wie die Möglichkeit, die sogenannte *Maus* verwenden zu können. Dabei handelt es sich um ein Eingabegerät, das die Tastatur ergänzen soll und mit dessen Hilfe die Anwahl von Menüs für den Geübten besser von der Hand geht. Trotz Mausunterstützung kann selbstverständlich weiterhin mit der Tastatur gearbeitet werden.

Alle beurteilten Genealogieprogramme sind in deutsch gehalten, ebenso die gedruckten oder in Dateiform mitgelieferten Dokumentationen. Es ist zwischenzeitlich auch selbstverständlich, daß sämtliche deutschen Sonderzeichen wie Umlaute und ß bei der Dateneingabe möglich sind und beim Ausdruck wiedergegeben werden können.

Die *Hardware-Voraussetzungen* werden bei den beurteilten Programmen nicht mehr eigens erwähnt, da die meisten Produkte mindestens eine Festplatte, ein Diskettenlaufwerk und einen Arbeitsspeicher (RAM) von 640 KByte voraussetzen, was bei heutigen PCs zur Norm gehört.

Welche Computermarke erworben wird, spielt heutzutage kaum mehr eine Rolle. Wichtig ist aber, daß der Computer IBM-kompatibel ist, d. h. dem meistverbreiteten Industriestandard entspricht. Die getesteten Programme sind darauf ausgerichtet! Als Prozessortyp soll bei mehreren Programmen sogar noch der längst überholte 8088-Prozessor des „Ur-PCs" ausreichen, obwohl in der Zwischenzeit auf diesen der 80286er (auch AT für „Advanced Technology"), der 80386er, der 80486er und der 80586er („Pentium") gefolgt sind.

Ob der *Bildschirm* monochrom (einfarbig) oder mehrfarbig ist, spielt keine entscheidende Rolle. Beim Neukauf sollte man aber zur Farbe greifen, da in einigen Genealogieprogrammen diese zur besseren Orientierung eingesetzt wird und die Anschaffungskosten zwischenzeitlich erheblich gesunken sind. Es ist darauf zu achten, daß der Bildschirm von besserer Qualität ist und nicht flimmert, was bei längerer Arbeit die Augen anstrengen würde.

Für genealogische Arbeiten reicht ein Nadel*drucker* aus. Er kann sogar für den Ausdruck von überbreiten Ahnentafeln besser geeignet sein als ein im Papierformat begrenzter Tintenstrahl- oder Laserdrucker. Die Zukunft gehört allerdings den Laserdruckern, besonders bei Grafikprogrammen.

Die Programme werden üblicherweise auf Disketten in den Größen 3,5 und 5,25 Zoll ausgeliefert. Bei der Bestellung ist der gewünschte Typ unbedingt anzugeben. Die *Programmgröße* nach der Installation bezieht sich auf eine Vollinstallation, ggf. einschließlich von Beispieldateien, jedoch ohne Benutzerdateien. Das Fassungsvermögen von Computerspeichern wird in Byte gemessen, das entspricht einem Zeichen. Vielfache davon sind das Kilobyte (1 KByte = 1024 Byte) und das Megabyte (1 MByte = 1 048 576 Byte). Zur besseren Orientierung: Eine vollgeschriebene DIN-A4-Seite entspricht etwa 2 KByte.

Als *Programmdaten* werden die Einzelbestandteile des Programms selbst, als *Benutzerdaten* die vom Anwender selbst eingegebenen Informationen bezeichnet. *Mandantenfähigkeit* bedeutet bei genealogischen Programmen, daß problemlos mehrere nicht miteinander verwandte Geschlechter nebeneinander verwaltet werden können. Dies ist u. a. für Genealogen wichtig, die in Auftragsarbeit für verschiedene Mandanten forschen.

Die Programmbeschreibung wird *Dokumentation* oder *Handbuch* genannt, die entweder als gedrucktes Heft zusammen mit den Disketten ausgeliefert wird oder sich nur als Datei auf der Diskette befindet und vom Anwender ausgedruckt werden muß. *On-line-Hilfe* bedeutet, daß im Programm selbst auf Knopfdruck (meist ist dies die Funktionstaste F1) eine Erläuterung zum jeweiligen Befehl oder Menü erscheint; damit entfällt der Griff zum Handbuch.

Vertriebsarten von PC-Programmen

Im PC-Bereich werden die Programme auf drei verschiedene Arten vertrieben: als *Kaufprodukte*, in Form von *Shareware* und als *Public-Domain-Programme*. Während die Kaufprodukte meist von namhaften Software-Firmen wie z. B. Microsoft oder Lotus stammen, von Teams programmiert wurden und daher recht teuer sind, handelt es sich bei den Programmierern von Shareware oftmals um „Einzelkämpfer". Diese bieten ihre Produkte über ein Shareware-Versandhaus an, das nur ein geringes Entgelt für die Kopierarbeit einer Probeversion verlangt.

Damit erhält der Interessent ein weitgehend oder vollständig lauffähiges Produkt zum Test, so daß Demodisketten sich erübrigen. Bei Gefallen hat sich der Anwender schließlich registrieren zu lassen und erhält dann die Vollversion. Die Registriergebühren liegen meist zwischen 100 und 200 DM. Registrierte Anwender erhalten in der Regel neue Programmversionen gegen einen niedrigeren Kostenbeitrag. Außerdem erlaubt das Shareware-Prinzip einen besseren Informationsfluß (Anregungen etc.) zwischen den Benutzern und dem Programmierer als bei Kaufprodukten eines Software-Riesen.

Die dauerhafte Benutzung ist bei Shareware rechtlich nur dann erlaubt, wenn man sich registrieren läßt. Shareware ist also nicht gleichbedeutend mit Public Domain! Über diese letztere Vertriebsart wird hingegen ein Programm zur völlig kostenlosen Benutzung zur Verfügung gestellt; dementsprechend schlicht fallen oft die Produkte aus.

Die acht getesteten Genealogieprogramme fallen bis auf zwei Ausnahmen in die Vertriebsart Kaufprodukt, bieten damit also gute Qualität gegen einen relativ hohen Preis. Zu bedenken ist aber, welch ein Arbeitsaufwand hinter einem Programm steht, bevor man von einem Bekannten eine „Schwarzkopie" erbittet! Nur die faire Bezahlung verwendeter Programme stellt sicher, daß der so motivierte Programmierer laufend Neuerungen und Fehlerkorrekturen vornimmt.

Von den geprüften Programmen zählen die DOS-Applikation Familien-Chronik und die Windows-Applikation Ahnenverwaltung zur Kategorie Shareware, während Public-Domain-Produkte in der Computergenealogie sich bislang keinen Namen machen konnten und daher nicht geprüft wurden.

AHNEN

Eckdaten

AHNEN Version 6.0, das „Programm für die Familienforschung", datiert vom Juni 1993. Zu beziehen ist es über den Programmhersteller, Dr. Heribert Reitmeier, Elilandstraße 1, 81547 München. Es handelt sich um ein Kaufprogramm zum Preis von 50 DM. Herr Reitmeier gibt die Zahl der international (es gibt auch eine englische und eine französische Version) registrierten Anwender mit etwa 1200 an.

Das vorliegende Programm wurde in Clipper geschrieben. Dies erleichtert die Datenkonvertierung in Fremdprogramme, macht AHNEN aber auch abhängig von den Stärken und Schwächen dieser Sprache. So handelt es sich um eine reine DOS-Applikation, die unter Windows nicht lauffähig ist. AHNEN wurde dem SAA-Standard zwar nachempfunden, hält ihn aber oftmals nicht ein. Die Maus kann nicht verwendet werden, dafür beansprucht AHNEN keinen flotten Rechner, sondern läuft auch auf PC-"Oldtimern" mit hoher Geschwindigkeit. Komprimiert umfaßt das Programm ca. 200 KByte, installiert benötigt es auf der Festplatte etwa 450 KByte.

Installation

Ein eigenes Verzeichnis für die Benutzerdaten läßt sich unter AHNEN nicht definieren, so daß Programm- und Benutzerdateien im selben Verzeichnis gemischt vorliegen. Dies erschwert die Datensicherung.

Hardware-Schnittstellen

Die Druckerunterstützung läßt sich nur als mager bezeichnen; allerdings kann der Ausdruck in eine Datei umgeleitet und diese dann weiterbearbeitet werden. Die Druckerinstallation ist leider nicht im Menü integriert, sondern muß über die Funktionstaste F2 durchgeführt werden.

Leistungsmerkmale

Die Tastaturanwahl in AHNEN ist nicht immer in sich stimmig. So werden zum Abspeichern der Daten einmal die Taste Bild-nach unten, ein anderes Mal Strg-W und schließlich sogar die Esc-Taste verwendet. Das Wandern zwischen den Datenfeldern entspricht nicht den üblichen Konventionen: Es fehlt die Sprungmöglichkeit mittels der Tabulatortaste. Bei AHNEN erfolgen diese Schritte nur mit der Eingabetaste („Enter") bzw. zurück mit Cursor-nach oben.

Ein versehentliches Speichern geschieht schnell, aber ein einmal erstellter Datensatz kann im nachhinein nicht mehr gelöscht, sondern nur durch einen anderen überschrieben werden. Hier sollte der Programmierer unbedingt noch optimieren; z. B. könnten das Abspeichern und das Löschen eines Datensatzes auf zwei nicht versehentlich erreichbare Funktionstasten gelegt werden. Während der Eingabe kann der Anwender zwar zwischen dem Überschreib- und dem Einfügemodus hin und her wechseln, aber der Cursor ändert dabei seine Gestalt nicht.

Es wird eine feste Datenmaske vorgegeben, die vom Benutzer nicht modifiziert werden kann. Sie ist im großen und ganzen sinnvoll durchgestaltet, aber ein Feld für den Geburts- oder den Ehename könnte nicht schaden. Die Felder „Bemerkungen" sowie „Todesursache" sind wegen der besseren Übersichtlichkeit recht knapp gehalten, aber an jedem Datensatz können in einem Textfeld noch zusätzliche Informationen in begrenztem Umfang angehängt werden.

Bei der Selektion nach Familiennamen wird zwischen Groß- und Kleinschreibung unterschieden, so daß bei der Eingabe darauf eigens geachtet werden muß. Eine Berechnung des Lebensalters ist auf extra Befehl hin möglich, wird leider aber nicht automatisch nach

AHNEN, Hauptmenü

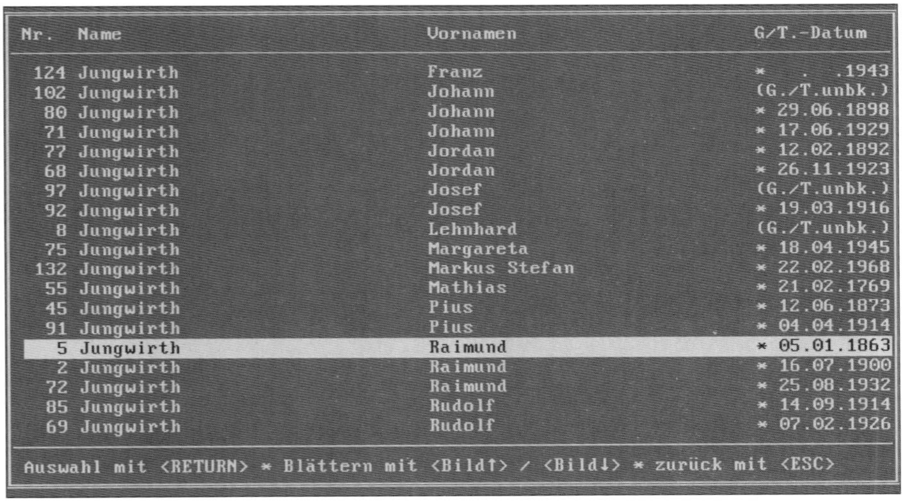

AHNEN, Liste aller Probanden

jeder entsprechenden Dateneingabe durchgeführt.

Auswertungsmöglichkeiten

AHNEN bietet mit verschiedenen Listen- und Tafeldarstellungen die üblichen Auswertungsmöglichkeiten für den Genealogen. Besonders der Menüpunkt „Nützliches" bietet dem Anwender kleine Hilfen wie die Ostertagsberechnung oder ein Kalendarium.

Software-Schnittstellen

Daten lassen sich mit anderen AHNEN-Benutzern über den soeben erwähnten Menüpunkt „Nützliches" austauschen. Außerdem besteht die Möglichkeit, beim Erfassen von Daten Extrakte in eine eigene Datei zu kopieren, die dann auf der Basis der DAGV-Aktion „Forscherkontakte" weiterverwendet werden können. Als ziemlich lästig erweist sich allerdings die ständig wiederkehrende Abfra-

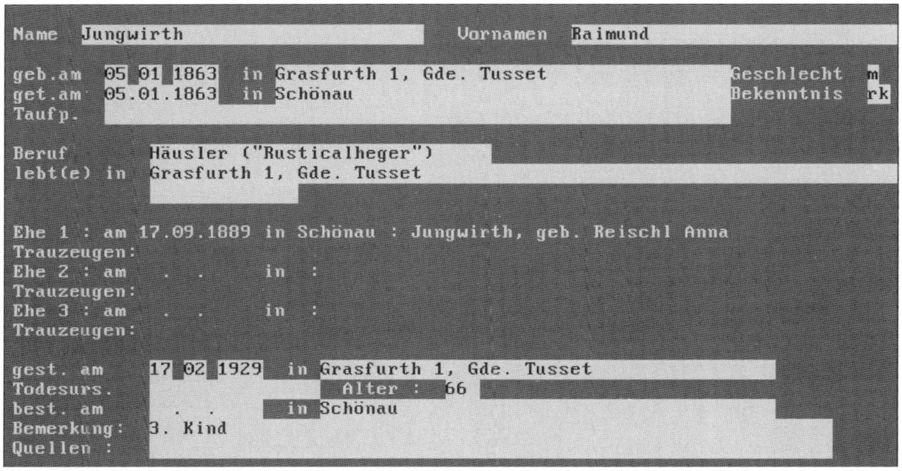

AHNEN, Eingabemaske

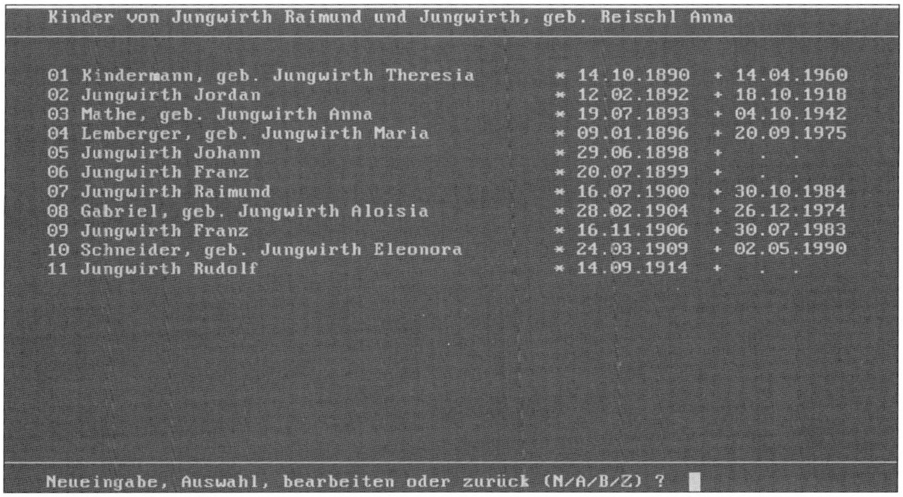

AHNEN, Tabellarische Darstellung der Kinder eines Probanden

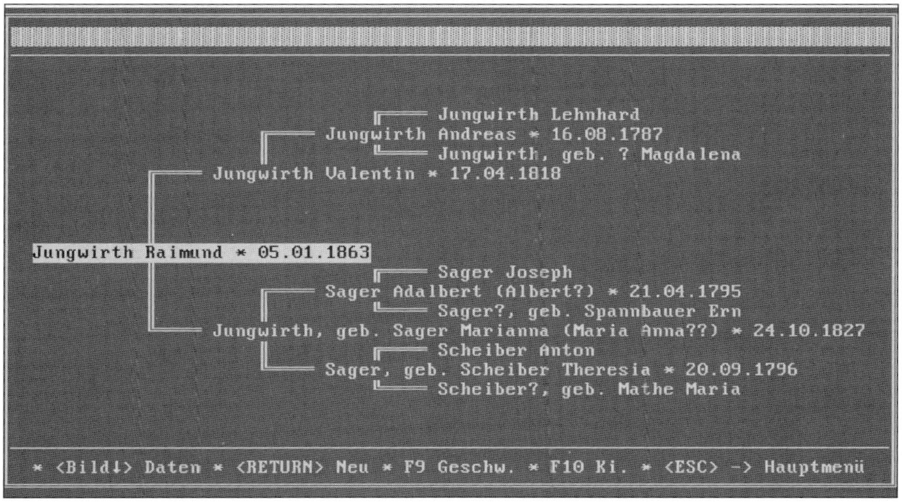

AHNEN, Vorfahrentafel

ge, ob dieses laufende Mitspeichern gewünscht wird. Eine Kommunikation über GEDCOM oder auf andere Weise mit Fremdprogrammen ist leider nicht machbar.

Programmstabilität, Datensicherheit

Ein größeres Handicap stellt die relativ hohe Absturzanfälligkeit dar, z. B. bei Druckversuchen ohne angeschlossenen Drucker oder bei dem Aufruf von Kindern eines Probanden – also meist dann, wenn Programmdaten innerhalb von AHNEN ausgetauscht werden. Zwar wird bei jedem erneuten Programmstart dann ein automatischer Korrekturdurchlauf gestartet, doch liegt hierin eine eindeutige Schwachstelle von AHNEN.

Auch bei der Eingabe längerer Zusatztexte traten Abstürze auf. Der Autor weist zwar darauf hin, daß die Textdatei AHNEN.DBT (sie scheint eine Art Protokolldatei darzustellen und nimmt auch die Fehlermeldungen des Programms auf) sich selbständig vergrößert und bietet dazu einen Menüpunkt zur Bereinigung an. Dies ändert aber nichts an der Tatsache, daß ein Programmabsturz immer unangenehm ist. Ein unwiederbringlicher Datenverlust trat allerdings nicht auf, da bereits bei der Dateneingabe – anders als etwa bei Textverarbeitungsprogrammen – laufend zwischengespeichert wird.

Hilfen, Unterstützung, Service

Bedauerlicherweise wurde eine in früheren Versionen enthaltene und über die Funktionstaste F1 erreichbare On-line-Hilfe wieder entfernt. Obwohl AHNEN schnell erlernt werden kann, würde eine im Programm integrierte Hilfe doch recht nützlich sein.

Über ein gedrucktes Handbuch verfügt das Programm leider nicht. Statt dessen hat der Autor in Form einer ASCII-Datei (reine Textdatei) eine verständlich geschriebene Kurzanleitung mitkopiert, die ausgedruckt etwa 10 DIN-A4-Seiten umfaßt.

Die Schweizerische Gesellschaft für Familienforschung hat das Ergänzungsprogramm AHNEN STATISTIK und Anleitungen dazu verfaßt.

Gesamturteil

Insgesamt erfüllt das leicht erlernbare und sehr preiswerte Programm AHNEN recht gut den angestrebten Zweck. Es handelt sich um ein mit einfachen Mitteln sinnvoll gestaltetes Genealogieprogramm, bei dessen Verwendung Programmabstürze nicht ausgeschlossen werden können. Leider fehlt eine ausführliche schriftliche Dokumentation.

Ahnenverwaltung

Eckdaten

Die Programmbezeichnung wird uneinheitlich gehandhabt: Sowohl die Bezeichnung AHNEN Version 1.2 als auch Ahnenverwaltung Shareware 1.2 finden Verwendung. Zur Unterscheidung vom gerade beschriebenen Produkt AHNEN 6.0 wird im folgenden durchgängig der Bezeichnung Ahnenverwaltung der Vorzug eingeräumt.

Mit Ahnenverwaltung liegt ein Shareware-Produkt vor. Die Shareware-Diskette zum Preis von 24,90 DM wird von der Systhema Verlag GmbH, Frankfurter Ring 224, 80807 München, vertrieben. Mit dieser Diskette stehen sämtliche Programmoptionen für einen Programmtest zur Verfügung, jedoch ist die Anzahl der Probanden auf 26 beschränkt und beim Programmaufruf sowie beim Ausdrucken erscheint ein Registrierungshinweis.

Bei Gefallen kann die uneingeschränkt verwendbare Vollversion erworben werden, die direkt über den Programmierer Michael Talarczyk, Frauenstuhlweg 29, 58644 Iserlohn, bezogen werden kann. Die Gebühren für diese Registrierung belaufen sich auf 170 DM zzgl. 6 DM Versandspesen.

Um Ahnenverwaltung betreiben zu können, muß die grafische Betriebssystemerweiterung MS-Windows auf dem Computer vorhanden sein. Windows befindet sich nicht im Lieferumfang von Ahnenverwaltung. Ein Maus-Eingabegerät ist dringend angeraten.

Ahnenverwaltung basiert auf dBase-kompatiblen Datenbanken. Es belegt sowohl auf der Shareware-Diskette als auch nach der Installation auf der Festplatte etwa 900 KByte.

Installation

Die Einrichtung auf der Festplatte verlief reibungslos. Bei der Installation wird ohne Zutun des Anwenders ein Unterverzeichnis eingerichtet, das für die Aufnahme der Benutzerdateien vorgesehen ist.

Hardware-Schnittstellen

Ebenso wie das weiter unten beschriebene Genealogieprogramm Stammbaum/WIN vermag Ahnenverwaltung auf sämtliche Drucker zuzugreifen, die unter MS-Windows zur Verfügung stehen. Damit lassen sich praktisch sämtliche auf dem Markt befindlichen Drucker problemlos ansteuern.

Leistungsmerkmale

Als echte Windows-Software bietet Ahnenverwaltung einen modernen und übersichtlichen Menüaufbau, der in den Details indessen nicht

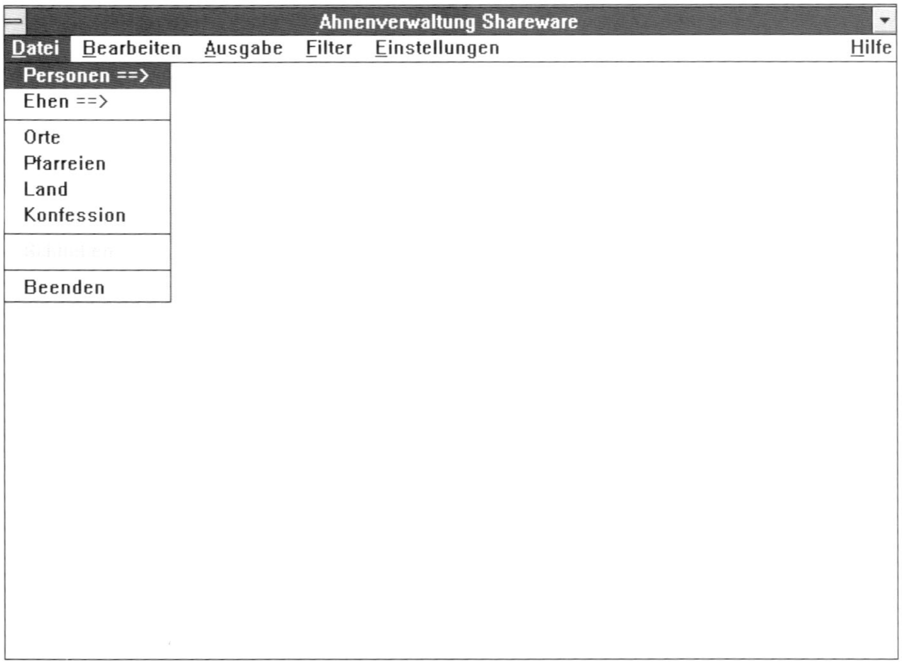

Ahnenverwaltung, Hauptmenü

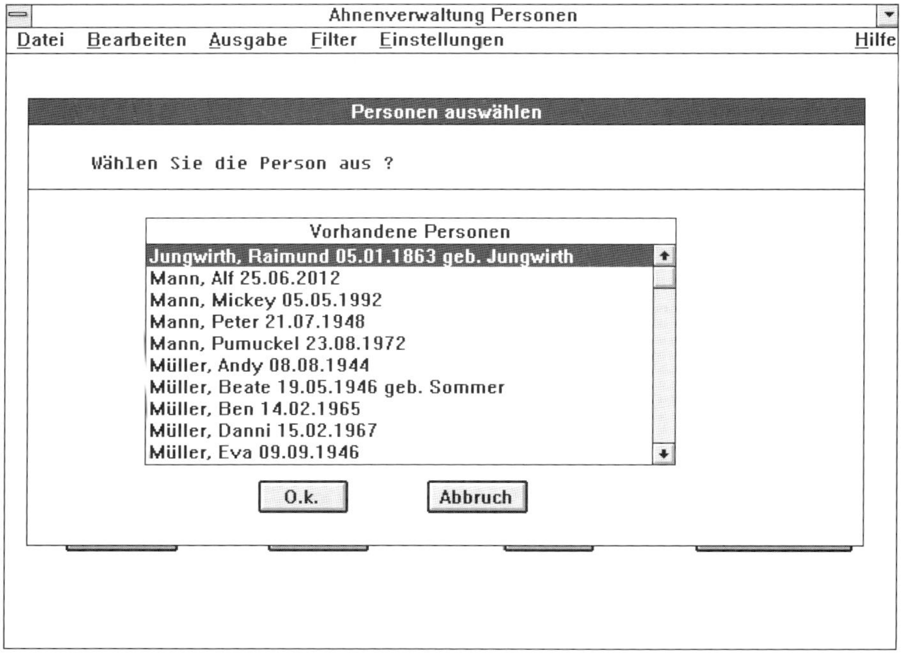

Ahnenverwaltung, Liste aller Probanden

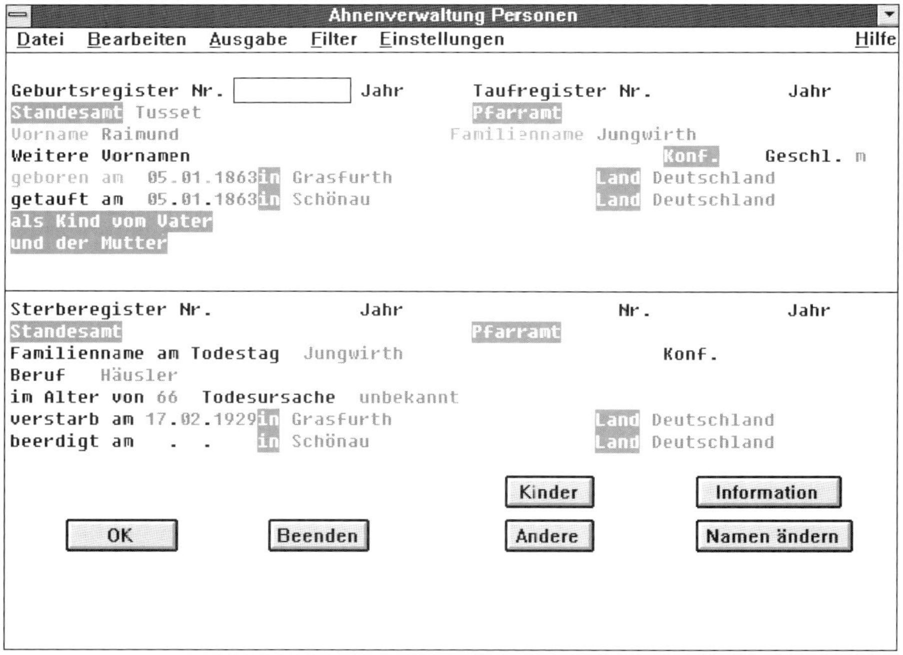

Ahnenverwaltung, Eingabemaske

an Stammbaum/WIN heranreicht. So sind die Pop-Up-Menüs spartanisch gestaltet, die Schaltflächen teilweise noch uneinheitlich beschriftet und die Tastaturanwahl ist nicht überall ansprechbar (die Abbrechen-Schaltfläche ließ sich nicht mit der Escape-/Abbruchtaste ansteuern, ebensowenig die OK-Schaltfläche mit der Eingabetaste). Weitere Ungereimtheiten in Maus- und Tastaturbedienung fielen auf.

Ahnenverwaltung verwendet wie alle anderen getesteten Programme in Menüs und Erläuterungstexten die deutsche Sprache, mitunter erschienen jedoch auch englischsprachige Bildschirmmeldungen. Ferner folgte die Darstellungsform des Mauszeigers nicht immer einem Menüwechsel. Die Bildschirmfarben werden zur besseren Orientierung eingesetzt, wirken manchmal aber zu plakativ. Der Wechsel zwischen Menüs gestaltet sich hin und wieder umständlich.

In der Eingabemaske findet der Anwender die wesentlichen Datenfelder, darunter auch solche für das Tauf- und das Beerdigungsdatum. Das Todesalter wird anhand der Eingaben automatisch ermittelt. Auf eine etwas oberflächliche Programmierung weist dabei der Nebeneffekt hin, daß für noch lebende Personen ein Todesalter ausgewiesen wird.

Leider fehlt eine Plausibilitätsprüfung. So konnte dem Programm vorgemacht werden, daß ein Proband bereits Jahre vor seiner Geburt gestorben ist. Als Todesalter wurde daraufhin konsequenterweise ein negativer Wert angezeigt!

Erfaßte Datensätze lassen sich wieder löschen. Ein Suchfilter kann zwar angesprochen werden, aber Lösungen für verschiedene Namensvarianten oder eine phonetische Suche sind nicht vorgesehen. Die Feldlängen sind begrenzt, so daß nur wenige Informationen erfaßt werden können. Für Hintergrundinformationen stehen – völlig unzureichend – nur 250 Zeichen

Freiraum zur Verfügung. Mehr als Spielerei muß die Option angesehen werden, beim Probanden eine Bilddatei einzubinden.

Zwar ist es möglich, für Orte, Länder, Konfessionen und Pfarreien eine Art von Register anzulegen, die Bedienung konnte aber nicht überzeugen. Für die Religionszugehörigkeit sind zweistellige Abkürzungen vorgesehen, die der Anwender allerdings selbst definieren muß; in anderen Genealogieprogrammen sind diese dagegen bereits hinterlegt. Auch erwies es sich als ein Problem, wenn derselbe Ort im Laufe der politischen Entwicklung die Landeszugehörigkeit gewechselt hatte, z. B. von Österreich-Ungarn zur Tschechoslowakei.

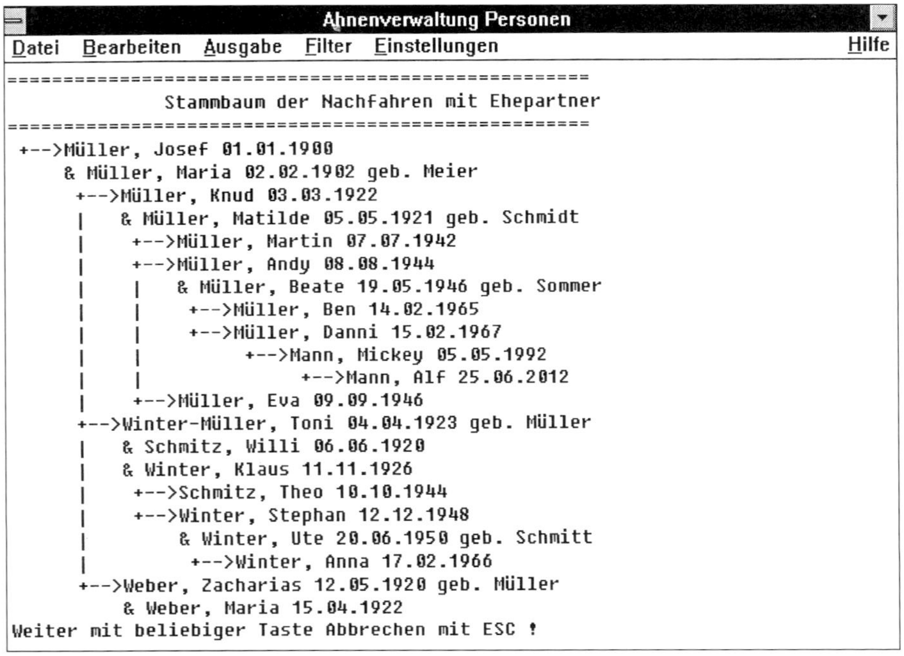

Ahnenverwaltung, Nachfahrentafel

Auswertungsmöglichkeiten

Im Menüpunkt „Ausgabe" kommen Listen von Vor- und Nachfahren und sogenannte Stammbäume vor. Die Ausgabe kann auf den Bildschirm gebracht, zur Weiterverwendung in einem anderen Programm in eine Datei umgeleitet sowie ausgedruckt werden. Die Umsetzung kann dabei nicht überzeugen, da keine echten Grafiken, sondern lediglich grafikähnliche Listen generiert werden.

Ferner mußte festgestellt werden, daß bei der Bildschirmausgabe die Ahnenliste gelegentlich durchlief, so daß der Text nicht gelesen werden konnte. Schriftarten und -größen lassen sich für die Ausgabe nicht wie bei Stammbaum/WIN verändern. Statistische Auswertungen werden von Ahnenverwaltung nicht beherrscht.

Software-Schnittstellen

Ahnenverwaltung verfügt über keinerlei Austauschmöglichkeiten zu anderen Genealogieprogrammen, ebensowenig werden GEDCOM oder die „Forscherkontakte" unterstützt. Unverständlicherweise wird gerade der in Windows integrierte Datenaustausch über die sogenannte Zwischenablage von Ahnenverwaltung nicht genutzt.

Nur durch das Drucken in eine Datei lassen sich Daten behelfsweise exportieren, wenn auch nur zur Weiterverwendung in Textprogrammen. Seltsam mutet es dabei an, daß die Exportroutine nicht mit dem in Windows üblichen Format ANSI, sondern mit dem DOS-Code ASCII arbeitet.

Naheliegender ist es doch, daß ein PC-Benutzer, der mit einem Windows-Genealogieprogramm arbeitet, auch ein Windows-Textprogramm einsetzt.

Programmstabilität, Datensicherheit

Beim Test traten Schwierigkeiten bei der Einbindung von Bildern auf. Menüpunkte für eine Datensicherung auf Diskette sind in der Software nicht integriert.

Hilfen, Unterstützung, Service

Der Shareware-Diskette liegt eine gedruckte, kleinformatige Anleitung im Umfang von 80 Seiten mit dem Titel „Ahnenforschung. Auf den Spuren Ihrer Vorfahren" bei. Als Autor zeichnet Marco Kratzenberg verantwortlich, der den Text in gut verständlicher Form und aus der Sicht des Anwenders geschrieben hat. Darüber hinaus befindet sich eine Informationsdatei im Umfang von sieben Druckseiten auf der Installationsdiskette.

Ein größeres Manko stellt die Tatsache dar, daß Hilfen im Programm selbst überhaupt nicht integriert sind, so daß man ausschließlich auf das Begleitheft angewiesen ist.

Gesamturteil

Das Shareware-Produkt Ahnenverwaltung 1.2 ist zwar für die Verwendung unter MS-Windows geschrieben worden, nutzt dessen Möglichkeiten aber viel zu wenig. Das Konkurrenzprodukt Stammbaum/WIN demonstriert, wie es besser hätte gemacht werden können.

Aus der Sicht des ernsthaften Genealogen kann Ahnenverwaltung nicht überzeugen und hält einem Vergleich mit bewährten DOS-Genealogieprogrammen nicht stand.

AHX

Eckdaten

Das im folgenden beschriebene Programm AHX Ahnenverwaltung Version 3.23 wurde von Jochen Rödenbeck in der Sprache C erstellt. Die ersten beiden Buchstaben im Kürzel AHX sollen nach Herrn Rödenbeck den Begriff Ahnen beinhalten, das X steht als Unterscheidungsmerkmal zu anderen Genealogieprogrammen.

Bezugsquelle für AHX ist das Ingenieurbüro Rödenbeck & Heinze, Dresdner Landstraße 36, 04451 Borsdorf bei Leipzig. Der Preis beläuft sich auf 99 DM zzgl. Versandspesen.

Eine kostenlose Demodiskette kann vorher angefordert werden. AHX wird nach Herstellerangaben von derzeit ungefähr 30 Anwendern eingesetzt.
Es beansprucht auf der zugesandten Diskette als auch nach der Installation ca. 700 KByte Speicherplatz.

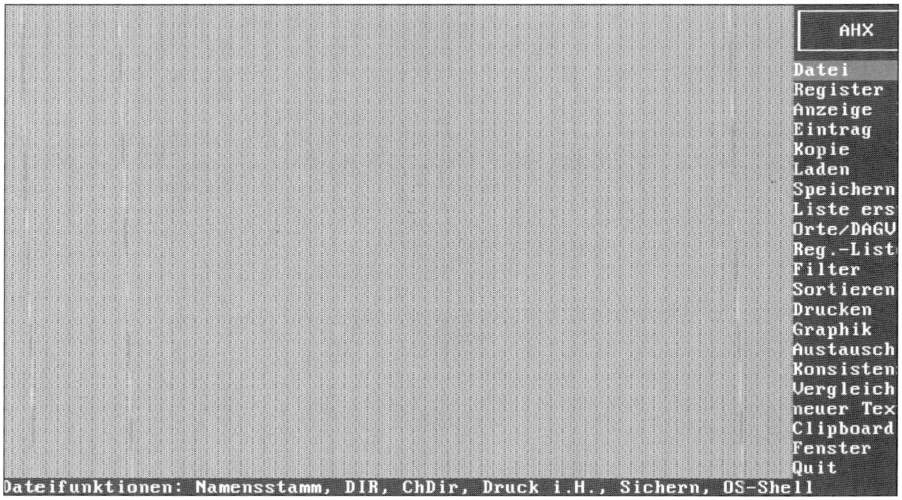

AHX, Hauptmenü

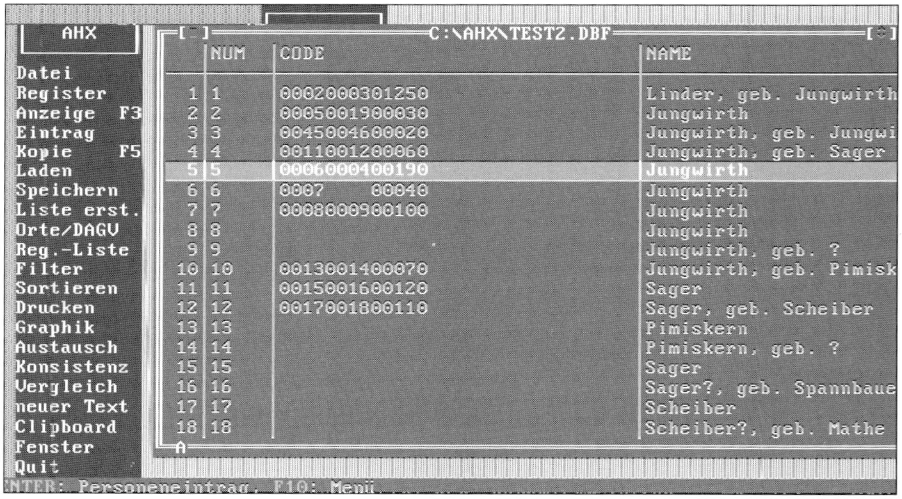

AHX, Liste der Probanden

Installation

Beim Einrichten auf der Festplatte erfolgte eine automatische Trennung zwischen den Programm- und Benutzerdateien in verschiedenen Verzeichnissen. Die Namen der Standardverzeichnisse werden vom Installationsprogramm vorgeschlagen, können aber durch den Anwender geändert werden. AHX fragt bereits bei der Installation zahlreiche Parameter ab, z. B. für die Aktion „Forscherkontakte" den Namen des genealogischen Vereins und die Mitgliedsnummer. Damit läßt es sich besonders individuell einrichten.

Hardware-Schnittstellen

Die Druckerunterstützung muß als karg bezeichnet werden.

Leistungsmerkmale

AHX ist ein reines DOS-Programm, das allerdings die Bedienung mit der Maus erlaubt, sogar die rechte Maustaste ist mit Befehlen belegt. Der moderne SAA-Standard wird nur teilweise eingehalten. Die Menüs wurden entgegen den Konventionen senkrecht am rechten Bildschirmrand angeordnet.

Die Pop-Up-Fenster können vergrößert und verkleinert werden, so daß mehrere Probanden gleichzeitig am Bildschirm betrachtet werden können. Allerdings sind die entsprechenden Rollbalken nicht voll durchprogrammiert, und die Bestätigung einer Fehlermeldung mit der Esc-Taste widerspricht den Gepflogenheiten. Tastatur- und Mausbedienung erweisen sich damit insgesamt als gewöhnungsbedürftig.

Die Länge des Feldinhaltes ist frei bestimmbar und wandert bei der Eingabe mit. Es können beim Erfassen verschiedene Namensschreibweisen hinterlegt werden, was eine phonetische Suche ermöglicht. Ein wichtiges Merkmal von AHX ist es, daß die Eingabefelder in ihrer Länge nicht begrenzt sind. Damit lassen sich die jeweiligen Daten immer im richtigen Feld eintragen. Die Bildschirmmasken und die Datenstruktur können vom Bediener selbst jederzeit geändert werden. Jedem Ereignis und jeder Bezugsperson können Hintergrunddaten wie Quellen, Anmerkungen etc. direkt zugewiesen werden.

Bereits bei der Datenerfassung erfolgt eine Plausibilitätsprüfung, aber auch über einen Konsistenztest kann eine Plausibilitätsprüfung veranlaßt werden. Es stehen Textbausteine zur Verfügung, um häufig benötigte Textpassagen (Orte, Namen, Berufe) auf Kurztasten zu hinterlegen. Stichwortregister lassen sich für Orte, Personen, Berufe, Todesursachen, Stämme, Familiennamen sowie Vornamen erzeugen.

AHX, Sortierangaben

Auswertungsmöglichkeiten

Ausgegeben werden können Vorfahren-, Nachfahren-, Namensstamm- und Ortslisten, wobei die Kekulézahlen automatisch ermittelt werden. Darüber hinaus kann der Benutzer selbst noch Listen frei gestalten.

Vorfahren- und Nachfahrengrafiken sind möglich, eine Bildschirmvorschau ist aber nicht integriert. Statt dessen läßt sich eine Grafik erzeugen, die aber nur durch andere Programme dargestellt oder gedruckt werden kann.

Software-Schnittstellen

Der Datenaustausch wird unterstützt für dBase- oder ASCII-Dateien. AHX verfügt außerdem über eine GEDCOM-Schnittstelle und eine Anbindung an die Aktion „Forscherkontakte".

Programmstabilität, Datensicherheit

Das Programm erwies sich beim Test als stabil. Hilfreich ist der Menüpunkt „Datei, Sicherungskopien", über den der Anwender veränderte und neue Datensätze auf Diskette sichern kann, ohne mit Betriebssystembefehlen arbeiten zu müssen („Differenzsicherung").

Hilfen, Unterstützung, Service

Nur bei wenigen Menüs ist eine On-line-Hilfe in Form von kurz gefaßten Hilfefenstern hinterlegt, die SAA-gerecht mit der Funktionstaste F1 angesteuert werden können.

Dem Programm beigegeben wurde eine aussagekräftige und verständlich geschriebene, zweiteilige Dokumentation, die als DIN-A4-Manuskript gebunden vorliegt. Sie untergliedert sich in eine Anleitung für den Einsteiger („Einführungskurs", 41 Seiten) und eine ausführliche „Programmbeschreibung" (74 Seiten) für den erfahrenen Benutzer.

Gesamturteil

Das Genealogieprogramm AHX kann durch den Benutzer in der Datenstruktur verändert und damit besser als die meisten anderen Programme an seine Wünsche angepaßt werden. Es bietet keine starre, optisch durchgestaltete Eingabemaske, sondern variable Felder. Trotz des niedrigen Anschaffungspreises bietet AHX damit dem versierten Genealogen interessante Möglichkeiten.

Diese größere Flexibilität wird allerdings durch einen im Vergleich zu den anderen Programmen unübersichtlicheren Bildschirmaufbau erkauft. Ein Genealoge mit PC-Vorkenntnissen kann daher die gebotenen Programmöglichkeiten besser ausschöpfen als der Einsteiger, der durch die Menü- und Befehlsstruktur eher verwirrt wird.

Familien-Chronik (dt. Version von Brother's Keeper)

Eckdaten

Bei Familien-Chronik Version 5.1 vom 14. März 1993 handelt es sich um die deutsche Variante des Programms Brother's Keeper mit derselben Versionsnummer. Die US-amerikanische Originalversion wurde von John Steed, 6907 Childsdale Rd., Rockford, Mi. 49341, USA, programmiert. Die deutsche Übersetzung erstellte Walter Kölzer.

Familien-Chronik ist ein Shareware-Produkt, das vom Shareware-Händler Pearl Agency, Am Kalischacht 4, 7845 Buggingen, vertrieben wird. Dabei fällt ein Entgelt von derzeit ca. 25 DM für die Kopierarbeit an. Gefällt dem Anwender das Programm, so sollte er sich bei folgender Adresse registrieren lassen: Walter Kölzer,

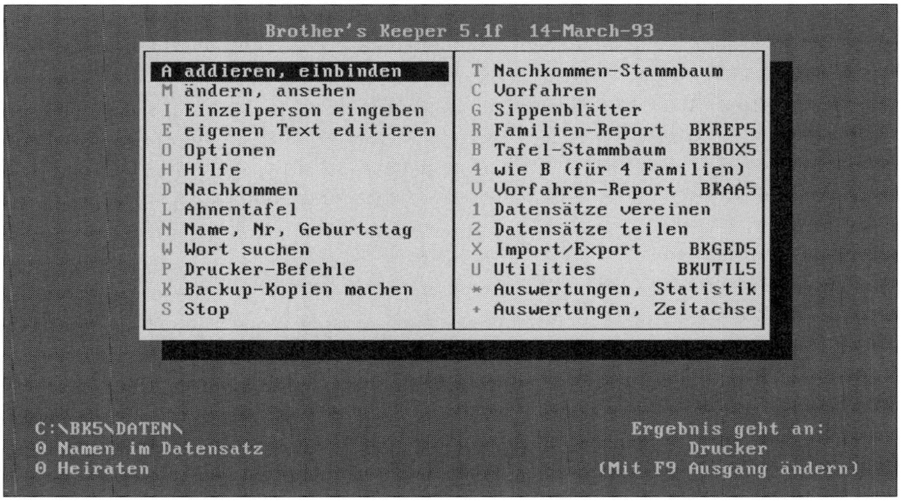

Familien-Chronik, Hauptmenü

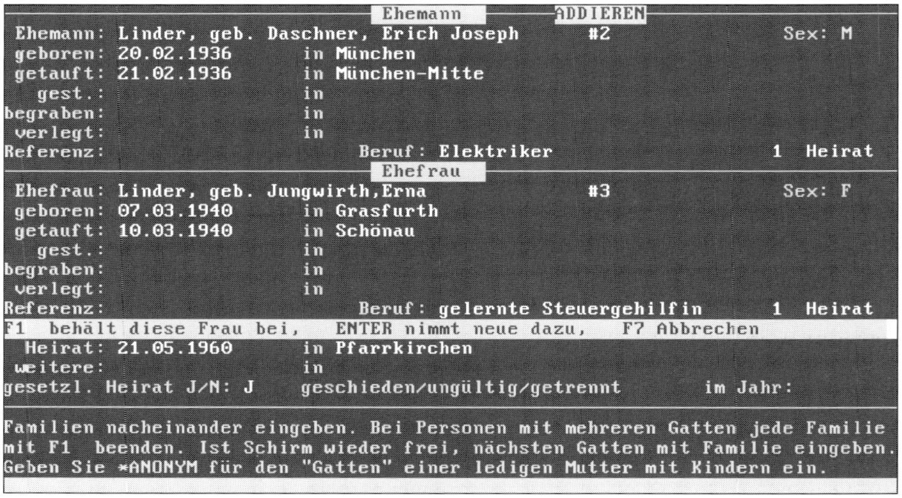

Familien-Chronik, Probandenanzeige

Amtsstraße 37–39/3, A-1210 Wien. Die Registriergebühren betragen 80 DM zzgl. 15 DM Bearbeitungsgebühren. Das Registrierformular ist als Datei im Lieferumfang enthalten und kann ausgedruckt werden.

Installation

Vor der Einrichtung umfaßt das Programm ca. 2 MByte, installiert auf der Festplatte etwa 2,3 MByte. Während der Installation kann die (empfehlenswerte) Trennung von Programm- und Benutzerdaten eingestellt werden. Der Benutzer muß aber bereits zuvor das gewünschte Datenverzeichnis erstellt haben, was für den PC-Einsteiger eine Schwierigkeit darstellen könnte.

Hardware-Schnittstellen

Es existiert nur eine grobschlächtige, umständlich über Steuerbefehle vorzunehmende Druckerjustierung. Angesprochen werden können Epson- und IBM-Nadeldrucker, ferner Tintenstrahl- und Laserdrucker der Firma Hewlett Packard.

Leistungsmerkmale

Familien-Chronik besitzt ein gewöhnungsbedürftiges Hauptmenü, das auf den ersten Blick unübersichtlich wirkt. Der SAA-Standard wird nicht eingehalten. So dient etwa die Funktionstaste F1 als höherwertige Eingabetaste zur Bestätigung von Eingaben. Ansonsten erweist sich die Befehlsanwahl aber als logisch durchdacht und schnell erlernbar. Die Maus wird zwar sporadisch unterstützt, ist aber schwer steuerbar.

Die Dateneingabe fällt leicht, die Bildschirmwiedergabe wirkt anspruchslos. Nicht einmal eine einfache Plausibilitätsprüfung erfolgt; so wird etwa das Datum 32.01.1993 anstandslos akzeptiert. Es existiert standardmäßig nur ein Feld für den Personennamen, so daß Vor- und Nachname nicht getrennt werden können.

Gelungen ist die Funktion Alt-F2, mit der die ASCII-Zeichenliste eingeblendet wird, um Sonderzeichen zu erzeugen. Häufig benötigte Textpassagen können auf Alt-Tastenkombinationen gelegt werden. Bereits eingegebene Begriffe im Ortsfeld können mit Hilfe der Funktionstaste F8 leicht abgerufen werden (Ortsnamensregister), nicht jedoch in anderen Feldern. Die vorgegebenen Felder können umbenannt werden.

Auswertungsmöglichkeiten

Statistische Auswertungen – teils sinnvolle, teils verspielte – sind durchführbar (Grafiken über die Todesmonate, Heiratsmonate etc.), wobei auch die Lebensdaten bekannter Personen wie von Kopernikus, Beethoven oder Gershwin damit verglichen werden. Es lassen sich Adressenetiketten erstellen.

Software-Schnittstellen

Der Datenexport über GEDCOM wird im Menüpunkt „Import/Export" unterstützt, nicht aber die DAGV-Forscherkontakte.

Programmstabilität, Datensicherheit

Ein Manko stellt die Absturzanfälligkeit des Programms dar. Bei Fehlbedienungen wie Ausdruckversuchen bei nicht eingeschaltetem Drucker kann es zu Programmabstürzen kommen. An bestimmten Stellen kann der Bediener selbst mit Strg-C das Programm einfach abstürzen lassen. Diese Tastenkombination hätte blockiert werden müssen.

Als sinnvoll ist die Möglichkeit zu bezeichnen, direkt aus dem Programm heraus Backup-Kopien (Sicherungskopien) zu veranlassen.

Hilfen, Unterstützung, Service

Familien-Chronik enthält kaum systeminterne Hilfen. Der Menüpunkt „Hilfe" fällt äußerst dürftig aus und beinhaltet nur eine Groborientierung zum Hauptmenü. Die Software verfügt über eine kontextsensitive Meldezeile mit knapper Information. Allerdings wird mit dem Programm eine recht umfangreiche Dokumentation in Form einer Datei ausgeliefert, die ausgedruckt rund 70 Seiten lang ist und ein übersichtliches Inhaltsverzeichnis sowie ein Stichwortregister enthält.

Gesamturteil

Bei Familien-Chronik handelt es sich um ein zwar preisgünstiges, aber ziemlich schlichtes Programm, das bedauerlicherweise zahlreiche Wünsche offen läßt.

GENISYS

Eckdaten

Der Name von GENISYS Version 5.0 vom 21.04.1993 steht für „Genealogisches Informations System". Es beruht auf der Datenbank dBase. Hersteller und Vertreiber der Software ist Dipl.-Ing. Manfred Nolde, Eichendorffweg 14, 78112 St. Georgen.

Ein fester Anschaffungspreis für GENISYS kann nicht genannt werden, da das Programm vom Hersteller individuell für den einzelnen Anwender zusammengesetzt wird und somit von dessen Wünschen abhängt. Die Vereinsversion für Mitglieder der „Gesellschaft für Familienforschung in Franken e.V." (GFF) kostet beispielsweise 120 DM. Eine Demodiskette ist nicht verfügbar.

Eine Diskette mit 1,2 MByte enthält das gesamte Programm, das installiert ca. 2,6 MByte Speicherplatz benötigt. Im Lieferumfang ist ein schlichtes Textprogramm enthalten.

GENISYS wird u. a. von der GFF und von der „Gruppe Computergenealogie des Herold" eingesetzt.

Installation

Die Installation des Programms gestaltete sich problemlos.

Hardware-Schnittstellen

Die wichtigsten Drucker können angesteuert werden. Es sind vier

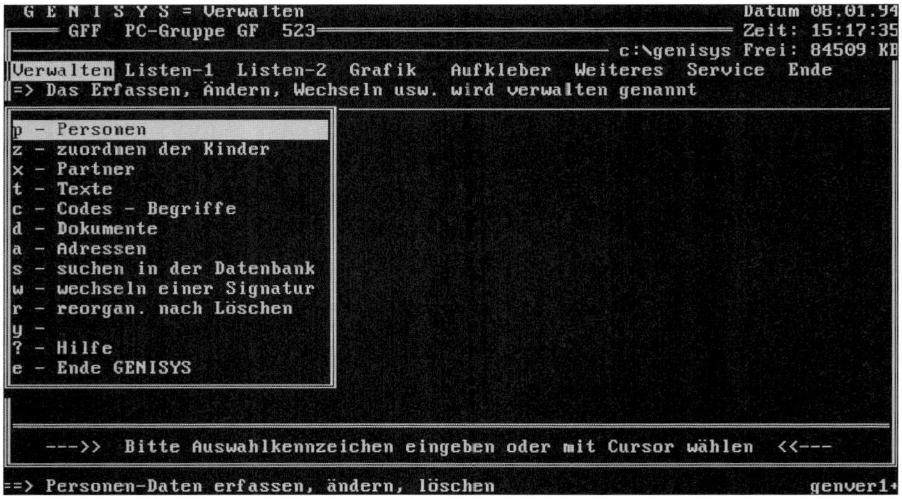

GENISYS, Hauptmenü

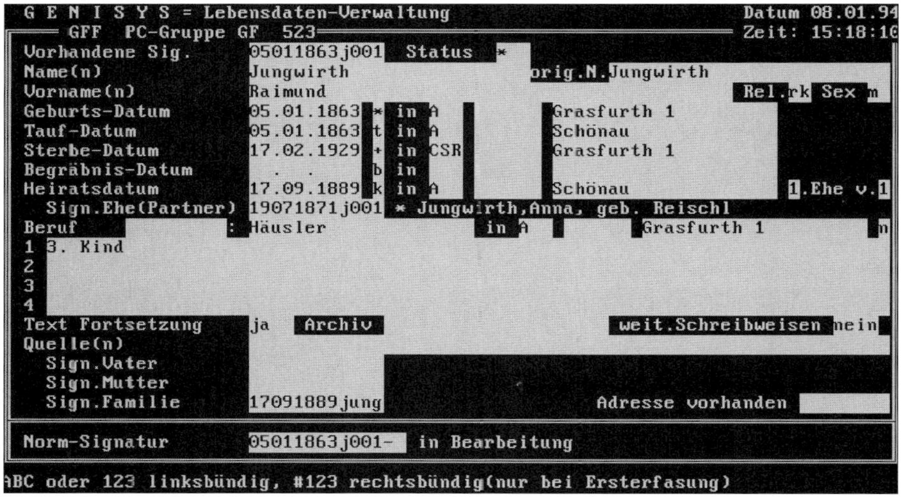

GENISYS, Eingabemaske

grundlegende Druckermodelle vorprogrammiert, die bei der Installation umständlich eingebunden werden müssen, beim Programmbetrieb aber problemlos funktionieren.

Leistungsmerkmale

Die Programmoberfläche von GENISYS entspricht in Menüplazierung und Anwahl mit den Cursortasten teilweise dem SAA-Standard. Unkonventionell ist die Bildschirmanordnung der Hilfetexte zum angewählten Menüpunkt: Eine Erläuterungszeile befindet sich oben im Menü, die andere am unteren Bildschirmrand.

Es existiert eine Art von Hilferegister, das ziemlich eigenwillig jeweils als vorletzter Unterpunkt in allen Pull-Down-Menüs integriert wurde. Besser wäre es gewesen, die Hilfe auf die Funktionstaste F1 zu legen, wie es in modernen Programmen üblich ist. Eine Mausunterstützung ist leider nicht vorhanden.

Die Tastenbedienung ist eigenwillig und nicht immer in sich stimmig. So dient die Kombination Leertaste plus Eingabetaste zum Abbrechen eines Befehls. Der Wechsel zwischen Überschreib- und Einfügemodus ist möglich, läßt sich aber an der Form des Cursors nicht erkennen.

In der Eingabemaske wird zur besseren Übersichtlichkeit auch die Negativdarstellung der Schrift verwendet. Der Benutzer kann das vorgegebene Farbschema ändern. Allerdings muß der Einsatz der Bildschirmfarbe als spartanisch bezeichnet werden und hätte sinnvoller durchgeführt werden können, um etwa die Bildschirmstruktur übersichtlicher zu machen.

Die Eingabefelder sind knapp bemessen. Während der Eingabe erfolgen teilweise Plausibilitätsprüfungen; weitere Kontrollen können später auf Befehl hin durchgeführt werden. Geschmacksache ist die vom Benutzer zu vergebende und auf dem Geburtsdatum basierende „Norm-Signatur", die als Identifikationsfeld dient.

Sowohl bei der Bildschirmgestaltung als auch bei der Bedienung erinnert GENISYS an das Konkurrenzprogramm AHNEN.

Es können ein standardisierter Name und die Originalschreibweise in zwei verschiedenen Feldern eingegeben werden. Ein eigenes Feld für den Geburts- oder Heiratsnamen ist nicht vorgesehen. Eine bereits erfaßte Person kann auf Wunsch wieder gelöscht werden.

Die 10 Funktionstasten lassen sich frei belegen. Des weiteren können sogenannte Begriffe definiert werden, um oft benötigte Wörter oder Phrasen zu hinterlegen, z. B. als Ortsregister. Mit GENISYS können auch Adressen wichtiger Vereine usf. erfaßt werden.

Auswertungsmöglichkeiten

GENISYS erlaubt die Ausgabe von Ahnen-, Stamm- und Nachfahrenlisten sowie von Namens-, Orts- und Geburtstagslisten und von Schmucktafeln.

Ein Programm zur Kirchenbucherfassung, das mit GENISYS zusammenarbeitet, kann erworben werden. Die Daten können statistisch ausgewertet werden.

Software-Schnittstellen

GEDCOM-Daten können sowohl ein- als auch ausgelesen werden. Die Ausgabe der Daten für die Aktion „Forscherkontakte" ist möglich. Weitere Konvertierungsmöglichkeiten wie für GENprofi, GES und AHNEN können erworben werden.

Programmstabilität, Datensicherheit

Das Programm stürzt ab, wenn beispielsweise Ausgaben auf dem Drucker versucht werden und dieser nicht betriebsbereit ist. Ansonsten erwies sich GENISYS als stabil.

Gut gelöst ist die Datensicherung. Sie kann aus dem Programm heraus vorgenommen werden, ohne daß der Bediener sich näher mit dem Betriebssystem befassen muß. Jeweils beim Beenden von GENISYS wird automatisch die Datensicherung auf Diskette empfohlen, die dann gleich auch gestartet werden kann.

Eine Unterteilung der Programm- und Benutzerdateien in verschiedene Verzeichnisse erfolgt leider nicht.

Hilfen, Unterstützung, Service

Im Programm wurde eine On-line-Hilfe in recht knapper Form integriert. Auf der Installationsdiskette befindet sich eine ca. acht Seiten umfassende Informationsdatei.

Die Programmbeschreibung sowie aktuelle Anregungen werden in Loseblattform ausgeliefert, sind daher nicht fortlaufend paginiert und schwierig zu handhaben.

Gesamturteil

GENISYS ist ein in Deutschland weit verbreitetes Genealogieprogramm. Die Bedienung und die Bildschirmdarstellung sind anfangs gewöhnungsbedürftig.

GENprofi

Eckdaten

Der komplette Programmname lautet GENprofi II GPFAM 3.3. Die Software wurde in Clipper programmiert. Nach Angaben des Vertreibers wird GENprofi von über 1000 Genealogen eingesetzt.

Es existieren, je nach Datenumfang, drei Hauptversionen für 128 DM (maximal 2000 Probanden von bis zu zwei Mandanten), 258 DM (10 000 Probanden/zwei Mandanten) bzw. 388 DM (unbegrenzte Probandenanzahl/1296 Mandanten). Der Interessent kann aber auch eine Prüfversion gegen 38 DM anfordern, die er vier Wochen lang testen darf. Beim Erwerb der Vollversion wird dieser Betrag angerechnet. Alle Preise verstehen sich inklusive MWSt., jedoch zzgl. Porto von derzeit 10 DM.

Sonderfunktionen, die nur für bestimmte Anwenderkreise von Bedeutung sind, wurden aus dem Hauptprogramm ausgelagert. Nach dem Modulprinzip können diese Sonderfunktionen als Zusatzprogramme erworben werden. Damit spart sich der Benutzer die Anschaffungskosten für nicht benötigte Programmoptionen.

Das Copyright liegt bei Anja Hoffmann Software, beim Softwarebüro Heiko Thimm sowie bei Haruyasu Yoshizaki. Die Bezugsquelle für GENprofi ist Anja Hoffmann, Sprockhöveler Straße 85, 45527 Hattingen.

Als Standardvoraussetzung für den Programmbetrieb gilt ein 286er PC, empfehlenswert ist jedoch mindestens ein 386er mit SX-Prozessor. Das Standardmodul (Hauptprogramm) umfaßt vor der Einrichtung knapp 920 KByte, installiert rund 2,2 MByte.

Installation

Eine ausführliche Installationsdatei im Umfang von ca. 30 Seiten enthält zahlreiche Hinweise für den PC-Fachmann, z. B. Feineinstellungen wie Vorbelegung der PIN-Nummern. Sie beantwortet auch die häufigsten Anwenderfragen.

Bei der Einrichtung auf der Festplatte wird automatisch eine Trennung von Benutzer- und Programmdateien vorgenommen.

Hardware-Schnittstellen

Im Lieferumfang enthalten sind über 20 Treiber für die geläufigsten Nadel-, Tintenstrahl- und Laserdrucker, u. a. Epson- und NEC-Nadeldrucker, ferner HP-Deskjet und HP-Laserjet, jedoch keine PostScript-Drucker. Die Druckerzuordnung wirkt recht komfortabel. Es können bis zu 36 Ausgabegeräte

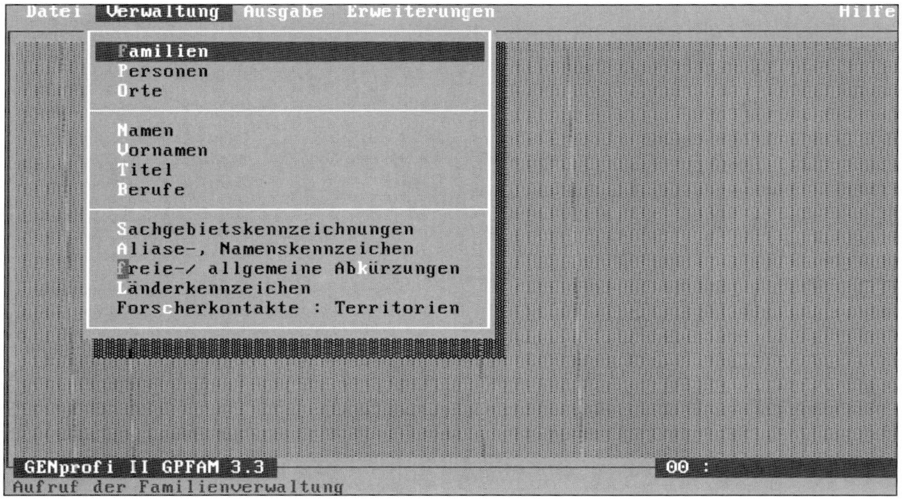

GENprofi, Hauptmenü

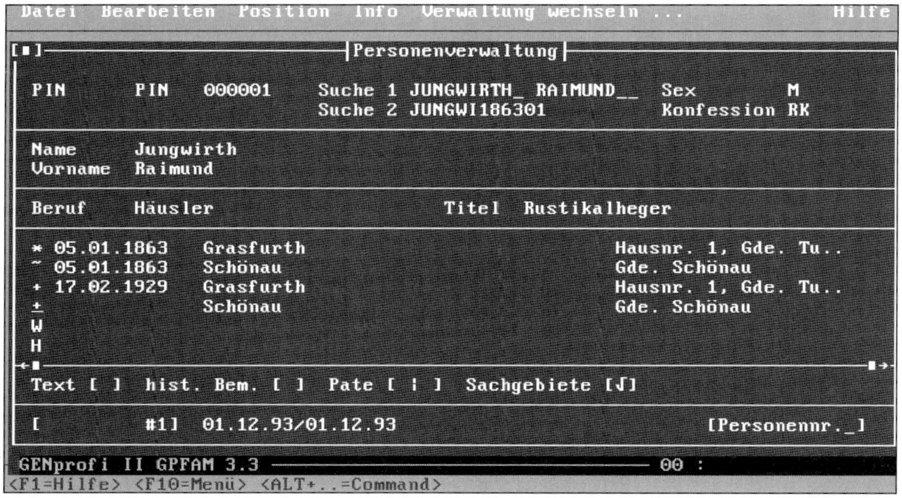

GENprofi, Probandenanzeige

nebeneinander voreingestellt werden, die damit bei Bedarf schnell angewählt werden können. Über Systemprogramme vermag der routinierte Anwender eigene Druckertreiber zu erstellen und zu testen.

Leistungsmerkmale

Der Bildschirm von GENprofi ist sehr übersichtlich aufgebaut und hält weitgehend den modernen SAA-Standard ein. Pull-Down- und Pop-Up-Menüs, eine gelungene Mausanbindung sowie eine kontextorientierte Meldezeile verstärken den positiven Eindruck.

Ungewohnt wirken das standardmäßige, aber über Programmparameter veränderbare Doppelklicken in den Pull-Down-Menüs und einige Kurzbefehle (Alt-X statt Alt-F4 für Beenden) oder das Gedrückthalten der Alt-Taste bei Menüanwahl über Buchstaben. In sich ist die Befehlsanwahl aber stimmig.

Leider werden noch die veralteten Tastenbegriffe wie Ctrl statt Strg, Shift statt Umschalttaste, Insert statt Einfügen, Enter statt Eingabetaste etc. verwendet. Als unangenehm empfanden wir, daß manchmal ein einfacher Mausklick, ein anderes Mal aber ein doppelter für bestimmte Aktionen erforderlich war.

Die Bildschirmfarben werden in GENprofi dezent, aber sehr sinnvoll eingesetzt. Mit Hilfe von unterschiedlichen Farbtönen wird beispielsweise angezeigt, wo nur gelesen bzw. wo auch verändert werden kann. GENprofi kann hier als vorbildhaft bezeichnet werden und kommt von den geprüften DOS-Programmen dem SAA-Standard am nächsten.

Die Ablaufgeschwindigkeit von GENprofi muß im Vergleich zu den anderen Programmen allerdings als langsam bezeichnet werden. Hier wäre eine Abhilfe sinnvoll.

Mit dem Programm können mehrere Mandanten, d. h. Geschlechter nebeneinander verwaltet werden. Für jeden Mandanten lassen sich getrennt die Feinheit der Plausibilitätsprüfung oder Vorgaben in bestimmten Feldern, z. B. der Religionszugehörigkeit, einstellen.

Die Erfassung von Textbausteinen mit maximal 15 Zeichen Länge zur Arbeitserleichterung ist möglich. Auch die Einbindung von externen ASCII-Texten in Memofeldern für den Ausdruck kann durchgeführt werden.

Alternativnamen bei unterschiedlichen Schreibweisen („Aliase") lassen sich erfassen; damit können jeder Person beliebig viele Namen zugeordnet werden. Bei der Suche nach Namen wird automatisch auch auf die Aliase zugegriffen, so daß hiermit auf andere Schreibweisen, Stammnamen oder Nennungen hingewiesen werden kann.

Personen werden anhand der PIN („Personen-Identifikationsnummer"), Familien über die sogenannte FIN identifiziert, wobei die Vergabe der PIN aber ausgeschaltet werden kann. Wo Plausibilitätsprüfungen stattfinden sollen, wird vom Benutzer selbst entschieden. Allerdings erfolgt keine Eingabeüberprüfung bei Geburts- und Taufdatum bzw. Sterbe- und Beisetzungsdatum.

Es werden Register für Namen, Vornamen, Titel, Berufe und Orte angelegt, die bei neuen Familienmitgliedern mit der Funktionstaste F2 abgerufen werden können. Damit wird sowohl eine Arbeitserleichterung als auch eine Eingabekontrolle erreicht.

Von besonderer Bedeutung ist es, daß der Anwender standardmäßig nicht vorgesehene Daten in frei definierbaren Sachgebieten hinterlegen und dazu bis zu 10 DIN-A4-Seiten Text eingeben kann. Pro Familie lassen sich bis zu 18 Kinder zuweisen, wobei sogar Adoptivkinder verknüpft werden können.

Ein Proband kann, nach einer Sicherheitsabfrage, gelöscht werden, wenn zuerst seine Familienverbindung aufgehoben wurde.

Auswertungsmöglichkeiten

Es kann nach zahlreichen Kriterien gesucht werden, u. a. nach Namen, Berufen oder Sachgebieten. Am Bildschirm lassen sich übersichtliche Ahnentafeln wiedergeben, bei deren Darstellung sogar Ahnenschwund berücksichtigt wird. Ausgedruckt werden können Personen- und Familienübersichten, Personenstammblätter, Ahnen- und Nachfahrenlisten, Ahnentafeln sowie Registerübersichten. Im Programm integriert wurden ein Taschenrechner und ein Kalender.

Software-Schnittstellen

Mit einzelnen Zusatzmodulen lassen sich Daten importieren aus AHNEN, älteren GENprofi-Versionen, GEDCOM und GP-DAF. Der Export ist möglich nach GP-DAF, „Foko" und DB-X, allerdings nicht nach GEDCOM. Mittels anderer Zusatzmodule kann ein Ortssippenbuch mitgeführt oder ein Datentransfer zum Textprogramm WordPerfect 5.1 gestartet werden. Sogar Netzwerkunterstützung (Computerverbund) wird geboten.

Programmstabilität, Datensicherheit

Bei gefährlichen Operationen erfolgt jeweils eine Sicherheitsabfrage. Das Programm erwies sich beim Test als stabil.

Hilfen, Unterstützung, Service

In der mit der Funktionstaste F1 aufrufbaren On-Line-Hilfe befinden sich gut formulierte Erläuterungen. Der Anwender kann sogar eigene Hilfetexte im Programm einbauen, sei es als Gedächtnisstütze oder für die Abstimmung mit anderen Programmbenutzern.

Das gedruckte Handbuch für die Vorgängerversion 3.0 umfaßt ca. 130 Seiten. Die vorliegende Version 3.3 wird mit derselben Dokumentation und einer Aktualisierungsdatei ausgeliefert. Für die geplante Version 3.4 soll das Handbuch komplett im Programm selbst hinterlegt werden.

Darüber hinaus wurde ein Handbuch aus Anwendersicht geschrieben, das direkt beim Verfasser bestellt werden kann: „GENprofi II GPFAM 3 – Praxisnahe Familienforschung" von Dipl.-Ing. Ewald Wilck, Alter Zollweg 76 a, 22147 Hamburg. Der Preis soll ca. 35 DM zzgl. Versandspesen betragen.

In Planung befinden sich außerdem Schulungen zu GENprofi, eine Mailbox als Anlaufstelle für Probleme und Tips sowie eine genealogische Datenbank zum Datenaustausch zwischen den Anwendern. Nähere Informationen sind bei Anja Hoffmann erhältlich, die auch zu festgesetzten Zeiten telefonischen Support (Hilfestellung) bietet.

Gesamturteil

GENprofi war das DOS-Programm, das in Bildschirmaufbau und Bedienung am besten überzeugen konnte, leider aber nicht bei der Ablaufgeschwindigkeit. Die Mausanbindung belegt, daß dieses Genealogieprogramm den heutigen Ansprüchen an leicht bedienbare PC-Programme – abgesehen vom noch nicht ausgereiften Stammbaum/WIN – am nächsten kommt. Der Benutzer profitiert von der übersichtlichen Darstellungsweise; die Programmstruktur erwies sich als gut durchdacht und fehlertolerant.

GES (dt. Version von PAF)

Eckdaten

Bei GES Version-1992.1 handelt es sich um die deutsche Version des US-amerikanischen Genealogieprogramms PAF (Personal Ancestral File). Zum Teil wird, sogar im Programm selbst, noch die alte Bezeichnung verwendet. Herstellung und Copyright liegen bei der

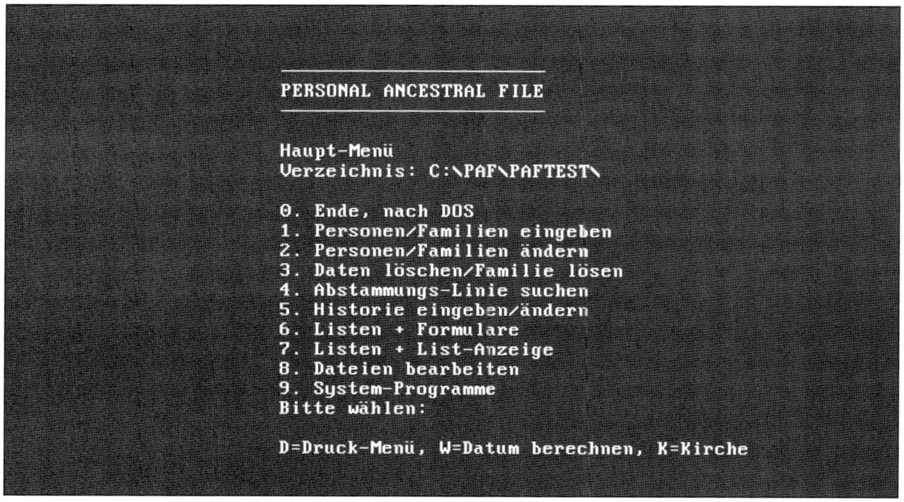

GES, Hauptmenü

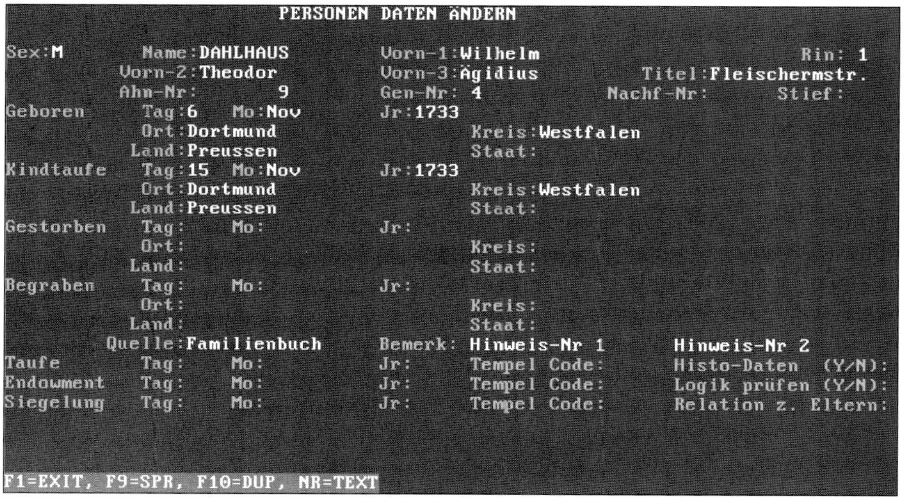

GES, Eingabemaske

Kirche Jesu Christi der Heiligen der Letzten Tage (Mormonen), Salt Lake City, USA. Der Lizenzinhaber in Deutschland ist Hans-W. Knoll. Die Bezugsquelle für GES lautet: Genealogie EDV-Service, Vera Knoll, Beethovenweg 7, 33818 Leopoldshöhe.

Das Hauptmodul von GES kostet 299 DM zzgl. 10 DM Porto. Neben dem Hauptmodul können noch Zusatzprogramme bezogen werden, u. a. zum Datenaustausch, für Variablenlisten und zur Erstellung eines Sippenbuches. Eine Demodiskette ist nicht verfügbar.

Das Hauptprogramm umfaßt drei Disketten zu 740 KByte; installiert benötigt es rund 1,8 MByte auf der Festplatte.

Laut Werbung handelt es sich bei PAF bzw. GES um das weltweit meistverkaufte Genealogieprogramm. Die Gründe sind darin zu suchen, daß den Mormonen eine religiöse Pflicht zur Ahnenforschung auferlegt ist. Diese entwickelten PAF/GES und erklärten es zum Standardgenealogieprogramm in ihrer Religionsgemeinschaft.

Installation

Die Installation gestaltet sich sehr übersichtlich und wird durch die Erläuterungen des Handbuches ausgezeichnet begleitet. Der Benutzer wird dabei problemlos vom Installationsprogramm geführt. Während der Einrichtung wird eine – vorbildlich gelöste – Unterteilung in Programm- bzw. Datenverzeichnisse vorgenommen.

Dem Anwender steht es frei, die kirchlichen, d. h. für die Mormonen ausgelegten Sonderfunktionen wegzulassen. Als einziges der beurteilten Programme protokolliert GES die Installation mit und schreibt sie in eine Datei, so daß der Vorgang kontrolliert werden kann.

Die vom Einrichtungsprogramm erzeugten Startdateien PAF.BAT und PAFF.BAT enthalten allerdings eine Programmzeile, die die DOS-Pfadeinstellung aufhebt. Daher muß jedesmal nach der Verwendung von GES der Computer neu gestartet werden, um andere Programme wieder aufrufen zu können; mit PC-Kenntnissen läßt sich dieses Problem beheben.

Hardware-Schnittstellen

Es werden Typenrad-, Nadel-, Tintenstrahl- und Laserdrucker unterstützt. Für die weitverbreiteten Modelle von Epson, NEC, Star oder etwa Hewlett Packard liegen Anbindungen vor, die jedoch etwas umständlich auf die Festplatte kopiert werden müssen; ein Druckerwechsel direkt in GES ist nicht möglich.

Leistungsmerkmale

Die Menüs entsprechen leider in keinerlei Weise dem SAA-Standard, sondern folgen einem eigenen Schema, das antiquiert aussieht und gewöhnungsbedürftig ist. So können die Untermenüs nur mit Ziffern angewählt werden, nicht aber mit leichter einprägsamen Kennbuchstaben. Der Erstbenutzer findet sich nur schwer durch die 80 Einzelmenüs hindurch, da kein Hinweis auf das jeweils übergeordnete Menü eingeblendet wird.

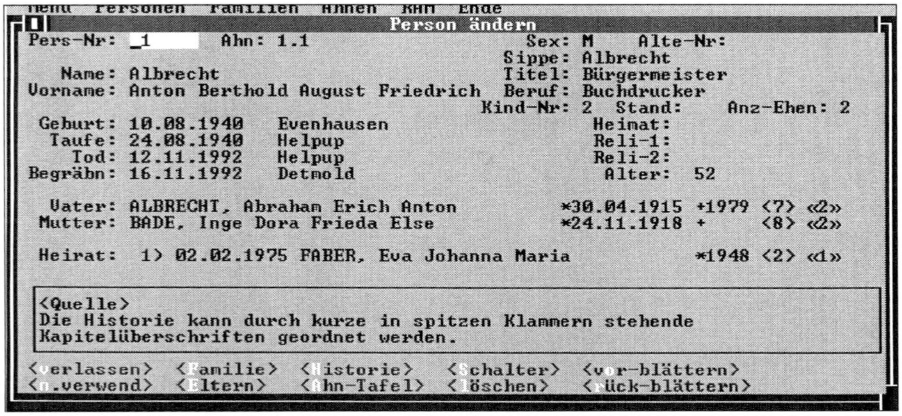

GES-2000, Eingabemaske

Der Bildschirmaufbau und die Menübedienung erinnern an die DOS-Version (nicht Windows-Version!) des Textverarbeitungsprogramms WordPerfect, das in dieser Hinsicht heutzutage veraltet ist. Das Bildschirmlayout für die Personendatenblätter empfand wir als ziemlich unübersichtlich, da es kaum stukturiert ist.

Die Tastenbelegung ist in sich logisch, entspricht aber nicht mehr heutigen Normen. So wird die Funktionstaste F1 nicht zum Hilfeaufruf, sondern zum Befehlsabbruch eingesetzt. Die Tabulatortaste kann nicht wie üblich verwendet werden, um zwischen Eingabefeldern zu springen.

Eine Bedienung mit der Maus ist bedauerlicherweise nicht integriert. Die Farbe wird leider nicht herangezogen, um den Bildschirmaufbau übersichtlicher zu gestalten. Auch die Erläuterungen im Programm selbst sind recht knapp gehalten.

Es können mehrere Mandanten parallel verwaltet werden. Für jeden Mandanten werden die Benutzerdaten in einem eigenen Unterverzeichnis angelegt, so daß die Daten leicht zu verwalten sind. Beim Erfassen vergibt GES automatisch Personen- und Familiennummern, die vom Benutzer nicht beeinflußt werden können. Bei der Texteingabe erfolgt eine Nachfrage, wenn der Begriff dem Programm noch nicht bekannt ist. Für numerische Felder lassen sich Kausalitätsprüfungen im nachhinein mit dem Unterprogramm „Logik" durchführen. Getestet wird dabei in Hinblick auf Stimmigkeit von Geburts-, Heirats- und Todesdatum.

Die Suche nach Personen berücksichtigt nicht verschiedene Namensschreibweisen. Eine phonetische Suche ist nicht vorgesehen.

Mit sogenannten Textnummern lassen sich häufig benötigte Begriffe hinterlegen. Wird z. B. der Ortsname „Mönchengladbach" oft gebraucht, so kann er als Nummer 12 bezeichnet werden. Sobald nun in einem nichtnumerischen Eingabefeld die Zahl 12 getippt und die Eingabetaste betätigt wird, erscheint der hinterlegte Begriff „Mönchengladbach".

Als sogenannte Historie lassen sich Hintergrunddaten zu den Probanden erfassen; sie sollten allerdings nicht zu umfangreich ausfallen. Statt dessen sollte ein Textverarbeitungsprogramm herangezogen werden.

Als gut gelungen erwies sich das integrierte Kalenderprogramm, mit dem beispielsweise das Geburtsdatum bei vorgegebenem Sterbedatum und Lebensalter ermittelt werden kann. In besonders übersichtlicher Form lassen sich die kirchlichen Feiertage eines beliebigen Jahres anzeigen.

Auswertungsmöglichkeiten

Mit dem Unterprogramm „Verwand" läßt sich einen Berechnung der Ahnennummern nach Kekulé durchführen, mit dem integrierten Hilfsprogramm „Listshow" können am Bildschirm Ahnentafeln grafisch dargestellt werden.

Software-Schnittstellen

Ein Hilfsprogramm, das zusätzlich erworben werden muß, erlaubt den Datenaustausch gemäß der GEDCOM-Norm. Die DAGV-Aktion „Forscherkontakte" wird von GES nicht unterstützt.

Programmstabilität, Datensicherheit

Abstürze treten beim Aufruf von nicht installierten Zusatzprogrammen auf; dies hätte unterbunden werden müssen.

GES verfügt über keinen eingebauten Menüpunkt, mit dem eine Datensicherung vorgenommen werden könnte. Im Handbuch findet sich ein Hinweis, wie ein entsprechendes DOS-Batchfile (Hilfsprogramm) erstellt werden kann. Ferner verweisen die Autoren darauf, daß auf dem Markt zahlreiche gute Sicherungsprogramme verfügbar seien. Diese Argumentation kann nicht zufriedenstellen, da in vergleichbaren Genealogieprogrammen sehr wohl Sicherungsroutinen – zumindest in Ansätzen – integriert sind.

Hilfen, Unterstützung, Service

Es existiert keinerlei On-Line-Hilfe, d. h. der Benutzer ist im Zweifelsfall ausschließlich auf das Handbuch angewiesen. Bei Rückfragen durch das Programm oder bei Fehlbedienung ertönt ein Warnton, der auf die Dauer eher störend wirkt, jedoch nicht abgeschaltet werden kann.

Der Vertreiber bietet eine Hotline an, wo der registrierte Programmbenutzer bei schwerwiegenden Problemen telefonische Auskunft einholen kann.

Im Lieferumfang befindet sich ein „Programmhandbuch" in Form eines gebundenen DIN-A4-Heftes mit 68 Seiten Umfang. Die Ausführungen sind knapp, aber sehr übersichtlich gehalten. Ein Stichwortverzeichnis erschließt diese Dokumentation.

Gesamturteil

Mit GES liegt ein weit verbreitetes Programm vor, das aber in Bedienung und Bildschirmdarstellung gewöhnungsbedürftig ist.

Ausblick auf GES-2000

Im Februar 1994 erschien eine bei der oben genannten Adresse gegen 20 DM erhältliche Demo-Version von GES-2000, das GES-1992.1 im ersten Halbjahr 1994 ablösen soll. Die Vollversion ohne Zusatzmodule soll 375 DM kosten, für Besitzer des Vorgängerprogramms beträgt der Update-Preis 120 DM, jeweils zzgl. Porto. Da in der Vorabfassung noch nicht alle Funktionen eingebunden sind, wird hier nur kurz auf die wesentlichen Änderungen gegenüber der Vorgängerversion eingegangen.

Gegenüber der bisherigen Version wurde vor allem das optische Erscheinungsbild geändert. Die Oberfläche wurde dem SAA-Standard angenähert, die Bedienung mit der Maus wurde integriert, Bildschirmfarben sind einstellbar. Allerdings handelt es sich nicht um eine Windows-Applikation, sondern nach wie vor um eine DOS-Anwendung.

Eine entscheidende Verbesserung stellt auch die Implementierung einer On-Line-Hilfe inklusive Stichwortregister und einführender Beschreibung („Schulung") dar. Während die Ahnentafeln am Bildschirm übersichtlicher geworden sind, trifft dies für die Personenmaske nicht unbedingt zu . Die Anwahl der Drucker wurde erheblich vereinfacht. Da nur eine Vorabversion zur Verfügung stand, können endgültige Aussagen zu Programmstabilität und Handbuch noch nicht getroffen werden.

Zusammenfassend läßt sich feststellen, daß gerade die Schwächen der Vorgängerversion bezüglich Bedienung und Bildschirmdarstellung ausgemerzt wurden.

Stammbaum/WIN

Eckdaten

Das Genealogieprogramm Stammbaum für Windows Version 2.00, kurz auch Stammbaum/WIN, wird von der Firma Giga-Software GmbH, Allinger Straße 85, 82178 Puchheim, vertrieben. Es kostet 228 DM zzgl. Versandkosten. Eine kostenlose Demodiskette ist erhältlich.

Als echtes Windows-Programm wird zum Betrieb von Stammbaum/WIN die grafische Betriebssystemerweiterung MS-Windows benötigt, die sich nicht im Lieferumfang befindet. Eine sogenannte Maus sollte unbedingt vorhanden sein.

Die Demoversion umfaßt auf der Installationsdiskette ca. 1,4 MByte. Nach der Einrichtung auf der Festplatte wurden Dateien in mehrere Verzeichnissen eingespielt, die zusammen etwa denselben Platzbedarf beanspruchten.

Installation

Die Installation gestaltete sich sehr angenehm: Nur die wesentlichen Informationen wurden vom Programm abgefragt, ansonsten lief alles vollautomatisch ab. Ein Datenverzeichnis zur getrennten Verwaltung der Benutzerdateien wurde ohne eigenes Zutun eingerichtet.

Hardware-Schnittstellen

Als Windows-Programm kann Stammbaum/WIN auf sämtliche Drucker zugreifen, die unter MS-Windows zur Verfügung stehen. Damit lassen sich praktisch sämtliche auf dem Markt befindlichen Drucker ohne Schwierigkeiten ansteuern.

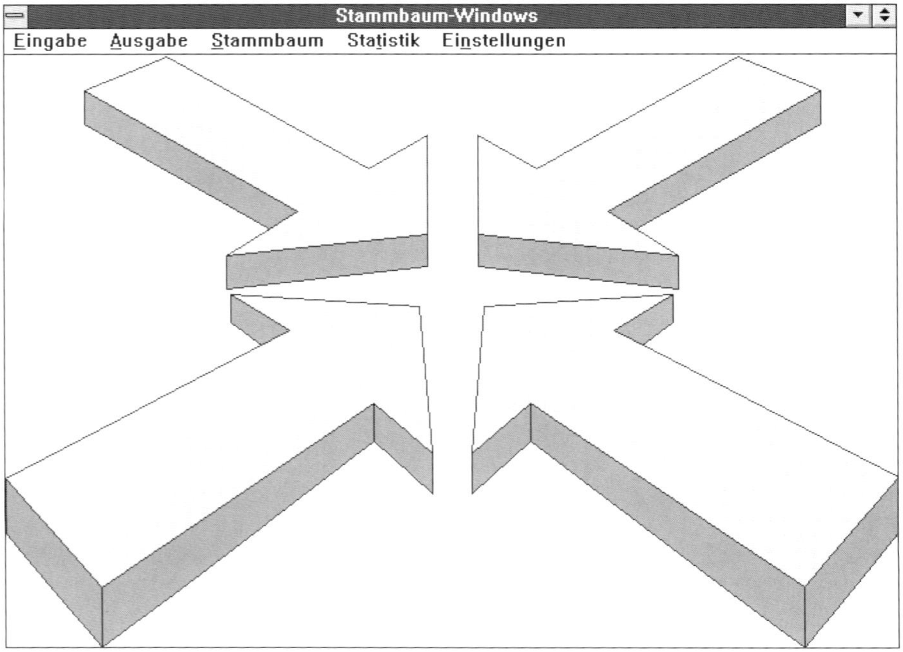

Stammbaum/WIN, Startbildschirm

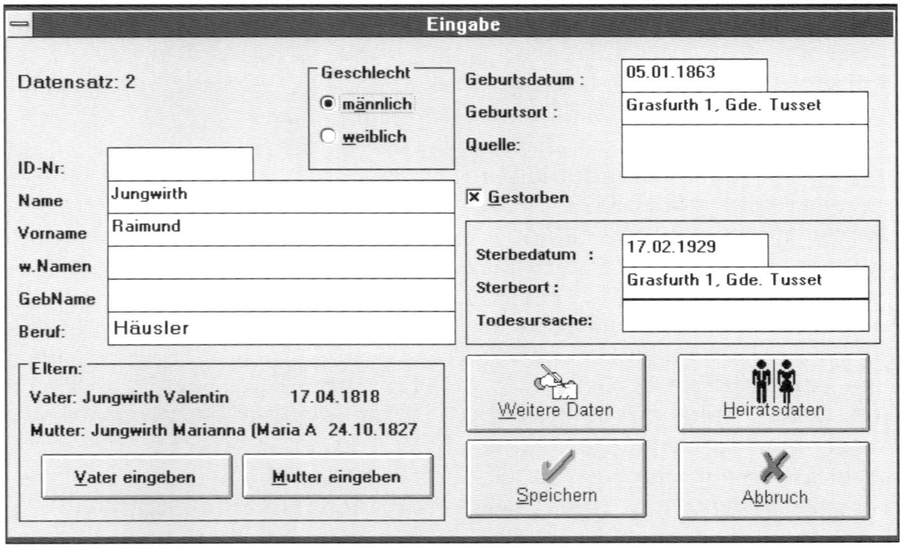

Stammbaum/WIN, Eingabemaske

Leistungsmerkmale

Der SAA-Standard wird in bester Weise eingehalten. Jeder PC-Benutzer, der schon einmal mit einem Windows-Programm gearbeitet hat, findet sich schnell zurecht.

Bildschirmaufbau und Tastenbelegung folgen somit dem üblichen Standard, und auch die Mausunterstützung ist optimal. Die Farben werden sehr ansprechend eingesetzt, um eine gute Bedienerführung zu erreichen.

Die Beschriftung in den Menüs ist zum Teil uneinheitlich oder findet nicht ausreichend Platz. Die Eingabemaske enthält nur die notwendigsten Datenfelder. Felder für die Religionszugehörigkeit, das Taufdatum oder den Bestattungsort fehlen in der Hauptmaske. Es läßt sich aber ein Zusatzfenster für weitere Daten öffnen, etwa für einen Lebenslauf. Ein Foto des Probanden in Form einer zuvor eingescannten (eingelesenen) Grafik kann hinterlegt werden; ob dies bei genealogischen Recherchen weiterhilft, sei dahingestellt.

Bei der Eingabe finden keine Plausibilitätsprüfungen statt; so wurde ein kalendermäßig unmögliches Datum wie der 31.14.1900 ohne Beanstandung akzeptiert. Die Vergabe einer Identifikationsnummer ist freigestellt. Die Feldlänge ist praktisch unbegrenzt, da bei überlanger Eingabe der Text weitergeschoben wird.

Ein bereits erfaßter Datensatz läßt sich nicht mehr löschen, sondern nur noch durch einen anderen überschreiben. Eine Verknüpfung zu Vater und Mutter kann hergestellt werden, wenn diese vorher schon erfaßt worden sind. Prinzipiell erwies sich die Herstellung von Verwandtschaftsbeziehungen umständlich.

Bis zu drei Ehepartner lassen sich für jeden Probanden erfassen. Für weitere Namensvarianten sowie den Geburtsnamen wurde je ein Feld vorgesehen. Eine phonetische Suche nach Personennamen ist nicht möglich. Textbausteine oder Hintergrunddateien für Register sind im getesteten Programm nicht vorgesehen. Eine besondere Stärke von Windows, auf die

Stammbaum/WIN aufbauen kann, stellt der Datenaustausch über die sogenannte Zwischenablage dar. Das bedeutet für den Anwender, daß sogar zwischen verschiedenen Programmarten wie Genealogie- und Textprogramm Daten ohne großen Aufwand ausgetauscht werden können.

Der Suchbefehl befindet sich leider nicht im Hauptmenü, sondern in der Probandenmaske. Daher muß zuerst immer diese aufgerufen werden, bevor nach einer Person gesucht werden kann.

Stammbaum/WIN, Liste der Probanden

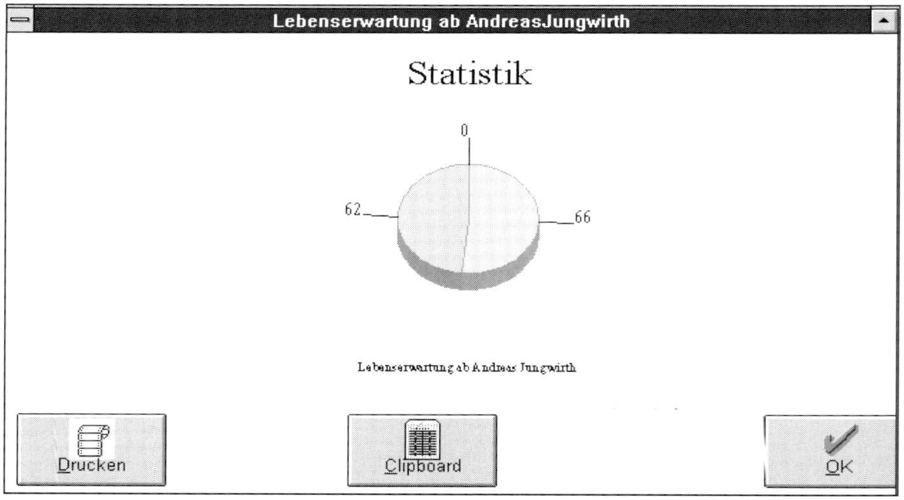

Stammbaum/WIN, Statistische Auswertung der Lebenserwartung

Auswertungsmöglichkeiten

Die Daten können ausgegeben werden in Form von Datenblättern, Geburtstags- und Sterbelisten, Verwandtschaftslisten. Auch die Erstellung von grafischen Ahnentafeln oder -listen kann vorgenommen werden.

Grafische Auswertungen wirken aufgrund der Windows-Bildschirmdarstellung beträchtlich attraktiver als in anderen Genealogieprogrammen. Problemlos können Schriftart und -größe sowohl für die Bildschirmvorschau als auch für den Ausdruck festgelegt werden. Eine Kekulén-Numerierung erfolgt jedoch nicht. Es lassen sich statistische Auswertungen bezüglich Geburten und Sterbefällen pro Monat, Lebenserwartung und Kinder je Generation durchführen, die sehr ansprechend in Kuchen-, Säulen- oder Liniendiagramme umgesetzt werden können. Stammbaum/WIN erinnert hier an andere Windows-Programme wie MS-Excel oder Micrografx Charisma.

Software-Schnittstellen

Weder eine Anbindung an GEDCOM- noch an die „Forscherkontakte" ist vorhanden. Der Datenaustausch mit den verbreiteten Genealogieprogrammen ist daher nicht möglich.

Programmstabilität, Datensicherheit

Da das Programm erst beim Beenden und nicht bereits beim Erfassen eines weiteren Probanden die Eingaben sichert, führt ein Absturz zu größeren Datenverlusten. In Stammbaum/WIN wurde kein Menüpunkt für Datensicherung vorgesehen.

Hilfen, Unterstützung, Service

In den jeweiligen Menüs sind Schaltflächen eingebaut, mit denen kurze Hilfetexte eingeblendet werden können. Ein umfangreiches Hilferegister ist nicht vorhanden.

Eine Dokumentation lag nicht vor und konnte daher nicht bewertet werden. Auf der Installationsdiskette befand sich eine sehr kurze Informationsdatei (ca. zwei Seiten Umfang), die nur knappe Auskunft geben konnte.

Gesamturteil

Stammbaum/WIN bietet vom Ansatz her eine sehr ansprechende Darstellungsweise auf dem Bildschirm und Drucker an. Auch die Menüs sind prinzipiell gefälliger als bei DOS-Programmen. Ursache dafür ist die Tatsache, daß das Programm auf MS-Windows basiert und dessen Leistungsfähigkeit voll ausschöpfen kann. Die genealogischen Feinheiten beherrscht das Programm aber noch nicht zufriedenstellend.

So kann Stammbaum/WIN als zukunftsweisender Einstieg in die Windows-Welt angesehen werden, der vom Funktionsumfang derzeit aber noch nicht ausgereift ist.

Datenaustausch und GEDCOM

Der Einsatz eines Computers bietet die Chance, daß Genealogen ihre Datenbestände leichter und effektiver austauschen können. Die praktische Umsetzung dieses Vorhabens kann aber schwierig werden, wenn die Beteiligten mit unterschiedlichen Programmen arbeiten.

Einige Programme besitzen eine Export- und/oder Importfunktion. Ist dies nicht der Fall, so kann vielleicht die GEDCOM-Schnittstelle Abhilfe schaffen. Dabei handelt es sich um eine international anerkannte Norm für den Datentransfer zwischen genealogischen Programmen, und die Abkürzung GEDCOM steht für „Genealogical Data Communication".

Manche Genealogieprogramme unterstützen GEDCOM, d. h. sie verfügen über ein Hilfsprogramm, mit dem die Daten des einen Genealogieprogramms (Quellprogramm) in das GEDCOM-Format umgewandelt werden können. Verfügt das zweite Genealogieprogramm (Zielprogramm) ebenfalls über diese Möglichkeit, so kann es die Daten aus dem ersten Programm einlesen und weiterbearbeiten. Die GEDOM-Schnittstelle fungiert quasi als Brückenkopf zum Datenaustausch.

Da nicht alle auf dem Markt befindlichen Genealogieprogramme über Transfer- oder ein GEDCOM-Filter verfügen, sollte sich der interessierte Forscher die Kaufentscheidung gut überlegen. Er hat auch zu bedenken, daß aus denselben Gründen ein späterer Wechsel auf ein anderes Genealogieprogramm mit erheblichem Aufwand verbunden sein kann. Die vorgenommenen Programmtests sollen eine Hilfestellung beim Kaufentscheid bieten.

Aktion „Forscherkontakte"

Die DAGV beschloß im September 1989 auf dem Deutschen Genealogentag in Bonn die Einführung der Aktion „Forscherkontakte" (abgeürzt Foko). Diese Initiative hat das Ziel, den Genealogen die Möglichkeit zu geben, Kontakte mit anderen Forschern aufzubauen, die in der gleichen Gegend nach dem gleichen Namen forschen. Die Daten werden hierbei mit der EDV erfaßt und in Buchform, als Diskette und in naher Zukunft auch als CD-ROM weitergegeben. Hierfür ist es notwendig, die Daten nach einem vorgeschriebenen Schema aufzubereiten. Die eingereichten Datensätze müssen folgende Angaben enthalten: Familienname, eventuell Vorname, Religion, Postleitzahl, Ortsname, Territorium, Matrikelangabe, Von (Jahreszahl der ältesten bekanntesten Erwähnung), Bis (Jahreszahl der jüngsten Erwähnung), Kennzeichen des Vereins und die Mitgliedsnummer. Bei den Territorien, den Matrikelangaben und den Vereinen hat man sich auf vorgegebene Abkürzungen geeinigt. In bezug auf die Postleitzahl wird augenblicklich noch mit der alten gearbeitet, aber eine andere Lösung ist angestrebt. Im Gespäch ist die Einführung der neuen Postleitzahlen oder aber die Umstellung auf ein System mit Längen- und Breitengraden. Letzteres hätte den Vorteil, daß dadurch auch untergegangene Orte zweifelsfrei erfaßt werden könnten. Die Bestimmung des Ortes für den einzelnen wird sich aber schwierig gestalten.

Der Einsatz von Computern bietet sich bei der Datenerfassung regelrecht an. Bei den vorgestellten Genealogieprogrammen war von Bedeutung, ob sie die Aktion „Forscherkontakte" unterstützen. Der Anwender sollte auf Tastendruck

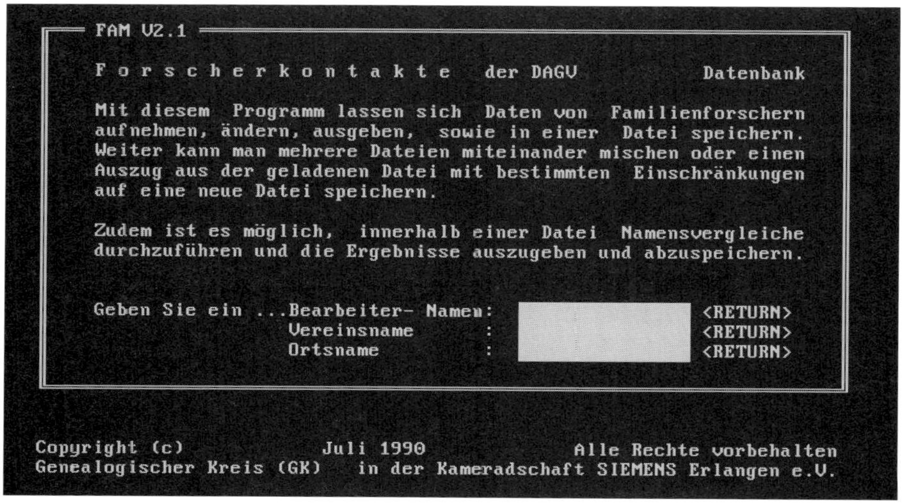

FAM, Startbildschirm

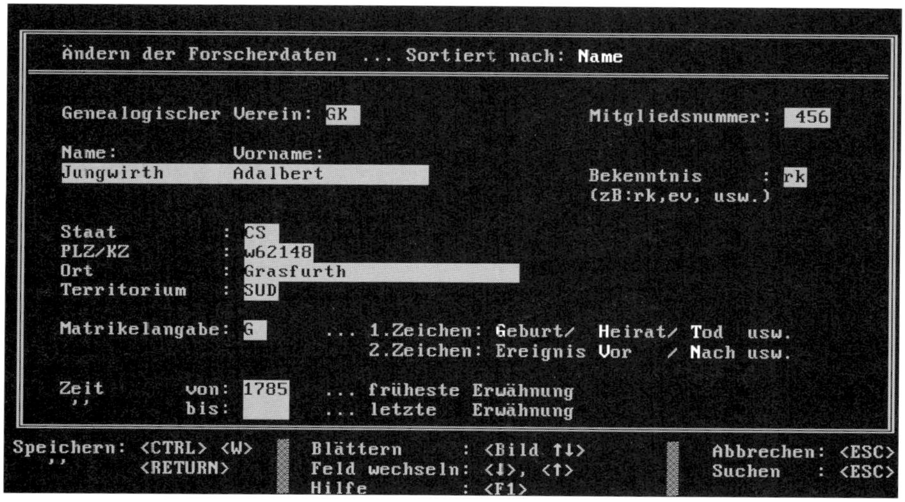

FAM, Eingabemaske

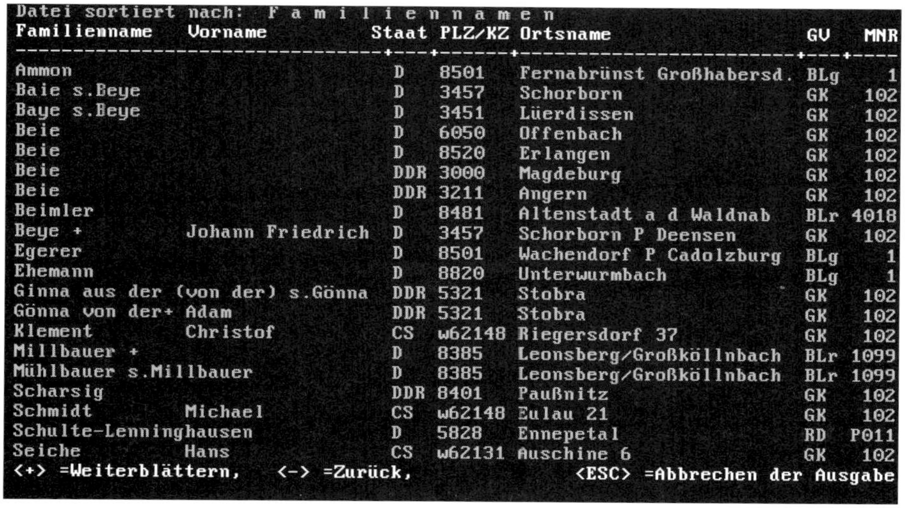

FAM, Liste der Spitzenahnen

hin jederzeit in der Lage sein, das Forschungsergebnis mit den oben erwähnten Daten auszudrucken oder auf Diskette überspielen zu können. Computertechnisch betrachtet handelt es sich somit um einen Datenexport.

Für Foko-Interessenten, die zwar bereits mit einem Computer arbeiten, aber noch kein Genealogieprogramm verwenden oder eines, das nicht Foko-fähig ist, hat der „Genealogische Kreis in der Kameradschaft SIEMENS Erlangen e.V." das Programm *FAM* entworfen. In diesem Programm, das genaugenommen eine vorgefertigte Datenbank darstellt, kann der Forscher die ihm bekannten Spitzenahnen erfassen. Die Probanden können für den Forschungsaustausch anschließend ausgedruckt oder auf Diskette überspielt werden. Wenn ein Genealogieprogramm bereits über eine Foko-Ausgabemöglichkeit verfügt, erübrigt sich der Einsatz von FAM.

Es soll nicht verschwiegen werden, daß gerade in letzter Zeit die begrüßenswerte Aktion „Forscherkontakte" in Turbulenzen geraten ist. Auf dem im September 1992 abgehaltenen Deutschen Genealogentag in Eisenach zeichneten sich unterschiedliche Beurteilungen ab, wer das Recht an der Weitergabe der gesammelten Daten besitze. Aus diesem Grund entschlossen sich der „Herold" in Berlin, die „Maus" in Bremen und der „Bergische Verein für Familienkunde e.V." in Wuppertal, die Weitergabe von Daten an andere Vereine vorläufig einzustellen. Es bleibt zu hoffen, daß sich diese Schwierigkeiten in naher Zukunft lösen lassen, um den Informationsaustausch zu intensivieren.

Mailboxen

Ein weitere Möglichkeit, die erst in jüngster Zeit an Bedeutung gewinnt, aber für die Zukunft sicherlich Möglichkeiten bietet, ist die Datenfernübertragung per Telefon und Modem. Dies bedeutet, daß der Computer an das Telefon angeschlossen wird. Mit Hilfe des Modems und einer Kommunikationssoftware ist es nun möglich, Zugriff auf fremde Datenbanken zu erhalten. Hierbei fallen die normalen Telefonkosten an.

Da dies unter Umständen eine teuere Angelegenheit werden kann, haben sich Mailboxen durchgesetzt. Diese stehen regelmäßig mit anderen Computern über Telefonleitung und/oder „Domains" (Standleitungen) in Verbindung. Persönliche Informationen und öffentlich zugängliche Texte werden ausgetauscht.

Mailboxen mit dem gleichen Mailboxprogramm haben sich zu Netzen zusammengeschlossen. Daten werden innerhalb dieser Netze bundes- und weltweit übertragen. Der einzelne Benutzer schließt sich einer örtlichen Mailbox an; damit fallen lediglich Ortsgebühren an. Diese Netze sind privatrechtlich organisiert. Bekannte Netze sind das Internet, das Z-Netz und das Fidonetz, dem auch die genealogischen Mailboxen angeschlossen sind.

Alle größeren Netze sind durch „Gateways" verbunden, so daß jeder Teilnehmer, der über eine international definierte Anschrift (Internet-Adresse) verfügt, sich weltweit mit anderen genealogisch Interessierten austauschen kann.

Im Jahre 1989 wurde der „Verein zur Förderung EDV-gestützter familienkundlicher Forschungen e.V." in Lünen gegründet, der bisher vier (Stand: Januar 1994) genealogische Mailboxen eingerichtet hat, und zwar in Darmstadt, Waltropp, Mülheim a. d. Ruhr und Goch.

In diesen Mailboxen befinden sich derzeit 600 000 Datensätze aus Registern und 200 000 Spitzenahnen aus den Forscherkontakten. Daneben wird in den nächsten Jahren das Deutsche Geschlechterbuch erfaßt (bisher sind 50 der 200 Bände erfaßt).

Der Aufbau dieses Systems wird in den nächsten Jahren weitergeführt und mit einer immer größer werdenden Datenmenge gewiß für Neueinsteiger ein Anreiz sein, „Althergebrachtes" mit einer neuen Technologie noch besser erforschen zu können.

Literatur

BAYER, GERHARD: Genealogie und EDV. Der Einsatz von Personalcomputern in der Genealogie, in: Genealogie, Heft 8, 1986, S. 225ff.

COMPUTERGENEALOGIE – Zeitschrift für die Anwendung von Mikrocomputern in der Familienforschung, Heft 1 ff., 1985 ff.

GOLDMANN, RICHARD: Forscherkontakte und Computergenealogie, in: Genealogie, Heft 9, 1988, S. 267ff.

GREGOR, BERND/KRIFKA, MANFRED: Computerfibel für die Geisteswissenschaften, 2. Auflage, München 1987

KAMBACH, U.: Anforderungsprofil für genealogische Programme, in: Computergenealogie, Heft 5, 1990, S. 298ff.

RÖDENBECK, MARTIN: Stichwort „Computergenealogie", in: Familie und Geschichte, Heft 3, 1993, S. 259ff.

ZWINGER, DIETER: Eine genealogische Mailbox: Comp-Gen.Box, in: Computergenealogie, Heft 20, 1991, Seite 29

A *Wappen der Partnerstädte Pfarrkirchen und Saint-Remy-de-Provence*

B *Wappen und Flagge von Suriname auf Briefmarken*

C *Wappen der Länder Brandenburg und Mecklenburg-Vorpommern auf Briefmarken*

D *Wappen von Schweizer Gemeinden auf Briefmarken*

E *Staatswappen der Republik Ungarn aus dem Jahre 1990*

F *Wappen des Landes Hessen auf Briefmarke*

G *Wappen des Deutschen Ordens auf Briefmarke*

H *Wappen des kanadischen Generalgouverneurs Hnatyshyn*

I *Wappen von Papst Johannes Paul II.*

Die erlaubten heraldischen Farbkombinationen anhand des Ochsenfuß-Wappens (vgl. S. 118)

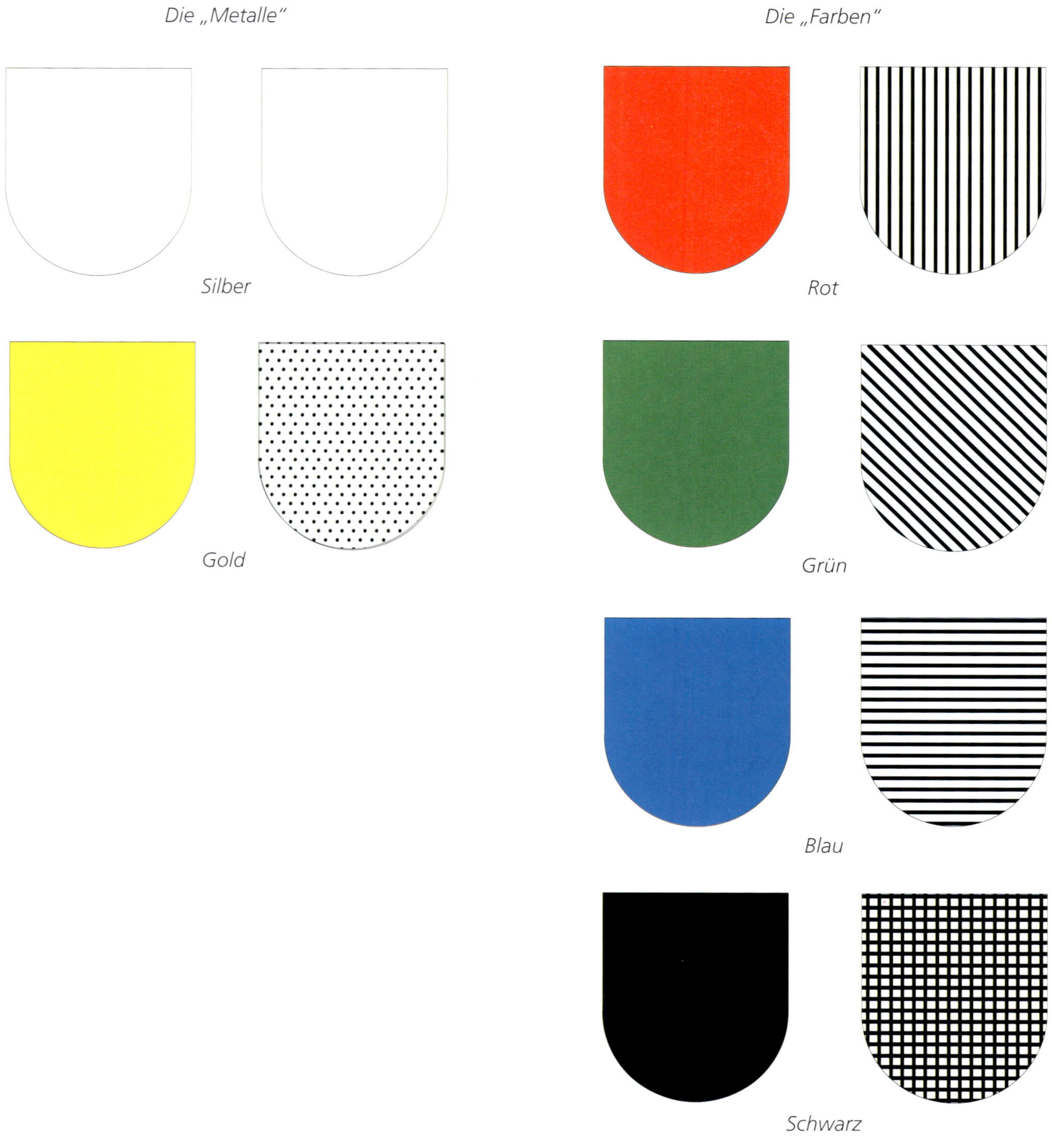

Die heraldischen Farbschraffuren

Geteilt von Blau und Gold

Gespalten von Schwarz und Gold

Schräggeteilt von Silber und Rot

Schräglinksgeteilt von Blau und Gold

Geteilt; oben gespalten von Silber und Rot, unten Blau

Gespalten; vorne Rot, hinten geteilt von Gold und Blau

Blau, unter goldenem Schildhaupt

Silbern, über grünem Schildfuß

Geviert von Rot und Gold

Schräggeviert von Silber und Grün

In Silber ein blauer Balken

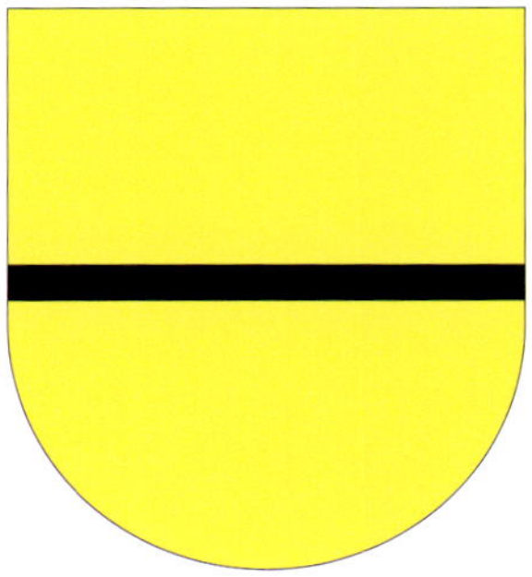

In Gold eine schwarze Leiste

In Gold ein schwarzer Pfahl

In Rot ein silberner Faden

In Rot ein silbernes Kreuz

In Gold ein schwarzes Schrägkreuz

Die häufigsten Schildteilungen (Teil I)

Silbern, mit
blauem Bord

Golden, mit
rotem Innenbord

In Gold eine
grüne Spitze

In Blau eine eingeschweifte
silberne Spitze

In Schwarz eine gekürzte
goldene Spitze

In Gold eine gekürzte und
eingeschweifte grüne Spitze

In Schwarz eine
dreifache goldene Spitze

In Rot eine gekürzte und
dreifache silberne Spitze

In Silber eine gestürzte
schwarze Spitze

In Rot eine gestürzte und ein-
geschweifte silberne Spitze

In Gold eine gekürzte und
gestürzte blaue Spitze

In Blau eine gekürzte, gestürzte
und eingeschweifte goldene Spitze

In Silber eine zweifache
grüne Spitze

In Gold eine gekürzte
und zweifache rote Spitze

In Gold ein
roter Sparren

In Blau ein gestürzter
silberner Sparren

Die häufigsten Schildteilungen (Teil II)

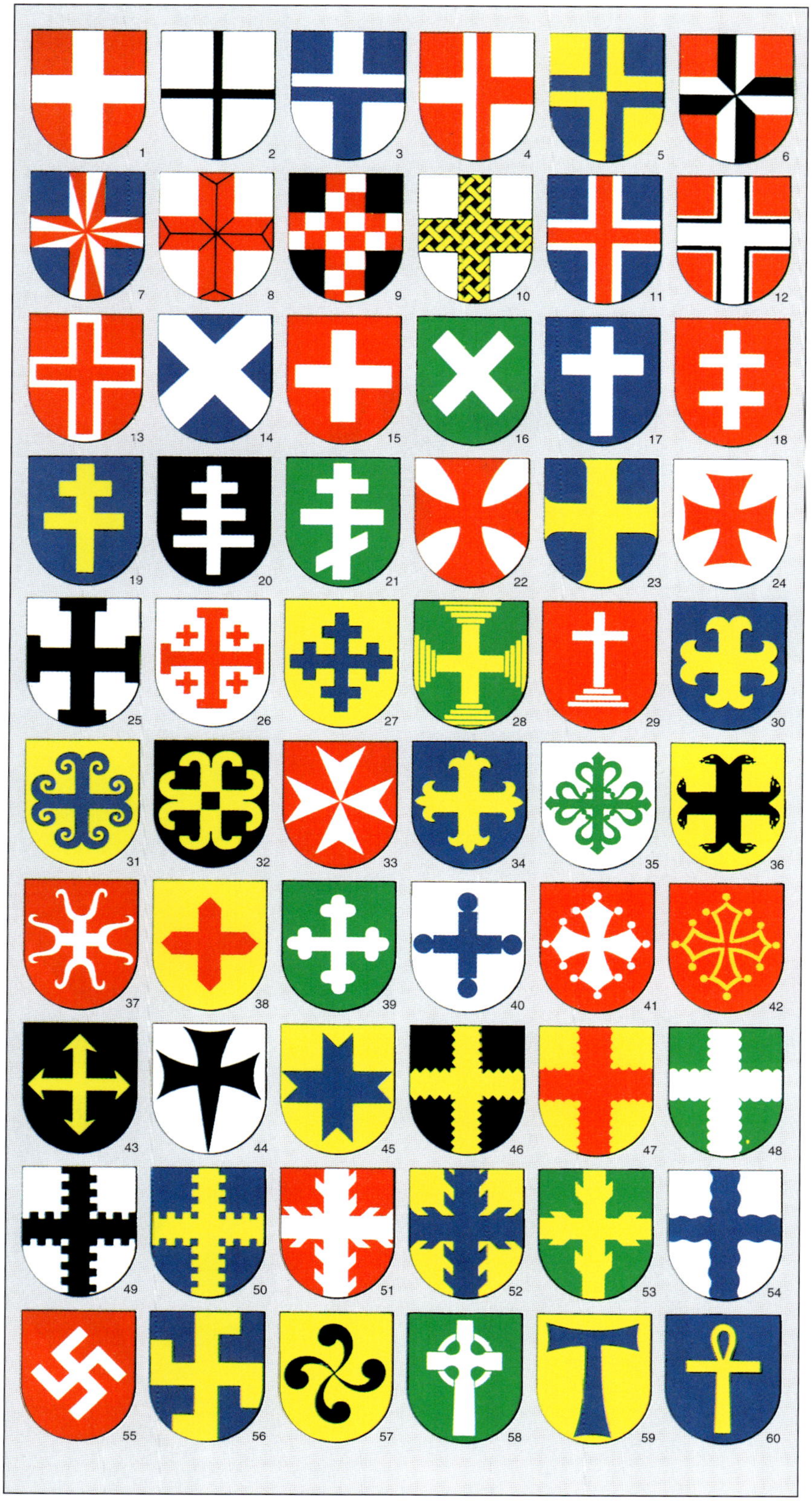

1 Durchgehendes Kreuz
2 Fadenkreuz
3 Geteiltes Kreuz
4 Gespaltenes Kreuz
5 Geviertes Kreuz
6 Geständertes Kreuz
7 Zu 16 Platzen geständertes Kreuz
8 Facettiertes Kreuz
9 Geschachtes Kreuz
10 Gegittertes Kreuz
11 Gesäumtes Kreuz
12 Innenbordiertes Kreuz
13 Ausgebrochenes Kreuz
14 Schräg- oder Andreaskreuz
15 Schwebendes Kreuz
16 Schwebendes Schrägkreuz
17 Lateinisches oder Hochkreuz
18 Doppelkreuz
19 Patriarchenkreuz
20 Dreifaches Kreuz
21 Russisches Kreuz
22 Tatzenkreuz
23 Getatztes Kreuz
24 Schwebendes Tatzenkreuz
25 Krückenkreuz
26 Jerusalemkreuz
27 Schwebendes Wiederkreuz
28 Stufenendiges Kreuz
29 Stufenkreuz
30 Ankerkreuz
31 Eingerolltes Ankerkreuz
32 Mühleisenkreuz
33 Johanniter- oder Malteserkreuz
34 Lilienkreuz
35 Iberisches Ordensritterkreuz
36 Doppelschlangenkreuz
37 Gabelkreuz
38 Endspitzkreuz
39 Kleeblatt- oder Mauritiuskreuz
40 Kugelkreuz
41 Beknopftes Schlüsselkreuz
42 Beknopftes, durchbrochenes Schlüsselkreuz (Tolosaner Kreuz)
43 Pfeilspitzkreuz
44 Fußspitztatzenkreuz
45 An den Enden einmal eingekerbtes Kreuz
46 Gezähntes Kreuz
47 Dornenkreuz
48 Lappenkreuz
49 Wechselzinnenkreuz
50 Gegenzinnenkreuz
51 Astkreuz
52 Gegenastkreuz
53 Knorrenkreuz
54 Wellenkreuz
55 Schräggelegte schwebende Swastika
56 Anstoßende aufrechte Swastika
57 Keulenswastika
58 Keltisches Kreuz
59 Tau- oder Antoniuskreuz
60 (Ägyptisches) Henkelkreuz

◁
Kreuze in Wappen

△ ***A*** *Wappen der Lloyd of Stockton*

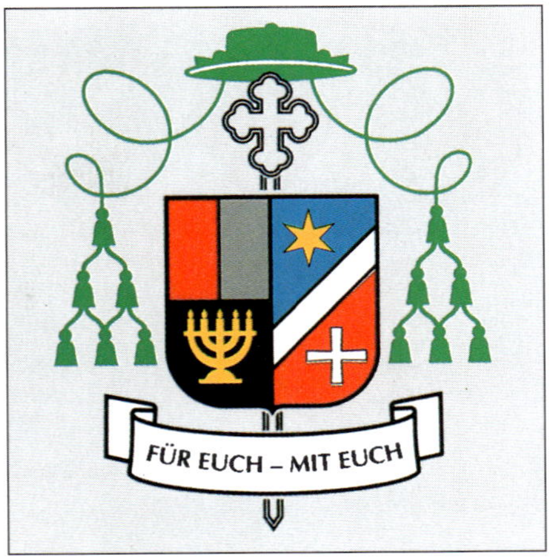

B *Wappen des Augsburger Bischofs Dammertz*

C *Wappen des Kurfürsten von Sachsen (Wappenbuch des Jörg von Rugenn, 1495)*

D *Staatswappen von Großbritannien*

△ ▷ ▽

◁ ***A*** *Wappen von Jean de Malestroit und Hélène de Laval*

B *Staatswappen des Vatikanstaates* ▷

△ ***C*** *Wappen des Passauer Bischofs Eder*

△ ***D*** *Wappen des Freiburger Erzbischofs Saier*

△ ***E*** *Wappen des Kölner Erzbischofs Kardinal Meisner*

△ ***F*** *Wappen des Königreiches Böhmen*

△ *Tisch der Solothurner Gerberzunft, begonnen 1594*

◁ ***A*** *Ahnentafel von Otto Graf Chorinsky von Ledske*

◁ ***B*** *Ahnentafel von Franz Frhr. von Flödnickh*

Peter Bolt

Georg Groß

Wolf Pichlmair d. J.

Hanns Vogel

Wolf Grießpacher

Georg Staininger

Andre Lanntzinger

Hans Dennhärtl

Ratswahlbuch Pfarrkirchen (begonnen 1601)

***A** Wappen des Landkreises Alzey-Worms*

***B** Wappen des Landkreises Hersfeld-Rotenburg*

***C** Wappen des Landkreises Böblingen*

***D** Wappen des Odenwaldkreises*

***E** Wappen des Landkreises Emsland*

***F** Wappen des Kreises Höxter*

***G** Wappen des Kreises Lippe*

***H** Wappen des Kreises Warendorf*

***I** Wappen des Kreises Wesel*

A *Wappen des Westerwaldkreises*

B *Wappen des Kreises Nordfriesland*

C *Wappen des Landkreises Bayreuth*

D *Wappen des Landkreises Schweinfurt*

E *Wappen des Landkreises Hildesheim*

F *Wappen des Landkreises Ansbach*

G *Wappen des Wetteraukreises*

H *Wappen des Landkreises Diepholz*

I *Wappen des Landkreises Gifhorn*

A *Wappen des Landkreises Hannover*

B *Wappen des Landkreises Northeim*

C *Wappen des Landkreises Soltau-Fallingbostel*

D *Wappen des Landkreises Wolfenbüttel*

E *Wappen des Landkreises Birkenfeld*

F *Wappen des Landkreises Freudenstadt*

G *Wappen des Landkreises Ebersberg*

H *Wappen des Landkreises Helmstedt*

I *Wappen des Kreises Steinfurt*

A *Wappen des Landkreises Bernkastel-Wittlich*

B *Wappen des Landkreises Neuwied*

C *Wappen des Kreises Herzogtum Lauenburg*

D *Wappen des Kreises Stormarn*

E *Wappen des Landkreises Rottal-Inn*

F *Wappen des Landkreises Reutlingen*

G *Wappen des Donnersbergkreises*

H *Wappen des Landkreises Cham*

I *Wappen des Landkreises Neunkirchen*

Noetzel
aus Danzig

(Ältester bekannter Vorfahr im Mannesstamm: Jacob Nötzel, ∗ Danzig 25. 10. 1739, † . . ., Vater des Anton Nötzel, ∗ Danzig . . . 1759 (?), † Danzig 19. 10. 1810, Holzgroßkaufmann, ⚭ Danzig 20. 2. 1800 Anna Dorothea Mader)

In Gold ein aufgerichteter, geflügelter roter Löwe, in den Vorderpranken einen roten Stab haltend.
Auf dem rot-golden bewulsteten Helm mit rot-goldenen Decken das Schildbild.

Unter Verwendung des Petschafts des Eduard Heinrich Nötzel, Liqueurfabrikanten in Danzig (1800–1874), auf Antrag seines Enkels Paul Noetzel, Baumeisters in Berlin-Charlottenburg, für sich und die übrigen Nachkommen im Mannesstamm seines oben genannten Großvaters Eduard Heinrich Nötzel, soweit und solange sie noch den Familiennamen des Wappenstifters führen,

eingetragen am 20. November 1941 unter Nr. 3804/41.

◁ *Familienwappen in der „Deutschen Wappenrolle", Nr. 50*

Wappenkunde

Wappen im Alltag

Wappen oder wappenähnliche Bilder („Embleme") tauchen im Alltag in großer Zahl und an den verschiedensten Orten auf. Urlaubsreisende kleben ein Wappen des Ziellandes auf ihr Auto, an den Grenzen von Ländern und sogar von Landkreisen werden repräsentativ die Hoheitszeichen auf Schildern angebracht. Während Städte ihre Wappen stolz auf Einrichtungen vom Rathaus über kommunale Verkehrsmittel bis hin zum Müllabfuhrwagen abbilden, demonstrieren Staaten ihre Hoheitsrechte mit Wappenwiedergaben auf Geldscheinen, Münzen und Briefmarken (s. Tf. 1, A–D).

Im nichtstaatlichen Bereich zeigen Firmen und Bildungseinrichtungen Wappen oder das, was sie dafür halten, auf Briefköpfen und Firmenprodukten. Privatpersonen finden ebenfalls Gefallen an den bunten Persönlichkeitszeichen und lassen sich ihr Familienwappen auf Pergament, Siegelringen oder handbemalten Glasscheiben anbringen.

Besonders in Bereichen, wo Tradition und Bildung betont werden, wird überdurchschnittlich oft zu Wappen als Werbeträgern gegriffen: Privatschulen, Antiquitätenhandlungen, Juweliergeschäfte, Luxushotels oder Restaurants. Kurzum, dem nichtstaatlichen Wappengebrauch hängt in Deutschland (noch) der Hauch des Spleenigen, Extravaganten an.

Obwohl in Deutschland der öffentliche Gebrauch von Familienwappen im Gegensatz etwa zu Tirol noch in den Kinderschuhen steckt und in manchen Kreisen als verpönt gilt, läßt sich ein stetig wachsendes Interesse an den jahrhundertealten Zeichen feststellen. Familienwappen erfreuten sich früher großer Beliebtheit, und es scheint so, als würden in Deutschland neben staatlichen Einrichtungen nun auch Privatpersonen wieder Gefallen an der Verwendung von Wappen finden.

Gerade der Genealoge wird nicht umhin können, sich mit dem Sinn und der Natur von Wappen näher zu beschäftigen. Zum einen stößt

△ *Tschechische Münze mit Löwenwappen*

△ *Wappen der Bundesrepublik Deutschland auf Münzen*

er bei seinen Forschungen zwangsweise auf Wappenzeichnungen, da die Heraldik in den vergangenen Jahrhunderten mehr Ansehen genoß als heute. Zum anderen vermag die Wappenkunde in diesem Zusammenhang als historische Hilfswissenschaft Vermutungen und Forschungsergebnisse zu bestätigen oder verwerfen.

Was sind Wappen? Eine Einführung in das Wappenwesen

Definition

Vor einer näheren Beschäftigung mit Wappen muß zunächst dieser Begriff eingegrenzt werden, damit klar wird, wovon hier die Rede ist. Würde man den gerne zitierten Mann auf der Straße fragen, was er unter Wappen versteht, so bekäme man wohl zur Antwort: bunte Bilder mit Löwen und Adlern und allerlei anderem Getier, die von Ländern und Vereinen benutzt werden.

Der Begriff Familienwappen dürfte reichlich spät fallen, obwohl Wappen ursprünglich zunächst nur als das Zeichen einer bestimmten Person aufgefaßt wurden, das dann auf die Familie übertragen und in dieser weitergegeben wurde.

Präzise formuliert, sind Wappen gleichbleibende Bildkennzeichen einer Körperschaft oder einer Familie und werden bei letzterer im Mannesstamm weitervererbt. Damit diese Sinnbilder den Namen Wappen verdienen, müssen sie in ihrem Aufbau einigen strengen, aus dem Mittelalter herrührenden Regeln genügen.

Die Annahme eines Wappens als Familiensymbol war und ist – entgegen einer weitverbreiteten Ansicht – jeder Familie freigestellt. Allerdings bemühten sich in der Vergangenheit die Wappenführenden, durch ein herrschaftliches Diplom die Anerkennung und den damit verbundenen Schutz ihres Sinnbildes zu erlangen. Das Recht auf freie Wappenannahme wurde durch fürstliche Wappenverleihungen oder -bestätigungen eines bereits in der Familie geführten Wappens nicht beeinträchtigt, sondern lediglich ergänzt.

Anders verhält sich dies heute nur noch in Monarchien wie Großbritannien, wo formell immer noch der Souverän über die Wappenführung gebietet. Der Wappenträger war aber besser gegen Mißbrauch des eigenen Wappens durch Fremde abgesichert, wenn er in Streitfällen einen Wappenbrief des Landesherrn vorweisen konnte. Im übrigen waren in der Vergangenheit juristische Dispute um Wappen häufiger als allgemein angenommen, und leider wurden manches Mal dafür sogar Kriege vom Zaun gebrochen.

Um einen weiteren Irrglauben zu widerlegen: Die Verleihung eines Wappens durch einen Fürsten war keineswegs automatisch mit der Erhebung in den Adelsstand verbunden, jedoch bildeten sich mit der Zeit Differenzierungen in den Wappenelementen bürgerlicher bzw. adeliger Familien heraus, auf die auch heute noch bei der Stiftung eines Familienwappens Rücksicht genommen werden sollte.

Grundbegriffe

Im Mittelhochdeutschen entsprach bis zum 12. Jahrhundert das Wort „wâpen" sowohl dem heutigen „Wappen" als auch „Waffen". Damit verrät sich der Ursprung von Wappen aus den Schutzwaffen des Ritters: Schild, Helm, Helmdecken usf.

Der Begriff „Heraldik" leitet sich vom Wort „Herold" ab; bei den Germanen wurde damit die Person bezeichnet, die die Zeichen der Götter und der Geschlechter kannte. „Heraldik" wird in modernen Lexika als Lehre von den Regeln der Wappenführung und der Wappendarstellung sowie als Geschichte des Wappenwesens definiert.

Die Heraldik fungiert nicht alleine als Hilfswissenschaft der Genealogie, sondern sie bietet u. a. auch wertvolle Aufschlüsse zur Kunst- und Kulturgeschichte der Menschheit. Gerade im Kontext dieses Buches wird ersichtlich, daß Wappendarstellungen sich als hilfreich für die Datierung und Zuweisung von Dokumenten, Büchern oder Gebrauchsgegenständen erweisen.

Herkunft und Entstehung

Der Ursprung der Wappen wurzelt im 12. Jahrhundert, als in Mitteleuropa die durch ihre Rüstung unkenntlich gewordenen Ritter begannen, sich durch farbig bemalte Kampfschilde zu identifizieren. Wegen der besseren Fernwirkung griffen die Wappenmaler dabei auf klar erkennbare Symbole und wenige, kräftige Farbtöne zurück, die nur in bestimmten Varianten kombiniert werden durften.

In der Folge etablierte sich das Wappen zunehmend als Symbol für das Geschlecht und den Namen seines Trägers, was vor allem angesichts der Tatsache verständlich erscheint, daß die meisten Menschen der damaligen Zeit des Lesens unkundig waren. Darauf begründet sich im übrigen, daß in „guten" Wappen keine Buchstaben oder Wörter vorkommen sollen. Diese Regel hat die Zeiten überdauert und sollte auch heute noch bei einer Wappenneuannahme berücksichtigt werden.

Die abstrahierende Wirkung ging sogar soweit, daß ein nicht Anwesender durch sein Wappen als präsent galt und dem Zeichen dieselben Ehrerbietungen zu erweisen waren wie dem Wappenträger selbst.

Entwicklung des Wappenwesens

Im 12. und 13. Jahrhundert, zur Blütezeit der Kriegsheraldik, waren die Gründe für die klaren Farb- und Gestaltungsregeln noch jedermann einsichtig. Schließlich war es (über)lebenswichtig zu erkennen, was der andere „im Schilde führte": die eigenen Farben oder die des Feindes.

Mit der Turnierheraldik des 14. und 15. Jahrhunderts entstanden erstmals von Herolden zusammengestellte Schriften, die alle turnierfähigen Ritter mit ihren Wappen zeigten.

Das Wissen um die korrekte Gestaltung eines Wappens entschwand mit dem Untergang des Rittertums, das unter die Räder der sozialen Veränderungen und der neuen Kriegstechnik (Schießpulver) geraten war. Der von 1493 bis 1519 regierende Kaiser Maximilian I. wurde nicht grundlos als der „letzte Ritter" bezeichnet. Der bedeutende Habsburger war übrigens, nicht zuletzt aus dynastischen Motiven (burgundisches Erbe!), ein glühender Verehrer der Genealogie und Förderer der Wappenkunst – man denke an den Innsbrucker Wappenturm, auf dem alle habsburgischen Herrschaftsgebiete in Form ihrer Wappen dargestellt waren.

Das 16. und 17. Jahrhundert („Kanzleiheraldik") läuteten den Verfall in der Wappenkunst ein, während die Wappentheorie, beispielsweise durch den bekannten Pietisten Philipp Jakob Spener (1635–1705), aufblühte. Die Wappen verloren ihre klare Gestaltung, indem sie immer mehr zu Fleckerlteppichen mit den verschiedensten Herrschaftszeichen wurden. Den Hinzugewinn jedes noch so kleinen Landstriches versuchten die Potentaten in ihrem Herrschaftswappen zu verewigen, so daß diese zu immer abstruseren Gebilden auswucherten. Gerade auf dem heillos zersplitterten Territorium des Deutschen Reiches war die Neigung zu solchen „Landkartenwappen" groß.

Wiederum fungierten Wappen als Spiegelbild der gesellschaftlichen Entwicklung, dieses Mal des nach staatlicher Einheit strebenden Absolutismus.

Ihren absoluten Niedergang erlebte die Wappenkunst schließlich im 18. Jahrhundert, dem Zeitalter der Aufklärung. Den damaligen Zeitgenossen mangelte es vollkommen am Sinn der mittelalterlichen Bildsymbole. Als Nebenaspekt des Dreiklangs der Französischen Revolution von 1789, „Freiheit, Gleichheit, Brüderlichkeit", wurden Wappen als Sinnbilder des verhaßten Adels gedeutet und wie dieser staatlicherseits verboten.

Die Konsequenzen strahlen bis in die Gegenwart aus. Noch heute führt Frankreich als eines der wenigen Länder dieser Erde kein Wappen, sondern behilft sich mit einem Arrangement aus antik-revolutionären Symbolen wie dem altrömischen Liktorenbündel, Oliven- und Eichenzweigen sowie dem Orden der Ehrenlegion und dem Spruchband mit der oben erwähnten Revolutionsdevise.

Übrigens kann dieses Emblem trotz des scheinbar radikalen Bruches mit der Vergangenheit seine Wurzeln nicht leugnen: Alles ist in den Farben Gold und Blau gehalten – den Farben des alten Königswappens. Auch das Wappenverbot sollte bereits von Napoleon I. wieder aufgehoben werden, der zudem neue Adelsrangstufen kreierte.

Die künstlerische Verarmung setzte sich weit bis ins 19. Jahrhundert hinein fort, für das geschulte Auge leicht erkennbar z. B. in der Ausgestaltung der Helmdecken. Erst mit dem Aufkommen des Historismus, der wissenschaftlichen Erforschung der Vergangenheit anhand soliden Quellenstudiums, wurden die verschütteten Fundamente der Wappenkunst wieder freigelegt. Wissenschaftler und Künstler nahmen sich der Wappen an und schufen im Rückgriff auf die mittelalterliche Blütezeit Wappen, die den ursprünglichen Regeln Rechnung trugen.

In diesem Zusammenhang ist der bedeutendste deutsche Wappenkünstler seiner Zeit, der Grafiker Otto Hupp (1859–1949), zu erwähnen. Hupp setzte mit der Gestaltung des „Münchener Kalenders" einen heraldischen Markstein. Mit seinem Sammelwerk „Deutsche Ortswappen" trug er zu einer ungeahnten Popularisierung der Wappenkunde im deutschsprachigen Raum bei, die auch bei Kommunalbehörden das Interesse an der Richtigstellung oder Neuannahme von heraldischen Symbolen wesentlich weckte.

Nebenbei schuf der Wahlmünchner Hupp im Jahr 1884 mit dem silbern-roten Spatenwappen der Münchner Spatenbrauerei, das auch heutzutage deren Produkte ziert, eines der ältesten deutschen Warenzeichen überhaupt.

Bemerkenswert ist ferner, daß im letzten Drittel des 19. Jahrhunderts

△ *Wappen (1804–1806) von Kaiser Franz II.*

die heute noch existierenden, wichtigsten heraldischen Vereinigungen entstanden: 1869 der „Herold“ in Berlin, 1870 der „Adler“ in Wien, 1888 der „Heraldische Verein zum Kleeblatt“ in Hannover und 1891 die „Schweizerische Heraldische Gesellschaft“ in Luzern. Diese Vereine trugen nicht unwesentlich zur Wiederbelebung der Heraldik bei und stellten die Forschungstätigkeiten auf ein solides Fundament.

Zeitalter	Kunststil	Unterstil	Geistige Strömungen, Philosophie	Historische Ereignisse	Heraldik
Mittelalter (500-1500), unterteilt in: • Frühmittelalter (500-1000) • Hochmittelalter (1000-1250) • Spätmittelalter (1250-1500)	Romanik (950-1150)			Kreuzzüge (1096-1270)	Entstehung als Kriegsheraldik
	Gotik (1150-1400)	Frühgotik (1150-1375)	Scholastik (13./14. Jh.): Dialektik; Abaelard, Thomas von Aquin	Stauferzeit (1150-1250), Fußheere und Söldner (seit dem 13. Jh.)	Turnierheraldik
		Hochgotik (1380-1400)		"Babylonische Gefangenschaft" der Kurie (1378-1417), Ende des päpstlichen Supremats, Hundertjähriger Krieg (1337-1453), Blütezeit der Hanse (1358-1500)	
		Spätgotik (1390-1400)	Mystik (15. Jh.): Bernhard von Clairvaux	Europäische Staatenbildung, Frühkapitalismus	*Vorbildhafte Hochblüte der Heraldik in der Spätgotik und in der Frührenaissance; im 16. Jh. Blüte der Wappenkunst ("Zier- und Briefheraldik")*
Neuzeit (Beginn um 1500)	Renaissance (1400-1600) Italien: 1400-1500; restliches Europa: 1500-1600)	Frührenaissance (1400-1500)	Humanismus (1430-1600): Petrarca	Entdeckung Amerikas (1492), Individualismus	Überladung der Wappen, Unverständnis für ihren Sinn
		Hochrenaissance (1500-1530)	Reformation (Thesenanschlag Luthers: 1517)	Herrschaft Karls V. (1519-1556). In Nordeuropa löst Dänemark die Hanse als Vormacht ab (1500-1600).	Völliger Verfall der Wappenkunst
		Spätrenaissance/Manierismus (1530-1600)	Gegenreformation		
	Barock (1600-1750)	Frühbarock (1600-1630)	Empirismus: Bacon	Dreißigjähriger Krieg (1618-1648), Blütezeit der Niederlande (17. Jh.). Schweden löst Dänemark als nordeurop. Vormacht ab (1600-1700).	
		Hochbarock (1630-1650)	Rationalismus		
		Spätbarock (1650-1750)	Absolutismus		
	Rokoko (1715-1800)		Aufklärung (18. Jh.): Kant	Aufstieg Rußlands als nordeurop. Vormacht. Beginn des preußisch-österreichischen Dualismus.	
	Empire/Klassizismus (1750-1850)		Neuhumanismus	Koalitionskriege gegen das revolutionäre Frankreich (1792-1815)	
	Biedermeier (1820-1850)		Realismus (1830-1890), Naturalismus (1880-1910), Expressionismus, Liberalismus, Nationalismus	Industrialisierung, Kapitalismus, Revolutionen, Aufstieg Großbritanniens zur Weltmacht	
	Romantik (1800-1850)				Rückbesinnung auf die Wurzeln der Heraldik
	Moderne (seit 1850)				Rückgriff auf die Hochblüte

△ *Stil- und Geistesepochen unter dem Blickwinkel der Heraldik*

Funktion

Ein Wappen soll identifizieren helfen und gleichsam den Träger selbst, seinen Namen, seine Familie versinnbildlichen. Es war daher naheliegend, daß bei der Wappenannahme der Stifter Bildmotive wählte, mit denen er sich selbst identifizieren konnte. So boten sich Tiere an, die als mutig galten, wie Löwe und Adler, oder Symbole, die als geheiligt betrachtet wurden, wie das Kreuz Christi und die Lilien Mariens.

Indessen existieren so gut wie keine schriftlichen Aufzeichnungen über die Gründe, weshalb diese oder jene Motive und Farben Beachtung fanden, so daß nur in den Fällen, wo das Wappenbild auf den Familiennamen Bezug nimmt, die Motivwahl klar wird. Solche Wappen heißen dann „sprechend".

Dazu zählt etwa der schlichte und dennoch aussagekräftige Wappenschild des Bartholomäus Ochsenfuß auf dessen Grabplatte aus dem Jahr 1470, der zwei gekreuzte Ochsenfüße zeigt. Dieses Wappen liegt in der denkbar knappesten Ausführung vor: Schild mit Bildmotiv, aber ohne jegliche Zutaten wie Helmdecken oder Helm.

Es kam aber auch vor, daß ein Lehnsmann das Wappenbild seines Lehnsherrn übernahm – selbstverständlich mit geziemender Abänderung einiger Details. Mitunter lassen sich dann regelrechte Abstammungstheorien für die Wappenbilder erschließen.

Bestandteile und Aufbau

Wie ist nun ein komplettes Wappen, ein Vollwappen, aufgebaut? Das Vollwappen besteht aus dem Wappen im engeren Sinn, dem Schild, sowie dem Oberwappen. In

△ *Grabdenkmal Ochsenfuß, 1470*

seltenen Fällen kommen als drittes Element noch Prachtstücke hinzu.

Diese Zusammenstellung von Einzelelementen zu einem Vollwappen ist an die Zeichnungen in den mittelalterlichen Turnierbüchern angelehnt. Das Vollwappen kann sozusagen als grafische Zusammenstellung dessen betrachtet werden, was ein Ritter im Turnier getragen hat. Im Kampf war es freilich kaum praktikabel, den Helm mit der zerbrechlichen und sperrigen Helmzier zu besetzen.

Schild

Der Schild (im Plural „die Schilde") mit dem Bildmotiv stellt den Hauptbestandteil des Wappens dar und kann auch für sich alleine stehen, während das Oberwappen alleine nicht abgebildet wird.

Die Form des Schildes variierte im Laufe der Zeit und nach Herkunftsland des Wappenträgers. Er kann damit zu Datierung und Lokalisierung eines Wappens wertvolle Auskunft geben. Als heraldisch wichtigste Schildformen gelten Dreieck-, Halbrundschild und Tartsche. Während beim Halbrundschild der untere Teil, der Schildfuß, gerundet dargestellt wird, läuft er beim Dreieckschild in einer mehr oder weniger ausgeprägten Spitze aus.

Die Tartsche, flächenmäßig einem Quadrat ähnlich, zeichnet sich durch einen Einschnitt in ihrer (heraldisch) rechten Seite aus, der sogenannten Speerruhe. Der für den Kampf ungeeignete, dekorative Rautenschild wird hingegen von Damen geführt.

Oberwappen

Das Oberwappen untergliedert sich in Helm, Helmdecken und Helmzier.

In Wappendarstellungen durchgesetzt haben sich vornehmlich die im Turnier getragenen Helme: Topfhelm, Kübelhelm, Stechhelm und Bügelhelm. Von Bedeutung für die Heraldik blieben vor allem die beiden letztgenannten. Der Stechhelm oder geschlossene Helm fand beim Lanzenstechen seinen Einsatz, der Bügelhelm oder offene Helm beim Kolbenturnier.

Ursprünglich gab es keinen Bedeutungsunterschied zwischen Stech- und Bügelhelm. Erst die Kanzleiheraldik des 16. und 17. Jahrhunderts schuf eine künstliche Unterteilung. Seit dieser Zeit ist der eigentlich jüngere Bügelhelm den adeligen Familien vorbehalten, der Stechhelm den bürgerlichen Geschlechtern.

Vom Oberrand des Helmes gehen die Helmdecken aus, die den Rittern als Nacken- und Sonnenschutz gedient haben. In der Wappenkunst indessen verselbständigten sie sich schrittweise zu immer ornamentaleren und umfangreicheren Gebilden, die hervorragende Rückschlüsse auf die Entstehungszeit einer Wappenzeichnung erlauben, da sie nach der entsprechenden Mode zugeschnitten wurden. Besonders anschaulich geht dies aus den immer verschnörkelter werdenden Helmzierden auf den Grabplatten von Albrecht Lenberger (1460), Hans Georg Offenheimer (1589) und Joseph Franz von Edelbeck (1730) hervor (vgl. dazu Tf, 8, F).

Die Helmzier erwuchs aus dem Ehrgeiz und der Prunksucht der ritterlichen Turnierteilnehmer, den Helm als Schauobjekt mit weiteren Figuren zu verzieren. Als Material der Helmzier dienten Holz, Federn, Leder u. ä. Als Symbole finden allerlei Getier, Hörner, Flügel oder einfach eine Wiederholung des Schildmotivs Verwendung.

Der Helmwulst, ein ringförmig gewundenes Tuch, oder eine allgemein auf den Adelsstand hinweisende Helmkrone sitzen auf der Nahtstelle von Helm und Helmzier und sollen störende Verbindungselemente wie Bolzen oder Riemen verdecken.

Eine Sonderstellung nehmen die von den Helmkronen zu unterscheidenden Rangkronen ein. Während in der Frühzeit der Wappenkunde bestenfalls mit einer Helmkrone ganz allgemein auf den adeligen Rang des Trägers hingewiesen wurde, bildete sich seit dem 16. Jahrhundert eine regelrechte Hierarchie von Rangkronen heraus. Damit wollten sich die adeligen Wappenträger wieder klarer von den nunmehr ebenfalls wappenfähig gewordenen Bürgerlichen absetzen.

Je nach Herkunftsland entwickelten die Kanzleiheraldiker die verschiedensten Abstufungen von Kronen, die anhand der Bügel- und Zackenanzahl den genauen Adelsrang verraten. Rangkronen wurden korrektermaßen anstelle des gesamten Oberwappens mit dem Schild kombiniert, da es ja kaum möglich war, daß eine Person Helm und Krone zugleich trug. Erst in der heraldischen Verfallszeit kam es zu kuriosen Kombinationsversuchen von Oberwappen mit Rangkrone. Auf Rangkronen wird man bei genealogischen Forschungsarbeiten nur dann stoßen, wenn es sich um adelige Geschlechter handelt.

Derzeit führen folgende europäische Monarchien Rangkronen in ihrem Staats- bzw. Herrscherwappen: Belgien, Dänemark, Großbritannien, die Niederlande, Norwegen, Schweden, Spanien (jeweils

NIEDERLANDE
Hierher – Belgien inbegriffen – stammen besonders frühe Zeugnisse der Heraldik; ihre Strenge fand dort treue Beachtung.

ENGLAND
In der gotischen Zeit stimmt die Form der Wappenschilde weitgehend mit der Wirklichkeit überein. Die Renaissance fasste nur zögernd Fuß. Seit dem 18. Jahrhundert beherrschen Schemata das Bild.
Die Tartsche heißt in England »Turnierschild«. Sie wird heraldisch wie der übliche Schild behandelt, auch in Renaissanceformen.

FRANKREICH
Hier gewann die Tartsche keinen Boden, aber die Renaissance und die späteren Kunststile trieben lebhafte Blüten.

DEUTSCHLAND
Bis um 1500 stimmten im deutschen Sprachgebiet die Wappenschilde mit den Waffenschilden überein; der Humanismus brach italienischen Vorbildern in der Wappengraphik die Bahn.
Die Reitertartsche hat die deutsche Wappenkunst lebhaft beeinflußt; späte Formen dieser Schildart verschmelzen mit symmetrisch konzipierten Renaissancemodellen.

ITALIEN
Früher und stärker als in anderen europäischen Ländern gingen architektonische Elemente in die Wappenkunst ein. Für die letzte Schildform der Bildreihe haben die Italiener einen eigenen Namen: Samnitischer Schild. Tartschen in Form der Roßstirn blieben im wesentlichen auf Italien beschränkt.

SPANIEN
Die in der Literatur als spanischer Schild bezeichneten Halbrundschilde kommen in Spanien besonders früh vor.

UNGARN
Die Form der Schilde hängt sehr davon ab, ob der ausländische Einfluß mehr deutsch oder mehr italienisch ist.

POLEN
Die Formen der Schilde in der polnischen Heraldik werden ganz und gar von der deutschen Heraldik beeinflußt.

RUSSLAND
Die russische Heraldik ist nicht autochthon; die dortigen Schildformen sind im übrigen Europa kopiert worden.

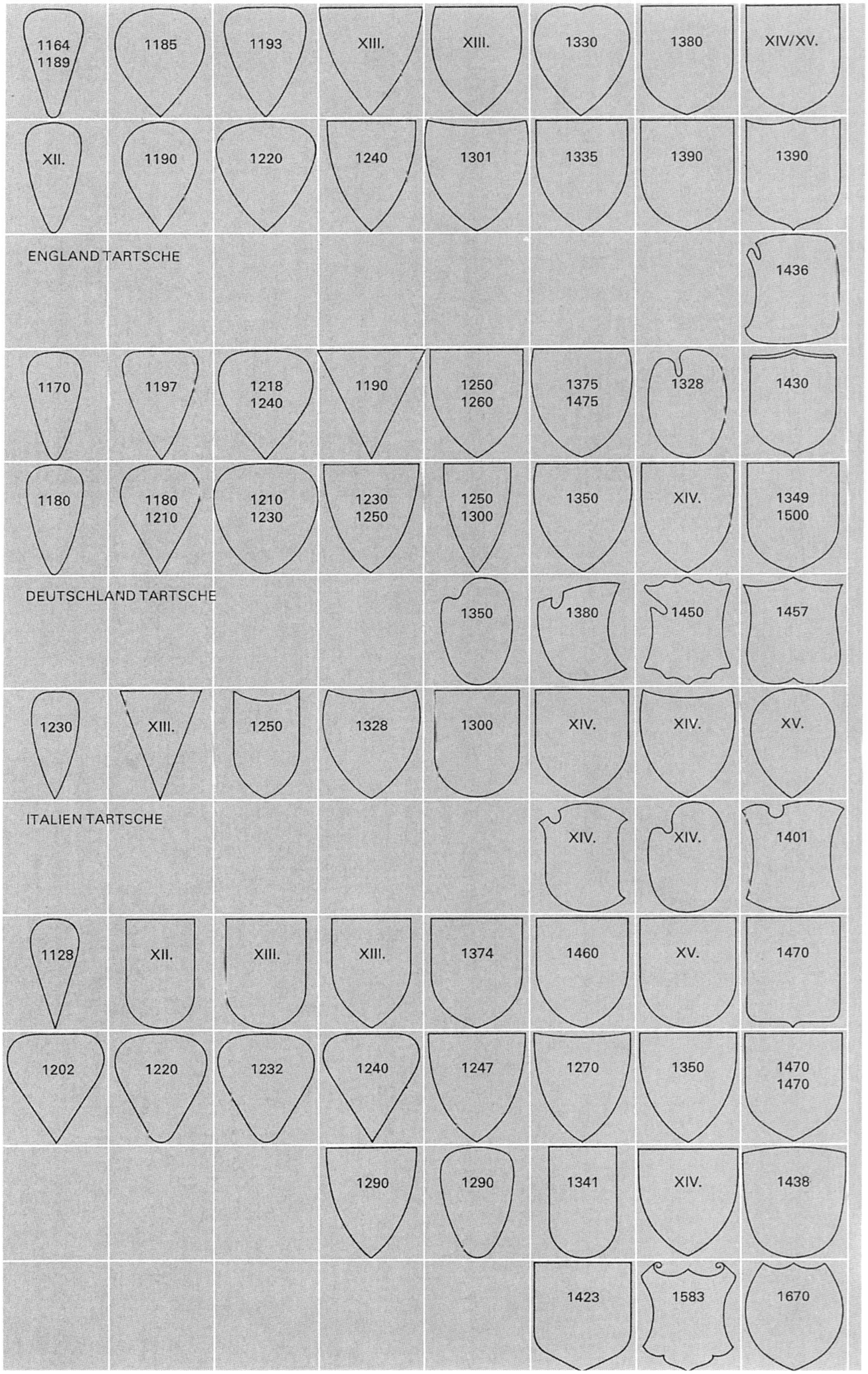

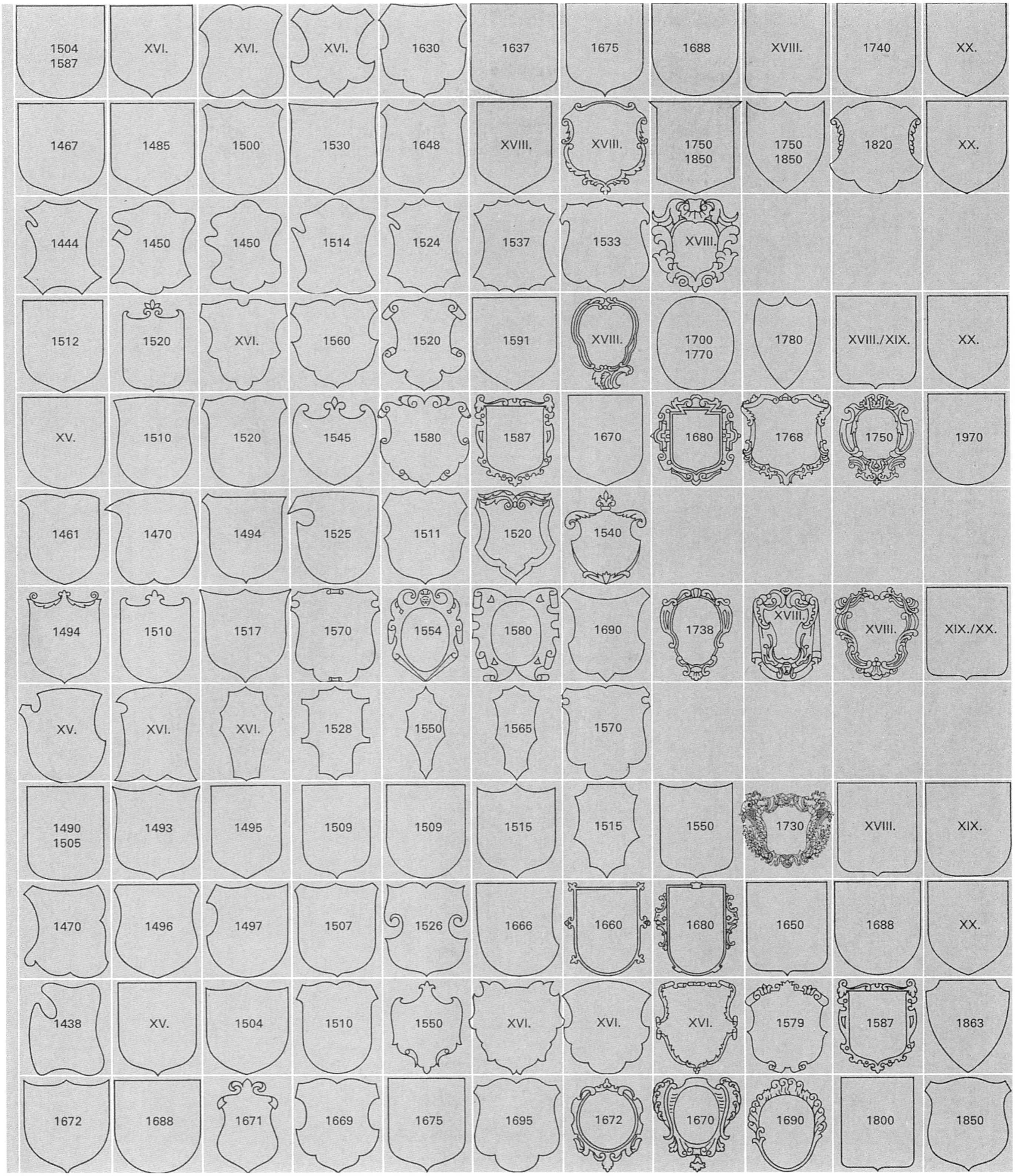

◁ △ Die Schildformen im Wandel der Zeit

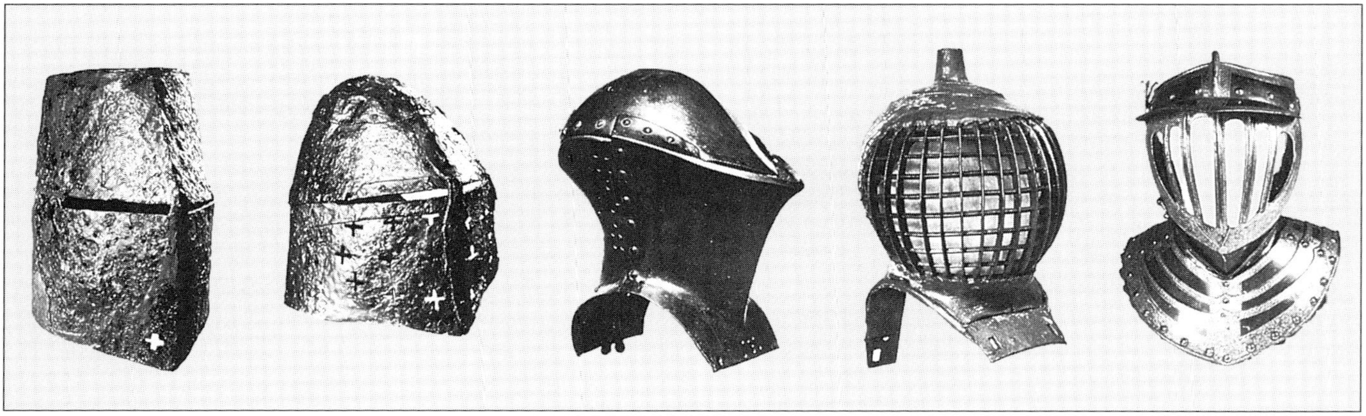

△ *Helmformen (v. l. n. r.: Topfhelm, Kübelhelm, Stechhelm, Kolbenturnierheim und Gitterhelm)*

△ *Grabdenkmal Lenberger, 1460*

△ *Grabdenkmal Edelbeck, 1730 (Detail)*

Königskronen), Luxemburg (Großherzogskrone), Monaco und Liechtenstein (jeweils Fürstenkronen). Sogar das republikanische Ungarn setzte, nach heftigem innenpolitischen Disput, im Jahr 1990 die Stephanskrone als Symbol staatlicher Souveränität auf den bereits vor der kommunistischen Zeit geführten Wappenschild! Mit ähnlicher Begründung führt die Republik San Marino auf dem Schild eine Krone.

Erstaunlicherweise führen auch einige deutsche Bundesländer im Landeswappen eine Krone,was nur als Reminiszenz an die monarchische Vergangenheit oder als heraldischer Differenzierungsversuch verständlich wird. Bayern schmückt sein Wappen seit der Revolution von 1918/19 mit einer „Volkskrone", Hessen zeigt eine Laubkrone (s. Tf. 1, F), Berlin eine mauerähnlich gestaltete Laubkrone und Rheinland-Pfalz eine aus Weinlaub gebildete Volkskrone. Baden-Württemberg plaziert auf dem Schildrand eine Krone aus den „Plaketten", sprich Wappenschilden seiner sechs historischen Landschaften. Das jahrhundertelang republikanische Bremen zeigt sogar eine Fürstenkrone im Wappen!

Nicht so selten stößt man auf *kirchliche Würdezeichen* wie Pilgerstab, Krummstab, Pilgerhüte oder die Mitra. Zusammen mit den Quastenschnüren, auf italienisch fiocchi, und den Vortragskreuzen bilden sie wiederum eine ausgefeilte Symbolpyramide für die kirchliche Hierarchie. Bewußt versuchten die Kleriker, sich vom kriegerischen Wappeninventar der Ritter zu distanzieren. Christliche Symbole ersetzen das Oberwappen (s. Tf. 1, G).

Prunkstücke

Bei den herkömmlichen Familienwappen treten Prunk- oder Prachtstücke selten auf; sie sind eher aus Herrscher- oder Staatswappen bekannt. Dazu zählen etwa die Schildhalter. Sie entstanden, als Graveure und Drucker in Siegeln oder Druckerzeugnissen den um das Wappen herum verbliebenen Freiraum aufzufüllen begannen – zunächst mit der Abbildung des Wappenträgers selbst, später auch mit Tieren oder „wilden Menschen".

Ab und an werden hochadelige Wappenschilde auch auf ein Postament gestellt und einem Wappenmantel oder -zelt aufgelegt. Fahnen, Bilddevisen (als „Badges" ein Typikum der englischen Heraldik), Wahlsprüche oder Kriegsgerät begleiten das dann ziemlich überladen wirkende Wappen. Orden an reichlich verzierten Ketten illustrieren die Würden des Wappenträgers (s. Tf. 1, H).

Die heraldische Stilisierung

Eine Besonderheit der Wappenkunst findet sich im sogenannten heraldischen Stil, der vom Kunststil der jeweiligen Epoche zu unterscheiden ist. Dem Außenstehenden springt sofort die eigenartige, ja faszinierende Darstellungsweise von Tieren und Gegenständen ins Auge. Über die verschiedenen Zeitepochen hinweg blieb der heraldische Stil unverwechselbar und sich selbst treu, auch wenn er sich an den Zeitgeschmack flexibel anzupassen vermochte.

Parallelen zur heraldischen Stilisierung finden sich in der modernen Gebrauchsgrafik oder in modernen Verkehrszeichen. Allen dreien ist die Aufgabe zu eigen, durch Vereinfachung der Formen und Übertreibung von Eigenarten ein möglichst aussagekräftiges und klar erkennbares Bild zu erzeugen. Dies führte etwa in der Verkehrssymbolik dazu, daß eine einprägsame Form wie das Achteck mit weißer Schrift auf grellrotem Grund für das Stoppschild gewählt wurde.

Im Unterschied zur Gebrauchsgrafik und Verkehrssymbolik haben sich aber in der Heraldik über Jahrhunderte hinweg Regeln oder zumindest Normen herausgebildet, die der Wappenkünstler zu beachten hat.

Seine beste Ausprägung fand der heraldische Stil im 14. Jahrhundert; moderne Wappenschöpfungen sollten sich daher daran orientieren. Als wegweisend erwies sich ferner die uns heute oftmals phantastisch anmutende Weltsicht. Fabelwesen in Wappendarstellungen finden dort ihren Ursprung (s. Tf. 12, A).

Aber auch tatsächlich existierende Objekte werden anders dargestellt, als sie von der Linse der Kamera eingefangen werden. Der häufig illustrierte Löwe wird in der Wappenkunst stilisiert dargestellt – mit überdimensionierten Klauen und Zähnen, die der Herold als „Bewehrung" anspricht (vgl. die Gestaltung des Löwens auf der tschechischen Münze). Auch die ursprünglich nicht zur Bewehrung zu rechnende Zunge wird plakativ herausgerollt gezeichnet. Der Adler, König der Vogelwelt, erscheint wie der Löwe in einer Pose, die Wehrhaftigkeit und Stärke suggerieren soll.

Ebensowenig ähneln in der Wappenkunst Pflanzen ihren Vorbildern, etwa die oft vorkommende Rose oder die aus dem französischen Königswappen bekannte Lilie. Sollte einmal tatsächlich eine Lilien naturgemäß wiedergegeben werden wie im 1978 genehmigten Wappen des hessischen Vogelsbergkreises, so muß diese Abweichung vom heraldischen Stil eigens erwähnt werden!

Die teilweise verzerrte Darstellungsweise und die unnatürlichen Größenverhältnisse liegen weiterhin darin begründet, daß ein gelungenes Wappenbild die gegebene Schildfläche so weit wie möglich ausschöpfen soll. Die Erkennbarkeit des Schildmotives aus größerer Entfernung muß stets gewährleistet sein.

Bezeichnend für den heraldischen Stil ist auch das Prinzip des *Pars pro toto*, d. h. daß statt des Ganzen ein repräsentativer Teil dargestellt wird. Anstelle eines raumausfüllenden Löwen erscheint beispielsweise nur dessen Haupt, um noch weitere Bilder im selben Schild aufnehmen zu können.

So kann die Aussagekraft eines Wappens steigen, wenn weniger Schildelemente miteinander kombiniert werden. Überdies können Stellung und Drehung der Motive von der Norm abweichen, um den gegebenen Raum besser zu nutzen. Der Phantasie sind hier kaum Grenzen gesetzt.

Der hoch einzustufende Anspruch auf Erkennbarkeit verlangt, daß im Schild eine perspektivische Darstellungsweise vermieden wird. Eine weitere Erklärung für dieses Phänomen ist darin begründet, daß die Beherrschung der Perspektive in der bildenden Kunst erst im Zeitalter der Renaissance gelang – also erst nach der Blütezeit der Wappenkunst.

Als unheraldisch gilt es ferner, Buchstaben oder Zahlen im Schild aufzunehmen. Wiederum fordern Erkennbarkeit, aber auch der im Zeitalter der Wappenkunst weit verbreitete Analphabetismus ihren Tribut. Insofern bricht hier das derzeitige Papstwappen eine heraldische Grundregel (s. Tf. 1, I).

Motive, die in der Entstehungszeit der Wappenkunst unbekannt waren, können prinzipiell unter Beachtung des heraldischen Stils zu Wappenbestandteilen umgezeichnet werden. Behutsamkeit und Fingerspitzengefühl sind dabei aber gefordert.

Resümierend läßt sich festhalten: Wappenkunst ist keine Landschaftsmalerei, die möglichst naturgetreu wiedergeben möchte, sondern sie typisiert, verzerrt und übertreibt bewußt.

Die heraldischen Farben und Metalle

Unterschiede zur Wirklichkeit zeigen sich nicht nur in der Motivwahl, sondern auch in der heraldischen Farbgestaltung. Auch hier kam es den ersten Wappenmalern auf die Fernwirkung an. Die für das Wappenwesen unerläßliche Forderung nach Kontrastreichtum der heraldischen Kennzeichen hat dazu geführt, daß sich die Wappenkunst auf eine begrenzte Anzahl von Farben, im Fachjargon „Tinkturen" genannt (vom lat. tinguere = färben), beschränkt.

Farben können als das wichtigste Element eines Wappens betrachtet werden. Es gibt Wappen ohne Schildfiguren, aber keine Wappen ohne Farben. Bedeutsam ist dabei, daß bereits durch eine Änderung in der Farbgebung aus einem vom Bild her identischen Wappen ein völlig neues und eigenständiges Wappen entsteht.

Die in der klassischen Wappenkunst vorkommenden sechs Farben unterteilen sich in die „Metalle" Silber und Gold sowie die „Farben" im engeren Sinn: Rot, Grün, Blau und Schwarz. Sämtliche Farben werden nur in einem einheitlichen und kräftigen Farbton wiedergegeben. Nuancierungen wie Hellblau, Dunkelgrün usw. hatten in der Heraldik bis zu ihrem Niedergang keinen Platz.

Purpur, ein violett-brauner Farbton, ist im deutschen Raum recht selten anzutreffen, und wenn, dann nur im Futter von Helm oder Krone. Menschliche Körperpartien dürfen ausnahmsweise naturfarben wiedergegeben werden, also orange- oder rosafarben. Das bekannte Stadtwappen von München, der für den Ortsnamen sprechende Mönch, weist damit ohne Regelverstoß derartige Farbpartien auf.

Aus technischen oder Kostengründen können Gold und Silber alternativ als Gelb bzw. Weiß wiedergegeben werden (besonders auf Textilien wie Fahnentüchern sind Gold und Silber nur sehr aufwendig zu erreichen). Dies ist dann aber konsequent für das gesamte Wappen durchzuführen. Silber sollte allerdings keinesfalls als Grauton reproduziert werden.

So wird in Artikel 22 des Grundgesetzes für die Bundesrepublik Deutschland die Bundesflagge korrekt als schwarz-rot-golden beschrieben. Nach den heraldischen Regeln darf sie aber anstandslos in den leichter herzustellenden Farben Schwarz, Rot und Gelb angefertigt werden. Daß dies den Verantwortlichen selbst nicht ganz klar ist, wird an der Bundesflagge im Plenarsaal des Deutschen Bundestages ersichtlich: In geradezu akribischer Umsetzung des Gesetzeswortlautes wird hier eine Flagge mit einem goldenen Farbton gezeigt.

Das heraldische Regelwerk verlangt wegen der besseren Kontrastwirkung außerdem, daß „Farbe" und „Metall" sich stets abwechseln müssen. Aneinandergrenzende Flächen oder aufeinandergelegte Motive sollten sich also in „Farbe" und „Metall" ablösen. So ist es unzulässig, einen roten Adler auf blauem Grund oder einen goldenen Löwen auf Silber wiederzugeben. Gewisse Abweichungen können bei bestimmten Schildteilungen unvermeidbar sein.

Der Zweck dieser Farbregeln erschließt sich auch bei Nationalflaggen. Obwohl sowohl die belgische als auch die deutsche Nationalflagge die Farben Schwarz, Rot und Gelb zeigen, ist die belgische Flagge aus der Ferne erheblich besser zu erkennen, da in ihr – anders als in der deutschen – die Farben heraldisch korrekt angeordnet sind. Dasselbe gilt beispielsweise für die niederländische und die neue russische Nationalflagge (Farbfolge Rot-Weiß-Blau bzw. Weiß-Blau-Rot). Tafel 2 zeigt die erlaubten Farbkombinationen bei einem einfachen Wappenbild.

Neben „Farben" und „Metallen" existieren als Kuriosum noch die Pelzwerke, die in der Tat aus einem ursprünglichen Fellbezug des Schildes entstanden sind. In der Wappenkunst verselbständigten sich diese Pelzwerke jedoch und bildeten zahlreiche Unterarten wie Hermelin, Gegenhermelin, Feh, Krückenfeh usf. aus, deren genaue Bestimmung auch für einen Fachmann schwierig sein kann (vgl. dazu Galbreath/Jéquier, „Handbuch der Heraldik", 1989, S. 91 ff.).

Ein gelungenes Wappen weist idealerweise zwei Farben auf, d. h. eine heraldische Farbe im engeren Sinne und ein „Metall". Einfarbige Wappen sind sehr selten. In der Praxis sind bei komplexen Wappen jedoch meist mehr Farben im Spiel.

Eine Gleichsetzung bestimmter Farben mit bestimmten Eigenschaften des Wappenträgers ist wissenschaftlich nicht haltbar. Allenfalls kam, begründet in der hierarchisch orientierten Denkweise des Mittelalters, dem Metall Gold ein höherer Wert als Silber zu. So war es beliebt, bei „Wappenbesserungen" dem Auszuzeichnenden zu erlauben, silberne Wappenelemente fortan golden darzustellen.

Umfassende Untersuchungen über die Häufigkeit der Farben liegen bislang nicht vor. Eine grobe Abschätzung gaben Galbreath/Jéquier, „Handbuch der Heraldik", 1989, S. 92. Während Gold und/oder Silber in fast jedem Schild auftauchen, steht bei den „Farben" Rot an der Spitze der Beliebtheitsskala, gefolgt von Blau, Schwarz, Grün und schließlich Purpur.

Diese Aussage wird bestätigt, wenn man etwa als Stichprobe den im Farbdruck publizierten Band 50 aus dem Jahr 1990 der „Deutschen Wappenrolle" auswertet. Dort findet sich folgende Farbverteilung

	Gelb	Rot	Weiß	Schwarz	Blau	Grün
Anzahl	67	63	50	29	26	17
Prozentsatz	71%	67%	53%	31%	28%	18%

(Purpur kam bei den 94 abgebildeten Familienwappen nicht vor):

Farbwiedergabe in Schwarzweißdarstellungen

Bei Wappenabbildungen in Schwarzweiß werden die Farben meist anhand eines Systems von Schraffierungen identifiziert; Tafel 3 zeigt das Schema. Für Schwarz existieren dabei zwei Wiedergabemöglichkeiten. Die Helmfarbe wird nicht mit Schraffierungen angedeutet, da der Helm bei bürgerlichen Wappen üblicherweise eisenfarben dargestellt wird.

Nicht verwechselt werden sollten die Farbschraffierungen mit den sogenannten Damaszierungen, einer Art Feldmusterung. Diese wird von Wappenkünstlern eingesetzt, um größere Flächen aufzulockern. Oftmals werden irrtümlich Damaszierungen als Farbschraffierungen gedeutet und damit Wappen falsche Farben zugewiesen.

Die Schildelemente

Der Fachmann kennt zwei Hauptgruppen von Schildelementen:

- Schildteilungen und
- gemeine Figuren.

Schildteilungen

Die Schildteilungen, die oft auch Heroldsstücke, Heroldsbilder oder Heroldsfiguren genannt werden, stellen nichts anderes als geometrische Unterteilungen der Schildfläche dar. So einfach dies klingt – gerade hier zeigen sich Formenschatz und Phantasie der Heraldik am prägnantesten. Die Tafeln 4 und 5 können nur einen winzigen Ausschnitt der denkbaren Schildteilungen präsentieren. Auf die bedeutsamsten Schildteilungen soll im folgenden kurz hingewiesen werden.

Spricht die Wappenbeschreibung

von einem geteilten Schild, so bedeutet dies stets eine waagerechte Teilungslinie. Da im deutschsprachigen Raum die Anzahl der Teilungslinien, nicht der entstehenden Plätze beschrieben wird, heißt zweimal geteilt, daß ein Schild durch zwei waagerechte Linien in drei „Plätze“ aufgeteilt wird. Eine senkrechte Unterteilung wird dagegen bewußt als Spaltung bezeichnet. Allein durch die Wortwahl wird somit klargestellt, ob der Schild waagerecht oder senkrecht gegliedert ist.

Aufgrund des Vorranges der heraldisch rechten Seite bedeutet schräggeteilt, daß eine schräge Trennlinie vom rechten Obereck nach links unten verläuft. Bei schräglinksgeteilt verläuft die Linie umgekehrt. Geviert oder quadriert ergibt einen Art Schachbrettmuster. Ein Schildhaupt bzw. ein Schildfuß stellen nach oben bzw. nach unten hin verschobene Schildpartien dar.

Ein Balken ist ein waagerechter Streifen, ein Pfahl ein senkrechter. Im Unterschied zur zweifachen Teilung bzw. Spaltung fallen hier die drei entstehenden Plätze nicht gleich breit aus, sondern der mittlere Teil ist schmaler und die beiden äußeren Plätze weisen dieselbe Farbe auf. Ein besonders schmaler Balken wird als Leiste, ein besonders schmaler Pfahl als Faden bezeichnet.

Der Schildbord entsprang ursprünglich einer Schildverstärkung, wurde aber später zu einer eigenen Schildteilung erhoben. Bekannt ist der Schildbord im portugiesischen Staatswappen. Eine prominente Schildteilung stellen die Rauten im bayerischen Staatswappen dar, die in Anklang an das formgleiche Brotgebäck auch Wecken genannt werden.

Ferner werden alle Arten von Kreuzen (s. Tf. 6 und 12, B) zu den Schildteilungen gerechnet, selbst wenn sie freischwebend erscheinen; letzteres muß allerdings eigens vermerkt werden. In der Regel geht die Wappenbeschreibung beim Kreuz von einer gleicharmigen Variante (griechisches Kreuz) aus. Ist der Querbalken nach oben hin versetzt, spricht man von einem Hochkreuz oder lateinischen Kreuz. Ein um 45 Grad gedrehtes Kreuz heißt Schrägkreuz, Andreaskreuz oder Schragen (siehe Tf. 6). Noch mehr Spielarten bildet Walter Leonhard in seinem „Großen Buch der Wappenkunst“ ab, das sich als wahre Fundgrube für die verschiedensten Schildfiguren erweist. Dort finden sich neben den illustrierten Schildteilungen auch ihre Fachbezeichnungen.

Gemeine Figuren

Die Benennung der gemeinen Figuren dürfte dem Laien dagegen weniger Schwierigkeiten bereiten als die der Schildteilungen. Der Begriff „gemein“ ist von „allgemeinverständlich“ abzuleiten. Im Grunde kann alles, was in der Natur oder Phantasie vorkommt und heraldisch umsetzbar erscheint, als gemeine Figur im Schild verwendet werden (s. Tf. 12, C–I, und Tf. 13, A–B).

Am bekanntesten sind Adler (s. Tf.

△ *Damaszierungen anhand der Wappen schweizerischer Geschlechter im Kloster St. Urban*

13, C–G) und Löwen (s. Tf. 13, H–I, und Tf. 14, A–E), die zur Entstehungszeit der Wappenkunst als Könige der Lüfte bzw. der Tiere auf Erden galten. Die hierarchische Ordnungswelt des Mittelalters drückte sich in den Wappen besonders anschaulich aus, als zunächst nur der Kaiser den Adler führen durfte und sich die Herzöge mit Löwen begnügen mußten. Doch diese Barriere fiel ziemlich schnell. Daß die Führung eines Löwen im Wappenschild sehr beliebt wurde, belegt der französische Spruch *Qui n'a pas d'armes porte le lion*, was übersetzt heißt „Wer kein Wappen besitzt, zeigt den Löwen".

Soweit tatsächlich existierende Lebewesen oder Gegenstände in einen Schild übernommen werden, fügen sie sich den heraldischen Farbregeln und wählen eine der erlaubten Farben, oft – aber nicht immer – die dem natürlichen Farbton nächstliegende (s. Tf. 14, F–I, und Tf. 15, A–D). Manches tatsächlich existierende Tier hat die Wappenkunst entfremdet, etwa den Panther, der in der Heroldskunst zu einem Fabelwesen mutierte (s. Tf. 15, E). Oft aber begegnen uns auch Fabelwesen wie Einhorn oder Drache (s. Tf. 12, A).

Tote Gegenstände zählen ebenfalls zu den gemeinen Figuren, seien es Sterne, Monde, Berge in streng stilisierter Form (s. Tf. 15, F–G), Wasserläufe als Wellenbalken oder Gebäude wie Kirchen (s. Tf. 15, H) und Stadtmauern. Dabei zeigt sich, daß Gebäude als Wappenmotive genaugenommen ungeeignet sind, da sie unförmig wirken und sich kaum stilisieren lassen. Daher bedient sich die Heraldik gerne des bereits erwähnten Prinzips des Pars pro toto: Beispielsweise erscheinen anstelle einer Kirche, die dem hl. Nikolaus geweiht ist, die Attribute dieses Heiligen, drei Äpfel.

Daß sich auch Gegenstände aus der Moderne der Wappenkunst nicht verschließen, belegen einige öffentliche Wappen. So hat sich das Zahnrad einen Platz in der heutigen Heraldik erobert, da es sich gut unter die herkömmlichen Sinnbilder einfügen ließ (s. Tf. 15, I). Der Kreis Siegen-Wittgenstein integrierte eine Grubenlampe in seinen Schild. Allerdings muß der Wappenkünstler dabei eine Gratwanderung beschreiten, die ihn zwischen gelungener Integration und unsinniger Nachahmung von Modeerscheinungen entlangführt.

Die Wappenbeschreibung

Wappen werden in einer eigenständigen Kunstsprache beschrieben, wie sie die Heroldskunst im Lauf der Zeit entwickelt hat. Der Begriff für die fachgerechte Wappenbeschreibung lautet *Blasonierung* (frz. le blason = Wappenschild, auch: Wappenkunde). Dem Unkundigen wird dabei einiges ungewohnt erscheinen, vor allem die dem üblichen Sprachgebrauch genau entgegengesetzte Benutzung der Richtungsangaben rechts und links. Ziel der Blasonierung ist es, ein Wappen möglichst prägnant und dennoch knapp in Worten wiederzugeben.

Die deutsche Wappenkunde hat dabei leider keine so logische und präzise Fachsprache entwickelt wie etwa die französische oder englische. Vielfach finden sich daher in deutschsprachigen Wappenbeschreibungen noch schwülstige oder regelrecht unzutreffende Formulierungen, auch bei amtlichen Verlautbarungen. Der Verein „Herold" hat daher mit seiner Wappenbilderordnung ein Standardwerk auf den Markt gebracht, das eine Normierung der deutschen Fachbegriffe anstrebt.

Die Kenntnis der heraldischen Kunstsprache ist daher um so bedeutsamer, weil ein Wappen genaugenommen nicht durch die vom künstlerischen Stil und Zeitgeschmack abhängige Zeichnung festgelegt wird, sondern ausschließlich durch die schriftliche Fixierung. Ein Wappen muß von einem Fachmann jederzeit und einzig nach seiner Beschreibung wieder korrekt in eine Zeichnung umgesetzt werden können!
Die wesentlichen Regeln werden daher im folgenden zusammengestellt.

Zunächst ist zu beachten, daß die Richtungsangaben *rechts* und *links* bei Wappen traditionell auf den Schildträger bezogen und damit umgekehrt zum allgemeinen Sprachgebrauch benutzt werden. Man versetze sich dazu selbst in die Rolle des gewappneten Ritters.

Die bei der Eintragung in die Deutsche Wappenrolle 41, Blatt 83, aufgestellte Blasonierung für das Wappen der Familie Linder soll als Beispiel dienen:

In golden-rot gespaltenem Schild ein schwarz-silbern gespaltener bewurzelter Lindenbaum, der Stamm unten begleitet rechts von einem roten, links von einem goldenen Kiefernzapfen.

Auf dem Helm mit rechts schwarz-goldenen und links rot-silbernen Decken ein rotbewehrter und -bekammter goldener Hahn.

Die Reihenfolge beginnt beim wichtigsten Wappenbestandteil, dem Schild. Dann erst folgen Helmzier und zuletzt, soweit vorhanden, Prachtstücke.

Im Schild wird ggf. zunächst auf Schildfuß oder -haupt hingewiesen, dann werden Feldfarbe, Neben- und Hauptfiguren genannt. Ein Herzschild sollte danach beschrieben werden.

Gemeldet, d. h. eigens vermerkt werden müssen nur Abweichungen von der Norm. Da Figuren üblicherweise rechtsgewendet (bei dem am linken Arm geführten Schild dem Gegner zugewandt) und aufgerichtet bzw. Tiere kampfbereit erscheinen, entfällt ein entsprechender Hinweis. In der obigen Blasonierung wird beispielsweise als bekannt vorausgesetzt, daß rechts vor links Vorrang genießt. Daher besagt „golden-rot" gespalten, daß sich golden auf die heraldisch rechte und rot auf die linke Schildhälfte bezieht.

Nicht gemeldet werden außerdem Schild- und Helmform oder die Farbgebung des Helms. Es wird von der dem jeweiligen Stand angemessenen Helmart ausgegangen, das heißt Stechhelm für Bürgerliche, Bügelhelm für Adelige. Zu beachten ist vor allem, daß auf Prägnanz und zugleich Kürze Wert gelegt wird. Lediglich bei einer kunsthistorischen Zielsetzung kön-

△ *Das Wappen der Familie Linder*

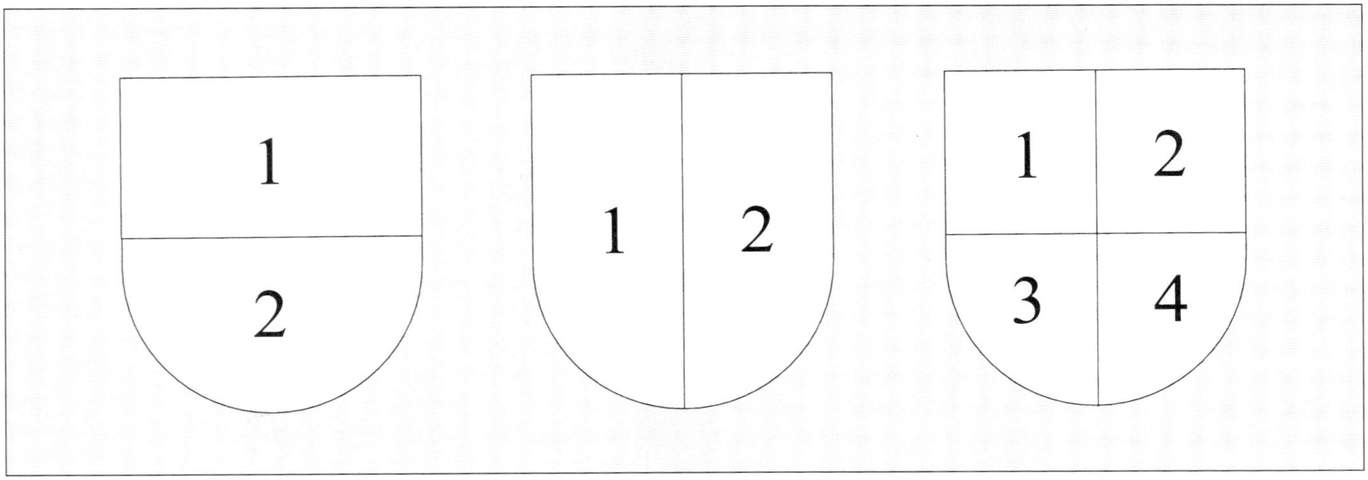

△ *Reihenfolge der Blasonierung*

nen Wappenbeschreibungen von dieser Regel abweichen, also etwa die Schildform näher erläutern. Bei mehrfeldrigen Wappen gilt eine festgelegte Reihenfolge in der Feldbeschreibung, die aus obenstehendem Schema hervorgeht.

Zum Abschluß soll noch eine weitere Blasonierung folgen, dieses Mal von einem kirchlichen Amtsträger. Der Augsburger Bischof Viktor Josef Dammertz empfing am 30. Januar 1993 die Bischofsweihe und nahm folgendes Wappen an (s. Tf. 7 B):

Gespalten und rechts geteilt.
1: gespalten von Rot und Silber;
2: in Schwarz ein fünfarmiger goldener Leuchter;
3: durch einen silbernen Schräglinksbalken geteilt von Blau und Rot, begleitet von einem goldenen Stern und einem silbernen Kreuz.

Der Schild ist unterlegt von einem silbernen Vortragskreuz und wird begleitet von einem grünen Prälatenhut mit beiderseits sechs grünen Quasten.

Der Wahlspruch lautet „Für Euch – mit Euch".

Im ersten Feld erscheint das Wappen des Bistums Augsburg. Der Leuchter im zweiten Feld ist der Benediktinerkongregation St. Ottilien entnommen, in der Bischof Dammertz Erzabt gewesen war. Zugleich symbolisiert der Leuchter die Aufgabe des Bischofs, das Licht Christi in das Dunkel der Welt zu tragen.

Die linke Schildhälfte bezieht sich auf den bisherigen Wahlspruch Dammertz', „Bereite einen sicheren Weg". Dieses Motto wurde bildhaft umgesetzt: Der Schrägbalken stellt den Weg dar, der zwischen dem Kreuz des Leidens und dem Stern der Hoffnung verläuft. Mit Vortragskreuz und Prälatenhut begleiten den Schild die typischen Symbole eines Bischofs in der katholischen Hierarchie. (Quelle: Kirchenzeitung für die Diözese Augsburg vom 10. Januar 1993 und Schreiben des Bischöflichen Sekretariats vom 15. April 1993.)

Da sich für deutschsprachige Blasonierungen bis zum heutigen Tag keine allgemein gültige Normierung durchsetzen hat können, ist auch ein etwas anderer Wortlaut möglich. Wichtig ist, daß die eingebürgerten Fachbegriffe wie „gespalten", „rechts" oder „links" korrekt gebraucht werden und die Beschreibung in sich stimmig abgefaßt ist.

Zur Vertiefung in die Blasonierungskunst bieten sich besonders Leonhards „Großes Buch der Wappenkunst", S. 347–351, und das „Handbuch der Heraldik" von Galbreath/Jéquier, S. 289–306, an.

Wappenverbindungen

Das oben besprochene Wappen des Augsburger Bischofs Dammertz stellt eine Verbindung mehrerer Einzelwappen in einem neuen Ganzen dar.

In den Anfangsjahren der Wappenkunst existierte noch eine gewisse Scheu davor, die Wappen einer Person in einem Schild zu vereinen (s. Tf. 7, C). Man stellte daher die Wappenschilde zunächst unverbunden nebeneinander. Letztendlich wurde aber der Schild untergliedert, und die bislang eigenständigen Schildmotive teilten sich gemeinsam die Schildfläche eines einzigen Wappens.

Welche Erwägungen führten zu solchen Wappenkombinationen?

In erster Linie entstehen Wappenverbindungen durch den Lebensbund zweier wappenführender Personen (Ehewappen). Das Wappen des Mannes nimmt dabei mit der heraldisch rechten Position die Vorrangstellung ein, wendet sich aber im Anklang an mittelalterliche Galanterie motivisch dem Wappen der Gemahlin zu. Dies bezeichnet der Heraldiker als Courtoisie (frz. für Höflichkeit, Ritterlichkeit).

Heutzutage sind in Deutschland Ehewappen selten geworden, da in der Regel die Frau nach der Heirat anstelle des Wappens ihres Vaters das ihres Mannes annimmt. Aber

△ *Grabdenkmal Offenheimer, 1589 (Bild 1)*

auf den „steinernen Quellen" der Genealogie, den Grabdenkmälern, finden sich oftmals Ehewappen. Gerade Wappenverbindungen können wertvolle genealogische Aufschlüsse liefern, da sich auf diese Weise Ehen und enge Verwandtschaftsverhältnisse belegen lassen.

Ein besonders schönes Beispiel findet sich auf dem Epitaph des Adeligen Hans Georg Offenheimer aus dem Jahr 1589. Im Mittelstreifen knien sich betend die Ehegatten gegenüber, getrennt nur durch die beiden einander zugewandten Vollwappen. Beim Adelsgeschlecht derer von Püring erlaubte schließlich erst das Ehewappen die Identifizierung des Grabdenkmals.

Die frühere Beliebtheit von Wappenverbindungen zeigt sich auch darin, daß auf Grabdenkmälern Wappendarstellungen zumeist in der Form von Ehewappen vorkommen. Da es für die Anordnung von Wappen auf Grabdenkmälern keine festen Regeln gab, muß jedoch in jedem Einzelfall das Verwandtschaftsverhältnis nachgeprüft werden!

Nachdem die Wappen ihre in Kampfhandlungen identifizierende Funktion verloren hatten, gab es kein praktisches Hemmnis mehr für die Verschmelzungen von Motiven in einem Schild.

Die Verehelichung blieb nicht der einzige Beweggrund für Wappenverbindungen. Ein Typikum für Adelswappen ist oftmals die Vielfeldrigkeit, ja Überladenheit des Schildes. Damit sollte in einer Ahnenprobe die edle Vorfahrenschaft des Geschlechts belegt werden (s. Tf. 7, A). Der Zugewinn von Ländereien wurde durch die Aufnahme von deren Wappensymbolen im eigenen Schild stolz zur Schau getragen. Auswüchse zeigen sich gerade in der Verfallszeit der Heraldik.

Auch als Zeichen politischer Machtdemonstration mußten Wappen herhalten: Als der englische König Eduard III. auf den französischen Thron Anspruch erhob, nahm er 1340 in das vornehmste Wappenfeld das französische Lilienwappen auf (Anspruchswappen). Erst im Jahr 1801, als Großbritannien formell seine Ansprüche ad acta legte, entfernte es die Lilien aus seinem Schild!

Das heutige Wappen des britischen Monarchen, das auch als britisches Staatswappen dient (s. Tf. 7, D), kombiniert die Schilde der wichtigsten konstituierenden Teilstaaten England (Feld 1 und 4), Schottland (Feld 2) und (Nord-)Irland (Feld 3). Hier trifft die vom englischen Heraldiker Anthony Richard Wagner getroffene Charakterisierung zu, daß Wappen ein „Stenogramm der Geschichte" darstellen.

Einen weiteren Anlaß für Wappenverbindungen bot die Annahme eines bedeutsamen Amtes. Traditionsgemäß führte etwa der Pfalzgraf bei Rhein als Erztruchseß des Deutschen Reiches den Reichsapfel in seinem Schild.

Das eingangs besprochene Wappen des Augsburger Bischofs Dammertz (s. Tf. 7, B) vereint persönliche Motive mit den traditionellen Sinnbildern des Bistums Augsburg und der Benediktinerkongregation St. Ottilien. Die meisten Wappen von Geistlichen sind als Allianzwappen (Wappenverbindungen) ausgeführt.

Weitere Motive für Wappenvereinigungen stellen die Aufnahme von Ehren- oder Rangsymbolen wie dem Reichsadler in Wappen von reichsfreien Städten und Gebiets-

△ *Grabdenkmal Offenheimer, 1589 (Bild 2)*

zusammenlegungen dar (man betrachte die Kommunalwappen, die nach den Gebietsreformen angenommen wurden!). Besonders ausführlich werden Wappenverbindungen bei Galbreath/Jéquier, „Handbuch der Heraldik", S. 217-234, behandelt.

Wappen von Frauen

Frauen wurden zunächst als nicht wappenfähig betrachtet, da sie von der Vasallenpflicht im mittelalterlichen Lehnssystem befreit waren. Erst schrittweise wurde ihnen das Recht zur Wappenführung zugestanden, da sie etwa in der Funktion einer Äbtissin Urkunden siegeln mußten. Darüber hinaus gelangten Frauen in Territorien, in denen nicht das salische Erbfolgerecht galt, zur Thronfolge und mußten als Regentinnen selbstverständlich die Möglichkeit besitzen, ein Herrschaftssymbol zu zeigen.

Es war naheliegend, daß Frauen das Wappen ihres Vaters verwendeten, so wie es die männlichen Nachkommen ungehindert taten. Dabei kam, gerade in Ländern wie Frankreich, England und Holland, die Mode auf, für Frauenwappen bei gleichem Wappenbild eine andere Schildform zu wählen: den im Kampf und Turnier unüblichen Rauten- oder Ovalschild. Differenzierungen für ledige, verheiratete Frauen sowie Witwen bürgerten sich zusätzlich bei diesen „Damenschilden" ein.

Allerdings stellte sich die Frage, wie nach der Heirat zu verfahren

△ *Damenwappen:*
Siegel der Margarete von Österreich, Herzogin von Savoyen, 1510

△ *Grabdenkmal Offenheimer, 1589 (Bild 3)*

sei. Anfänglich war die Vorgangsweise noch unterschiedlich. Entweder wurde das väterliche Stammwappen oder das Wappen des Ehegatten geführt. Später kam der Brauch auf, beide Wappen zu vereinen: Das sogenannte Ehewappen war entstanden.

Meist werden dazu beide Vollwappen nebeneinander gestellt, wobei das des Mannes den Ehrenplatz auf der (heraldisch) rechten Seite einnimmt. Dieses Wappen wird aber aus Ehrerbietung des Gatten vor der Gemahlin gespiegelt und wendet sich damit dem (heraldisch) linken Schild der Ehefrau zu. Ein schönes Beispiel hierfür bietet das Grabdenkmal des Ehepaares Hans Georg Offenheimer und Maria geb. Stäringer aus dem Jahr 1589. Um die eheliche Verbindung zu bekräftigen, umschlingen oftmals Liebesschnüre die Wappen oder verketten zwei Eheringe beide Schilde (s. Umschlagabbildung).

Eine noch innigere Verbindung findet dann statt, wenn beide Wappenbilder in einem einzigen Schild vereint oder sogar verschmolzen werden. Im ersten Fall werden in einem Schild die Bilder lediglich nebeneinander plaziert (s. Tf. 8, A), im anderen neue, gemeinsame Sinnbilder entworfen.

Zum Abschluß sei noch ein Grabdenkmal aus dem Jahr 1521

△ *Grabdenkmal Eppelhauser, 1521*

gezeigt. Hier mußte der Steinmetz die Aufgabe lösen, drei Wappen nebeneinander zu postieren. Von (heraldisch) rechts nach links finden sich die Vollwappen des Ehegatten aus zweiter Ehe, Hans Eppelhausers, seiner Frau Barbara geb. Perkofer und deren ersten Ehemannes Hans Edelbeck. Die heraldische Courtoisie wird korrekt eingehalten.

Wappen von Geistlichen

Auch bei der Geistlichkeit treten Abweichungen von den heraldischen Gepflogenheiten auf. Dies liegt zum einen darin begründet, daß Kleriker wie Frauen vom Kriegsdienst entbunden und damit waffen- sowie wappenlos waren. Erst die Beurkundungsfähigkeit erforderte Siegel, die wiederum oftmals die Annahme eines Wappens implizierten. Zum anderen wurden die geistlichen Besitzungen nicht in einer Familie weitervererbt, sondern gehörten der Institution Kirche.

Von einer Gleichsetzung des Territorialwappens mit dem Familienwappen wie bei weltlichen Herrschern kann nicht gesprochen werden. Folglich ist noch heute zwischen dem Wappen einer katholischen Diözese und dem seines Bischofs zu unterscheiden. Während das Diözesanwappen über die Zeitläufe hinweg unverändert bleibt, führt jeder Bischof ein eigenes Amtswappen. So zeigen der jeweilige Papst und der völkerrechtlich souveräne Staat der Vatikanstadt zwei verschiedene Wappen, die in der Öffentlichkeit hin und wieder miteinander verwechselt werden (s. Tf. 1, I, und Tf. 8,B).

Die Schildmotive im Wappen eines Klerikers unterscheiden sich im allgemeinen nicht von denen anderer Wappen. Allerdings kombiniert ein Geistlicher als Schildinhalt das väterliche Stammwappen mit dem Wappen des Amtsbezirks, das dabei die Vorrangstellung genießt. Besaß der Kleriker zuvor kein eigenes Familienwappen, so schafft er sich zunächst eines. Oftmals herrschen dann religiöse oder allegorische Motive vor.

Der als zu kriegerisch empfundene Helm mit seinen Beizeichen entfällt. Der katholische Geistliche führt heutzutage anstelle des Helms einen Pilger- oder Prälatenhut, von dessen Seiten in symmetrischer Anordnung Quasten, auf italienisch „fiocchi", herabhängen. Anzahl und Farbe der Quasten geben Aufschluß über den Rang in der Kirchenhierarchie.

Ein weiteres Unterscheidungsmerkmal zu nichtgeistlichen Wappen bildet der hinter dem Schild stehende Krummstab bei Äbten bzw. das Vortragskreuz bei Bischöfen; Erzbischöfe führen ein doppelarmiges Vortragskreuz. Ferner hat es sich eingebürgert, daß der anläßlich der Inthronisation gewählte Wahlspruch unter dem Schild angebracht wird. Die Abbildungen zeigen die Wappen des Passauer Bischofs Franz Eder (s. Tf. 8, C), des Freiburger Erzbischofs Dr. Oskar Saier (s. Tf. 8, D) und des Kölner Erzbischofs Joachim Kardinal Meisner (s. Tf. 8, E).

Der derzeitige Bischof der Diözese Passau ließ in seinem 1984 angenommenen Wappen das traditionelle Passauer Wappenbild, den Wolf, mit dem universalchristlichen Kreuz und mit den für das Pontifikatsmotto stehenden drei Kleeblättern kombinieren. Das Vortragskreuz und die 12 grünen Quasten samt dem breitkrempigen Pilger- oder Prälatenhut stehen gemäß der von der Kurie festgelegten Bildsymbolik für den Rang eines Bischofs.

Hausmarken

Hausmarken sind wesentlich älter als Wappen; ihr genauer Ursprung liegt im dunkeln. Sie bestehen aus einfachen geometrischen Figuren wie Geraden, Kreisen und Bogenlinien ohne spezielle Farbzuordnung. Ursprünglich erfüllten sie, ähnlich wie Namensinitialen, die Aufgabe, Besitz zu kennzeichnen. Man denke an die Brandzeichen bei Haustieren oder die Handwerkerzeichen auf Kunstgegenständen!

Obwohl zwischen Hausmarken und Wappen klar abzugrenzen ist, existieren doch Berührungspunkte. Da Hausmarken mitunter zu Gemarkungszeichen und Hofmarken versteinerten, kehren sie in Gemeinde- und Familienwappen besonders bäuerlicher Herkunft wieder. Zu einem heraldischen Symbol werden sie erst dann, wenn sie sich den Regeln der Heraldik unterwerfen, d. h. in einen Schild farbig hineingesetzt werden. Hausmarken können damit die Ausgangsbasis für die Schaffung eines Wappens darstellen. Für das Wappen des Peter Bolt dürfte eine Hausmarke Pate gestanden haben (s. Tafel 11).

Eine Systematik der in Worten schwer zu blasonierenden Hausmarken und geeignete Literatur finden sich im „Handbuch der Heraldik. Wappenfibel" auf S. 201 ff.

Wappen und Genealogie

Wie läßt sich ein unbekanntes Wappen identifizieren?

Die wenigsten Lehrbücher geben eine klare Antwort auf diese Frage. Das liegt nicht am fehlenden Willen der Autoren, sondern ganz einfach daran, daß keine Patentlösung für die Identifizierung eines bestimmten Wappens existiert.

Weltweit gibt bzw. gab es Millionen von Familien- und öffentlichen Wappen, jedoch besteht keine Zentralstelle, die sämtliche Wappenvorkommen archiviert. Bei der Suche nach dem unbekannten Träger eines vorliegenden Wappenbildes kommt eine weitere Problematik hinzu: Nach Namen ließe es sich in Registern alphabetisch suchen – aber wie soll eine perfekte Wappenbilderordnung aufgebaut sein?

Gerade die systematische Erfassung von Wappenbildern ließe sich durch die moderne Datenerfassung schrittweise in Angriff nehmen. Ganz abgesehen von der Sisyphusarbeit, Wappenabbildungen aufzuspüren, einzuscannen und zu archivieren, fehlen aber auch heute noch für die Bilderfassung ausreichend dimensionierte Festspeicher. Ein simpler Vergleich: Eine vollgeschriebene DIN-A4-Seite belegt etwa 2000 Byte (Speichereinheiten), eine vierfarbige Wappenzeichnung je nach Größe und Auflösung bis zu zehn Millionen Speichereinheiten! Der Einsatz des Personal Computers wird also hier noch für einige Zeit Zukunftsmusik bleiben.

Zu berücksichtigen ist überdies, daß von den Abermillionen Wappen nur ein Bruchteil jemals in Büchern veröffentlicht oder in Wappenrollen registriert worden ist; dabei handelte es sich in den meisten Fällen um die Wappen regierender oder hochadeliger Geschlechter. Doch nur wenige können hochadelige Vorfahren in ihrem Stammbaum nachweisen.

Wie aber läßt sich trotz dieser Einschränkungen ein hoffnungsvoller Versuch zur Wappenbestimmung starten? Zunächst sollte versucht werden, den Kreis der in Frage Kommenden soweit wie möglich einzugrenzen. Aus welcher Epoche stammt die Wappendarstellung? Hier helfen Stilvergleiche mit bereits identifizierten Wappen weiter (s. Tf. 8, F). Auch der Schildinhalt kann aufschlußreich sein: In manchen Epochen wie im Pietismus waren allegorische Anspielungen oder religiöse Symbole besonders beliebt. Freimaurerzeichen wie die Maurerkelle könnten auf das 18. Jahrhundert hinweisen.

Als nächstes sollte angestrebt werden, den gesellschaftlichen Stand oder den Berufszweig des Wappenträgers zu ermitteln. Im vorangegangenen Teil wurde versucht, die Unterschiede zwischen adeligen, geistlichen und bürgerlichen Wappen aufzuzeigen. Vielleicht befinden sich im Wappen berufstypische Gegenstände.

Mit einiger Wahrscheinlichkeit läßt sich auch feststellen, aus welchem Land oder gar aus welcher Region der Wappenträger stammt. Dazu kann als kleine Hilfe die Abbildung mit den Schildformen herangezogen werden. Je mehr der Führungskreis dabei eingeengt werden kann, desto besser gelingt der folgende Schritt.

Wie bereits erwähnt, gibt es keine Gewähr dafür, daß das fragliche Wappen irgendwo abgebildet wurde. Selbst wenn dies der Fall ist, müßte nun die gesamte Literatur nach dem Wappenmotiv hin durchgeblättert werden. Vorausgesetzt, daß die Eingrenzung gute Ergebnisse gezeitigt hat, kann daraufhin tatsächlich der entsprechende Band der umfangreichsten, leider aber auch unübersichtlichsten deutschsprachigen Wappenreihe durchstöbert werden, der sogenannte „Neue Siebmacher".

Es gibt aber auch einige wenige, leider keineswegs komplette Zusammenstellungen von Wappen nach ihren Bildmotiven („Wappenbilderordnungen"). Das bekannteste und umfangreichste Wappenbilderlexikon ist das „Dictionnaire des figures héraldiques" von Théodore Compte de Renesse. Dieses siebenbändige Werk entstand um die Jahrhundertwende in Brüssel und ist auf den französischen Sprachraum ausgerichtet. Nähere Informationen dazu wie auch zu den folgenden Werken finden sich im Literaturverzeichnis. Auf Länder- oder regionaler Ebene basieren die Wappenbilderordnungen von Papworth, Fischnaler, Schöler und Zimmermann, die im Literaturverzeichnis aufgelistet sind.

Das „Große Wappen-Bilder-Lexikon der bürgerlichen Geschlechter Deutschlands, Österreichs und der Schweiz" Ottfried Neubeckers aus dem Jahr 1992 bildet über 21 000 Wappen unterschiedlichster Provenienz ab. Als vorbildliche, wenn auch nur auf die Stadt Aschaffenburg beschränkte Publikation sei noch das „Aschaffenburger Wappenbuch" aus der Feder Alfred F. Wolferts erwähnt.

Neben den veröffentlichten Wappenbilderordnungen gibt es als vielversprechende, aber auch mühsame Methode die Suche in Wappenbilderkarteien. Hierbei handelt es sich um eine Art von Zettelkästen wie etwa bei Bibliothekskatalogen, die von heraldischen Vereinen oder musealen Einrichtungen geführt werden. Die bedeutendste Wappenbilderkartei im deutschsprachigen Raum befindet sich im Besitz des Berliner Vereins „Herold"; sie umfaßt über 100 000 Karteikarten. Erwähnenswert sind ferner die Wappensammlung des 1951 verstorbenen schwäbischen Heraldikers Eduard Zimmermann im Stadtarchiv Augsburg mit ca. 11 000 Verkartungen und das Wappenrepertorium des Germanischen Nationalmuseums in Nürnberg mit etwa 25 000 Wappen.

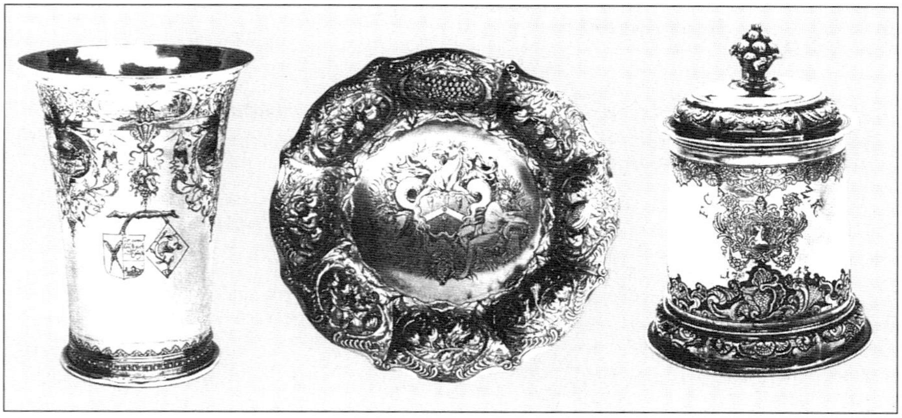

△ *Wappen auf Geschirr*

Wie findet sich das Wappen einer bestimmten Familie?

Unabdingbare Voraussetzung ist eine systematische genealogische Erforschung der eigenen Familiengeschichte. Denn trotz der Gleichberechtigung von Mann und Frau in der modernen Gesellschaft gilt für Wappen nach wie vor, daß sie nur in ununterbrochener männlicher („agnatischer") Linie weitervererbt werden. Nur wenn der Nachweis gelingt, daß der Proband in unmittelbarer agnatischer Linie vom Wappenträger abstammt, darf er dessen Wappen auch führen.

Bevor mit den genealogischen Arbeiten begonnen wird, kann es sinnvoll sein, sich im weiteren Familienkreis umzuhören, ob nicht vielleicht schon Studien zur Familiengeschichte vorliegen.

Offizielle Quellen geben auswertbare Informationen meist nur über bedeutende Geschlechter wieder, den „Handelnden in der Geschichte". Da aber nur wenige von Berühmtheiten oder Adelsgeschlechtern abstammen, sind in der Regel persönlich-private Quellen am erfolgversprechendsten. Vereinfacht gesagt kann dabei zwischen gegenständlichen und schriftlichen Quellen unterschieden werden.

Zu den gegenständlichen Quellen für Wappenvorkommen zählen wertvolle Gebrauchsgegenstände, Familienschmuck, Medaillen, Gemälde von Ahnen, lange im Familienbesitz befindliches Mobiliar (s. Tf. 9), Glasscheiben, Handwerkerzeichen auf Produkten, Gemarkungszeichen auf Grenzsteinen und Hofinventar, Kaminplatten, Stifterfenster in Kirchen, Kirchengestühl mit eingeschnitzten Wappen, Grabdenkmäler von verstorbenen Familienmitgliedern. Auch auf Zunfttafeln könnte ein Familienwappen angebracht worden sein. In Tirol ist es heute noch üblich, das Familienwappen großflächig auf die Außenwand des Wohngebäudes zu malen.

Als schriftliche Quellen sind zu betrachten: Sterbebildchen von Verstorbenen (dieser Brauch entstand im 17. Jh. in Holland), Stammbücher und -tafeln, alte Familienchroniken, Familiendokumente wie Heiratsbriefe, Testamente und Verträge, Exlibris, Urkunden (wenn die Vorfahren als Siegelberechtigte wie z. B. Schultheißen beurkunden durften), Zunftbücher, Handwerkerrollen oder Ratswahlbücher, sofern das Geschlecht ratsfähig gewesen ist (s. Tf. 11).

Jedoch nur adelige Geschlechter können sich Erfolgschancen ausrechnen, das Familienwappen in amtlichen Wappenrollen, auf Wappenbriefen, in archivalischen Wappenmatrikeln oder in Turnierbüchern zu entdecken, da sie als Staatsbedienstete meist zur Wappenführung verpflichtet waren.

△ *Standesscheibe von Zürich aus dem Jahre 1500 (Schweizerisches Landesmuseum Zürich)*

Städtischen oder bäuerlichen Geschlechtern war die Wappenführung zwar erlaubt, sie übten dieses Recht hingegen selten aus.

Fundort und Chancen, ein früher einmal geführtes Wappen wiederzufinden, hängen folglich von der gesellschaftlichen Stellung der Familie und deren genealogischen Erforschung ab.

Sollten die genannten Wege versagen, so bleibt noch die Suche in der heraldischen Sekundärliteratur übrig. Immer wieder gab es Anläufe dazu, den vorhandenen Wappenbestand zu publizieren. Wie bereits erwähnt, kann von Vollständigkeit keinesfalls die Rede sein.

Am bekanntesten im deutschsprachigen Raum ist der über hundertbändige sogenannte Neue Siebmacher, „Johann Siebmacher's großes und allgemeines Wappenbuch", in dem in leider ziemlich unübersichtlicher Weise Tausende von Wappen, auch von bürgerlichen Geschlechtern, veröffentlicht worden sind. Das genannte Werk läßt sich durch den „General-Index zu den Siebmacherschen Wappenbüchern 1605–1967" von Hanns Jäger-Sunstenau einigermaßen erschließen, der ein phonetisch angeordnetes Namensregister aller im Siebmacher aufgenommenen Geschlechter darstellt.

Hinweise, wo das eigene Wappen abgebildet sein könnte, finden sich auch im „Alphabetischen Namensregister bürgerlicher deutscher Wappenvorkommen" von Johann Joseph Kenfenheuer und in den „Nachweisen bürgerlicher Wappen in Deutschland" von Eckart Henning. Die vom Berliner Verein „Herold" in der „Deutschen Wappenrolle" publizierten Familienzeichen lassen sich durch die Registerbände am besten auffinden.

Außerdem können Johann Baptist Rietstaps „Armorial Général" oder etwa das „Große Wappen-Bilder-Lexikon der bürgerlichen Geschlechter Deutschlands, Österreichs und der Schweiz" Ottfried Neubeckers herangezogen werden.

Schließlich kann der Forscher sich auch an die weiter unten genannten Institutionen wenden, die Wappenkarteien verwalten. Zu beachten ist vor allem, daß nicht bereits derselbe Familienname dazu berechtigt, ein gefundenes Wappen zu führen, sondern alleine der dokumentierte Nachweis, vom Wappenführenden in ununterbrochener männlicher Linie abzustammen!

Wie wird ein eigenes Wappen geschaffen?

Ein Familienwappen zeugt von Interesse an der Herkunft des eigenen Geschlechts und an der Geschichte allgemein. Gerade in unserer pluralistischen Massengesellschaft sucht der einzelne nach Möglichkeiten, das Individuelle herauszuarbeiten.

Das zeitlos-plakative Familiensymbol eignet sich hervorragend dazu, künstlerisch umgesetzt dem eigenen Lebensraum eine persönliche Note zu verleihen. Eine farbige Wappenscheibe aus Glas oder eine Pergamenturkunde mit dem Familiensymbol stellen in jeder Wohnung einen Blickfang für den Besucher dar. Mit dem Familienwappen läßt sich außerdem wertvolles Besitztum unverwechselbar kennzeichnen. Die Verwendung in genealogischen Zusammenstellungen (s. Tf. 10), auf Visitenkarten, als Firmensignet, auf Briefköpfen, als Exlibris, als Siegelring, in einer Familienchronik und auf Grabdenkmalen bietet sich überdies an.

△ *Exlibris eines Ritters des Malteserordens*

Voraussetzung für all dies ist jedoch, daß der Wappenträger sich nicht mit fremden Federn schmückt und irgendein Wappen verwendet, sondern nur das rechtmäßige Familienwappen in einer gelungenen künstlerischen Ausfertigung zeigt.

Das Recht zur Führung desselben Familienwappens steht allen Nachkommen des Wappenstifters im direkten und ununterbrochenen Mannesstamm zu; seinen Töchtern, solange sie unverheiratet sind. Bei der Heirat übernimmt die Ehefrau das Wappen des Mannes bzw. seiner Vorfahren. Dies widerspricht nicht dem Gleichheitsgrundsatz des Grundgesetzes oder dem neuen Namensrecht, da beide Rechtsnormen keine Vorkehrungen über Familienwappen treffen und damit das heraldische Gewohnheitsrecht seine Gültigkeit beibehält.

Der geforderte Abstammungsnachweis läßt sich nur durch seriöse genealogische Forschung erbringen. Hier verzahnen sich Genealogie und Heraldik am engsten.

Auch wenn die Nachprüfung der Führungsberechtigung positiv ausgefallen ist, können dennoch Gründe vorliegen, die eine Änderung des Wappens selbst oder seiner aufgefundenen Originalzeichnung empfehlen.

So ist es durchaus denkbar, daß das Familienwappen anderen zum Verwechseln ähnlich sieht oder gleicht. Der Eindeutigkeit zuliebe sollten dann am Wappenmotiv leichte Korrekturen vorgenommen werden. Ein Beizeichen, eine andere Farbgebung oder ein anderes Oberwappen bieten sich hier an.

Andererseits kann die aufgefundene Wappenzeichnung zwar eindeutig ausgefallen sein, aber künstlerisch zu wünschen übrig lassen. Die Ansicht, daß ein Wappen nur in der ursprünglich gezeichneten Variante gültig ist, ist falsch. Jede grafische Umsetzung des Motivs, das die Wappenbeschreibung einhält, stellt eine zulässige Wappeninterpretation dar. Um es überspitzt zu formulieren: Nicht jeder Faltenwurf der Helmdecke besitzt eine eigene, tiefschürfende Bedeutung und ist unantastbar.

Zu einer Wappenbereinigung ist auch zu raten, wenn die verfügbare Wappenausführung in einem heraldischen Verfallsstil gehalten ist, bei dem etwa die Proportionen oder Farben unästhetisch wiedergegeben wurden. Selbstverständlich sollte für eine Modifizierung oder Neuzeichnung eines Familienwappens nur ein erfahrener Heraldiker herangezogen werden.

Am wahrscheinlichsten ist aber der Fall, daß man trotz aller Nachforschungen auf kein Wappen stößt, das der Interessent und seine

△ *Siegelringe mit Wappen*

Angehörigen rechtmäßig führen dürfen. Die Familie kann sich daraufhin aus eigenem Antrieb – der Jurist spricht von einem „einseitigen Rechtsakt" – ein Wappen zulegen. In Deutschland darf jede rechtsfähige Person ein Wappen „stiften", ohne daß irgendeine staatliche Stelle dies zu genehmigen oder registrieren hätte. Der Wappenstifter sollte bei der Wahl des gemeinsamen Zeichens sorgfältig vorgehen, da ein Familienwappen später einmal nicht nach Belieben wie ein Firmenschild gewechselt werden kann und sollte.

Bei der Wappenstiftung ist unbedingt zu beachten, daß keine Rechte anderer verletzt werden, indem ungewollt ein bereits von einer anderen Familie gezeigtes Wappenbild angenommen wird; dies wird als *Ausschließlichkeitsgrundsatz* bezeichnet. Eine absolute Absicherung dagegen wird es nie geben. Das Risiko, die Rechte anderer zu verletzen, läßt sich aber gering halten, wenn bei der Wappenannahme kompetente Institutionen wie der Verein „Herold" in Berlin konsultiert werden, die über umfangreiches Vergleichsmaterial verfügen.

Wer sich unrechtmäßig das Wappen eines anderen zulegt, kann von diesem gerichtlich belangt werden. Im Umkehrschluß steht ein Familienwappen, wie der Name besagt, jedem Familienmitglied zur freien Verwendung zur Verfügung. Nur wenn anläßlich der Wappenannahme dagegen Vorkehrungen getroffen wurden, gelten Einschränkungen. Dies erscheint jedoch wenig sinnvoll, da das Symbol der Familie als Gesamtheit, nicht einer Einzelperson dienen soll.

Daher erweist es sich als sinnvoll, Familienmitglieder in die Wappenneuschaffung einzubeziehen. Mit Sicherheit wächst damit auch die Bereitschaft, sich mit dem gemeinsamen Zeichen zu identifizieren. Auch bei der Suche nach den geeigneten Symbolen wird ein größerer Kreis mehr Ideen finden als ein einzelner.

Für die Motivwahl können folgende Ratschläge gegeben werden. Das Schildmotiv sollte grafisch ausgewogen erscheinen: Zu viele Symbole erschweren erheblich die Erkennbarkeit, z. B. auf Siegelringen. Zu wenig Symbole gewährleisten keine Unterscheidungskraft zu existierenden Wappen. Als Lösungsweg kann ein (leichter abbildbarer) Teil stellvertretend für das Gesamte abgebildet werden. Ein Wappen soll auch kein Landschaftsgemälde darstellen, sondern

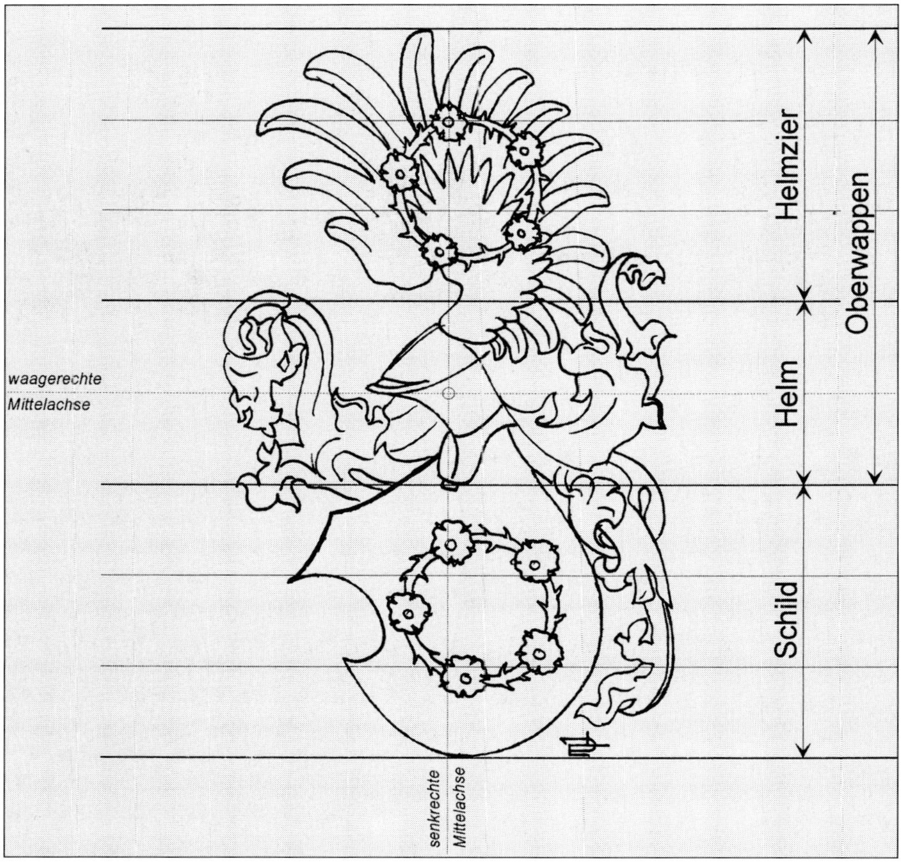

△ *Größenverhältnisse im Wappen*

aussagekräftige und optisch ansprechende Figuren vereinen! Mustergültige, dem heraldischen Stil entsprechende Wappendarstellungen finden sich beispielsweise in Walter Leonhards „Großem Buch der Wappenkunst“.

Obwohl in der Fachliteratur vereinzelt betont wird, daß ein gelungenes Wappen eine möglichst geringe Anzahl von Farben aufweisen soll, kann dies heutzutage angesichts der Vielzahl von existierenden Familienzeichen nicht mehr uneingeschränkt unterstützt werden. Je weniger Farben im Wappen vorkommen, desto besser – aber man sollte daraus keinen Glaubenskrieg konstruieren.

Ein leider oftmals zu beobachtender Fehler ist die zu starke Personalisierung neuer Familienwappen. Der Wappenstifter berücksichtigt im Übermaß die eigenen Neigungen, ohne zu bedenken, daß das neue Symbol für die gesamte Familie und auch für die Nachfahren sprechen soll. Deshalb sollte unbedingt davon abgesehen werden, sich im Wappen auf Hobbies oder andere Vorlieben zu versteifen.

Auch religiöse Motive oder astrologische Anspielungen stellen im wahrsten Sinn des Wortes eine „Glaubenssache“ dar und sind der Intention eines familienverbindenden Zeichens nicht förderlich. Gerade bei Neuschöpfungen lassen sich Modeerscheinungen immer wieder ausfindig machen.

Von selbst verbietet es sich, unästhetische oder gar anstößige Elemente zu wählen. Die Symbole müssen zeichnerisch gut umsetzbar sein und sich in den Kanon der existierenden Bildmotive einfügen.

Wenn die Vorfahren aus der bäuerlichen Bevölkerung kommen, liegt die Verwendung landwirtschaftlicher Symbole nahe. Es existieren jedoch schon viel zu viele Wappen, in denen auf diese Abstammung mit bäuerlichem Handwerkszeug wie Sense oder Pflug hingewiesen wird. In der deutschen Heraldik wimmelt es auch von Mühlsteinen und -rädern für die Familien namens Müller oder Ambössen und Hämmern für die Schmieds.

Berücksichtigt werden sollte ebenfalls, daß – anders als in früheren Zeiten – der eigene Beruf bereits in der Regel vom Kind nicht mehr ausgeübt wird und ein diesbezügliches Symbol für die Nachfahren damit keine unmittelbare Aussagekraft mehr besitzt. Daher sollte auf Berufszeichen nur zurückgegriffen werden, wenn diese bislang kaum als Bildmotive vorkommen und die berufliche Tätigkeit über Generationen hinweg ausgeübt wurde.

Der zweifelsohne beliebteste Weg, Wappenmotive zu finden, liegt in der heraldischen Umsetzung des Familiennamens selbst, sofern es sich nicht gerade um einen der besonders häufigen Nachnamen handelt. Den einschlägigen etymologischen (namenskundlichen) Büchern kann dazu die Herkunft und Bedeutung des eigenen Familiennamens entnommen werden. Damit läßt sich auch die Gefahr vermeiden, ein „Allerweltswappen“ zu schaffen.

So hat der Verfasser dieser Zeilen versucht, in seinem „sprechenden" Wappen den Namen Linder umzusetzen, was sich in Form des Lindenbaumes leicht durchführen ließ. Da eine Linde alleine bereits in zahlreichen anderen Wappen vorkommt, mußte zu Differenzierungen gegriffen werden. Den Lindenstamm begleiten zwei Kiefernzapfen, die auf den Namen eines Vorfahren, Kieferle, Bezug nehmen. In den Schildfarben spiegelt sich die Herkunft der Familie wider: Schwarz und Gold sind die Farben Münchens, der Geburtsstadt des Vaters, Silber und Rot die Landesfarben Böhmens, woher die Mutter stammt. Die Helmdecken wiederholen den Farbakkord des Wappenschildes, während der Hahn an den Wohnort der Familie erinnert, die niederbayerische Stadt Pfarrkirchen, deren Stadtwappen u. a. eine Kirche mit einem goldenen Wetterhahn auf dem Langdach zeigt.

Damit wurde auf eine weitere Möglichkeit verwiesen, Wappenmotive oder -farben zu finden: die Ursprungsheimat und der Wohnort des Geschlechts. Dabei sollte besser auf Städte als auf Regionen und Länder verwiesen werden, da ansonsten bei bayerischen Wappenstiftern nur noch die silbernblauen Rauten erscheinen würden. Unzulässig ist es allerdings, das Wappen einer Gemeinde oder eines Landes unverändert zu übernehmen. Die Helmzier eignet sich mitunter in besonderem Maße dafür, Einzelelemente aus dem oder den Wappen des Herkunftsgebietes aufzunehmen.

Je enger das Herkunftsgebiet heraldisch eingegrenzt wird, desto größere Unterscheidungskraft gewinnt das neue Familienzeichen. Nur wenn die Geburtsgemeinde kein eigenes Symbol besaß, kann auf die jeweils höhere geografische Ebene übergegangen werden – so verhielt es sich bei der mütterlichen Vorfahrenseite des Autors. Die Tafel 11 zeigt weitere gelungene Wappendarstellungen; sie wurden dem vom Marktschreiber Adam Regensburger im Jahr 1601 begonnenen Ratswahlbuch des niederbayerischen Marktes Pfarrkirchen entnommen.

△ *Werbeanzeigen von Heraldikern*

Um schließlich die Planungen in eine repräsentative Zeichnung umzusetzen, werden die Kenntnisse eines heraldischen Fachmannes benötigt. An die Adressen von Heraldiker, Grafikern oder Kunsthandwerkern gelangt man über die Berufsverbände vor Ort oder Anzeigen in heraldischen und genealogischen Fachzeitschriften. Mit dem „Biographischen Lexikon der Heraldiker sowie der Sphragistiker, Vexillologen und Insignologen" steht seit kurzem ein wertvolles Nachschlagewerk zur Verfügung.

Da gerade in den letzten Jahren selbsternannte „Wappenexperten" ihre Tätigkeiten auf Messen, in Kaufhäusern und in Werbeschreiben anbieten, ist für die Wahl des Wappenzeichners besondere Sorgfalt anzuraten. Die Rückbesinnung auf die eigene Geschichte hat zu einer regelrechten Flut von Gründungen sogenannter Wappeninstitute, -ateliers, -büros oder -archive geführt. Der Begriff „Heraldiker" ist gesetzlich nicht geschützt, so daß auch branchenfremde Gewerbetreibende versuchen, die „schnelle Mark" zu machen. Einen guten Heraldiker erkennt man daran, daß er die Grundregeln der Wappenkunde kennt und nicht zu horrenden Preisen Unmögliches verspricht. Die Seriosität von Fachleuten läßt sich anhand von Referenzarbeiten prüfen oder kann durch angesehene Fachvereine oder Archive bestätigt werden.

Die Produkte von Wappenschwindlern, wie es sie auch schon in vergangenen Jahrhunderten gab, lassen sich an mehreren Faktoren erkennen. So wird mitunter der Versuch unternommen, das Wappen einer namensgleichen, aber überhaupt nicht verwandten Familie zu vermitteln – meist unter Bezugnahme auf ein nicht existierendes „europäisches" Wappenbuch oder eine umfangreiche Computerdatenbank. In der Regel entstehen auf diese Weise schlichte, zum Teil regelwidrige Nachzeichnungen von publizierten Familienwappen. Diese „nachgekupferten" Wappenzeichnungen stellen, da ohne wirklichen Bezug zu der Familiengeschichte, keinen ideellen oder künstlerischen Wert dar!

Vorsicht ist ebenfalls geboten, wenn die Abstammung von einem adeligen Geschlecht behauptet und ein entsprechendes Wappen vorgelegt wird. Ein unseriöser „Fachmann" wird auch kritiklos Kundenwünschen nachkommen, die eine regelwidrige Wappenzeichnung oder Überladung des Schildinhaltes zur Auswirkung hätten.

Gerade im Zusammenhang mit dem neuen Namensrecht in der Bundesrepublik Deutschland stellt sich die Frage der Führungsberechtigung am Wappen. Obwohl das Bürgerliche Gesetzbuch keinen expliziten Hinweis auf das Wappenrecht enthält, gelten doch gewisse Normen. Streitfragen sind daher aus den über die Jahrhunderte entstandenen, gewohnheitsrechtlich verankerten heraldischen Regeln zu beantworten. Im Grundsatz folgt dabei das Wappenrecht dem Namensrecht, da Wappen wie Familiennamen als Folgerung des allgemeines Persönlichkeitsrechtes betrachtet werden. Folgerichtig kann jeder, der ein bestimmtes Familienwappen rechtmäßig führt, einem anderen, der dasselbe Wappen unrechtmäßig führt, die Weiterführung dieses Wappens streitig machen.

Prinzipiell gilt, daß das Recht zur Führung desselben Familienwappens allen Nachkommen des Wappenstifters im direkten und ununterbrochenen Mannesstamm „zur gesamten Hand", vergleichbar einer Erbengemeinschaft, zusteht. Damit sind auch die direkten weiblichen Nachkommen eines Führungsberechtigten eingeschlossen, solange sie unverheiratet bleiben.

Daraus folgt, daß das Recht zur Wappenführung auf folgende Arten weitergegeben wird:

- durch eheliche Abstammung,
- durch nichteheliche Abstammung, sofern eine Ehelichkeitserklärung erfolgt (nicht aber durch eine Namenserteilung),
- im Gegensatz zum Namensrecht auch dadurch, daß ein Führungsberechtigter das Führungsrecht von sich aus ausdehnt.

Eine obrigkeitsstaatliche Verleihung von Familienwappen erfolgt in Deutschland seit der Aufhebung der Monarchie im Jahr 1918/19 nicht mehr, im Gegensatz zu anderen, monarchisch organisierten Staaten.

Bei der Adoption weichen Namensrecht und Wappenrecht voneinander ab. Da der Wappenträger nicht alleine über das Führungsrecht verfügt, sondern nur das Geschlecht als Gesamtheit, kann er das Recht auf Wappenführung an den Adoptierten nicht von sich aus ausweiten. Er benötigt dazu die Zustimmung sämtlicher Führungsberechtigter. Daher wird zumeist für Adoptierte ein neues Wappen geschaffen, das sich im Aussehen an das Wappen des Annehmenden anlehnt, aber Unterscheidungsmerkmale (Brisuren oder Beizeichen) enthält. Ein interessantes Fallbeispiel dazu illustriert Joseph Melchior Galliker im dritten Heft der „Schweizer Wappen und Fahnen".

Während unverheiratete Frauen das Wappen ihres Vaters zeigen dürfen, können verheiratete Frauen auch das Wappen ihres Ehegatten führen, sofern sie seinen Familiennamen übernommen haben. Wird mit der Scheidung der Name des Ehegatten wieder abgelegt, erlischt sinngemäß das Recht auf die Führung des damit verbundenen Familienwappens. Ehegattinnen, die ihren angestammten Familiennamen weiterführen, verbleiben hingegen bei der Führung des väterlichen Wappens.

Das Wappenrecht wird anhand des neuen Namensrechtes erweisen müssen, daß es nicht erstarrt ist und sich gesellschaftlichen Entwicklungen anzupassen vermag. Falls ein Ehemann den Namen seiner Frau bei der Vermählung annimmt, erscheint es als konsequent, daß er – so ungewohnt dies manchem auch vorkommen mag – auch das Familienwappen seiner Gattin übernimmt und fortführt.

Aus den obigen Ausführungen kann geschlossen werden, daß zur Wahrung des Führungsrechts eine Veröffentlichung des neuangenommenen Familienwappens ausgesprochen sinnvoll ist. Schon der Begriff „Wappenführung" bringt es mit sich, daß es mit der Annahme alleine nicht getan ist; der Anspruch auf ein Wappen muß demonstriert werden durch den Willen, es auch zu benutzen, mithin zu führen.

In erster Linie kann ein neues Familienzeichen durch die Veröffentlichung in der einschlägigen Literatur publik gemacht werden, wobei die Betonung auf das Adjektiv „einschlägig" zu setzen ist. Was nützt die Veröffentlichung in einem noch so bunten Werk, wenn dieses vom heraldischen Fachkreis nicht herangezogen wird, weil es als zu wenig bedeutsam oder gar unseriös gilt?

Gerade in letzter Zeit taten sich Vereinigungen und Institutionen damit hervor, für jeden Landstrich ein eigenes heraldisches Publikationsorgan zu kreieren. Mitunter kam es zu bewußten Nachahmungen bekannter Vorbilder, wobei sogar der (gute) Name der Publikationsreihe – leicht abgewandelt – für kommerzielle Zwecke mißbraucht wurde. Dies konnte um so leichter geschehen, als in Deutschland keine amtliche Stelle die Registrierung für Familienwappen vornimmt oder kontrolliert, so daß wappenkundliche Vereine in die so entstandene Bresche springen.

Für alle Wappeninteressierte in Deutschland gilt nach wie vor, daß die „Deutsche Wappenrolle", die vom „Herold, Verein für Heraldik, Genealogie und verwandte Wissenschaften" in Berlin geführt wird, das beste Publikationsmedium darstellt. Der bereits mehrmals genannte Verein ist neben dem „Heraldischen Verein 'Zum Kleeblatt'" in Hannover, der „Heraldisch-Genealogischen Gesellschaft 'Adler'" in Wien und der „Schweizerischen Heraldischen Gesellschaft" in Zürich die führende heraldische Vereinigung im deutschsprachigen Raum.

Der „Herold" ist keine staatliche Institution, sondern ein auf privatrechtlicher Ebene basierender, gemeinnütziger Verein mit derzeit ca. 1100 Mitgliedern. Er wurde bereits im Jahr 1869 gegründet und kann somit auf eine über 125jährige wissenschaftliche Tätigkeit zurückblicken. Der „Herold" entwirft selbst keine Wappen, sondern begutachtet und publiziert sie lediglich auf einen gebührenpflichtigen Antrag hin. Das vorgelegte Familienwappen wird vom „Herolds-Ausschuß der Deutschen Wappenrolle" in seiner Reihe „Deutsche Wappenrolle" (DWR) veröffentlicht, die in den bedeutenden Bibliotheken ausliegt (s. Tf. 16).

Der Wert der Registrierung in der DWR liegt zum einen darin, daß die Wappenzeichnung sowie das Führungsrecht nochmals überprüft werden, zum anderen in der Publizierung in einer anerkannten Reihe, was bei Rechtsstreitigkeiten um die Wappenführung von ausschlaggebender Bedeutung sein kann. Der Antragsteller erhält mit der Registrierung die Ausfertigung eines Wappenbriefes. Die Antragsgebühr wurde zuletzt auf 175 DM festgesetzt.

Neben der „Deutschen Wappenrolle" des „Herold" existieren, wie bereits erwähnt, noch andere Publikationsorgane, die zumeist regional ausgerichtet sind. Für Schweizer Leser bietet sich die Eintragung des neuen Familienwappens im „Schweizerischen Wappenregister" an, das 1959 auf Initiative der „Schweizerischen Heraldischen Gesellschaft" ins Leben gerufen und von der Stadtbibliothek Winterthur geführt wird.

Während beim Wappenrecht die Bundesrepublik Deutschland und die Schweiz vergleichbar sind, nimmt das Nachbarland Österreich eine Sonderrolle ein. Die Republik Österreich stellte mit dem Adelsgesetz von 1919 auch die privatrechtliche Wappenführung unter strafrechtliche Sanktion. Von dieser Regelung nicht betroffen sind die kirchlichen Würdenträger, da ihre Wappen als Amtswappen eingestuft werden und damit nicht unter das Verbot fallen. De facto aber werden auch in Österreich Familienwappen geführt, die durch einen Eintrag ins Markenregister sogar gesetzlichen Schutz erlangen.

Weitere Hilfen

Literaturverzeichnis

Nachfolgend finden sich alle im Text erwähnten Buchtitel sowie weitere, in die Thematik einführende Werke. Vereinzelt sind auch beispielhafte Veröffentlichungen zu Spezialfragen angeführt.

ARMOIRIES DES FAMILLES CONTENUES DANS L'ARMORIAL GÉNÉRAL DE J. B. RIETSTAP. Herausgegeben vom Institut héraldique universel, 6 Bände, Paris 1903–1926

BERCHEM, EGON FREIHERR VON/GALBREATH, DONALD LINDSAY/HUPP, OTTO: Beiträge zur Geschichte der Heraldik, Teil 1: Die Wappenbücher des deutschen Mittelalters, Teil 2: Die Herolde und ihre Beziehungen zum Wappenwesen (Siebmacher's Großes Wappenbuch, Band D), Neustadt a. d. Aisch 1972 (Nachdruck)

BIOGRAPHISCHES LEXIKON DER HERALDIKER SOWIE DER SPHRAGISTIKER, VEXILLOLOGEN UND INSIGNOLOGEN. Herausgegeben vom „Herold", Verein für Heraldik, Genealogie und verwandte Wissenschaften. Bearbeitet von Jürgen Arndt unter Mitwirkung von Horst Hilgenberg und Marga Wehner (J. Siebmachers Großes Wappenbuch, Band H), Neustadt a. d. Aisch 1992

BUCHNER, HANS/EDER, ERICH/HINDINGER, CHRISTOPH/LINDER, ERICH DIETER: Bürger, Pfarrer, Adelige. Die Grabdenkmäler in Pfarrkirchen bis zum Jahre 1810. Herausgegeben vom Landkreis Rottal-Inn, Pfarrkirchen 1988

DEUTSCHE WAPPENSAMMLUNGEN UND WAPPENREPERTORIEN. Mit Beiträgen von Ottfried Neubecker, Heinz F. Deininger, Klemens Stadler und Ludwig Rothenfelder (Praktikum für Familienforscher, Heft 34), Neustadt a. d. Aisch 1960

DUREN, PETER BANDER VAN (Hrsg.): Armorial Bruno B. Heim, Gerrards Cross (England) 1981

FISCHNALER, CONRAD: Tirolisch-Vorarlbergischer Wappenschlüssel, 7 Bände, Innsbruck 1938–1951

GALBREATH, DONALD LINDSAY/JÉQUIER, LÉON: Handbuch der Heraldik, München 1989

GALL, FRANZ: Österreichische Wappenkunde, 2. Auflage, Wien, Köln und Weimar 1992

GALLIKER, JOSEPH MELCHIOR: Schweizer Wappen und Fahnen (Eine Schriftenreihe der Stiftung Schweizer Wappen und Fahnen, Heft 3), Zug und Luzern 1992

GENERALREGISTER ZUR DEUTSCHEN WAPPENROLLE. Herausgegeben vom „Herold", Verein für Heraldik, Genealogie und verwandte Wissenschaften. Bearbeitet vom Herolds-Ausschuß der Deutschen Wappenrolle, 2. Auflage, Neustadt a. d. Aisch 1973 (bislang erschienen fünf Nachträge dazu als Beilage der Vereinszeitschrift „Der Herold")

HEFNER, OTTO TITAN VON: Grundsätze der Wappenkunst (Siebmacher's Großes Wappenbuch, Band C), Neustadt a. d. Aisch 1976 (Nachdruck)

HEIM, BRUNO BERNHARD: Heraldry in the Catholic Church. Its Origin, Customs and Laws, 2. Auflage, Buckinghamshire (Atlantic Highlands) 1981

HENNING, ECKART: Nachweise bürgerlicher Wappen in Deutschland 1937–1973 (Genealogische Informationen, Band 2), Neustadt a. d. Aisch 1975

HENNING, ECKART: Nachweise bürgerlicher Wappen in Deutschland 1973–1983 (Genealogische Informationen, Band 18), Neustadt a. d. Aisch 1985

HENNING, ECKART: Wappensammlungen in öffentlichem und privatem Besitz. Teil I: Namenregister zur Heroldsbilder-Sammlung von Hans Heinrich Reclam im Nordrhein-Westfälischen Staatsarchiv Münster (Genealogische Informationen, Band 16), Neustadt a. d. Aisch 1983

JÄGER-SUNSTENAU, HANNS: General-Index zu den Siebmacher'schen Wappenbüchern 1605–1967, Graz 1984

JÄGER-SUNSTENAU, HANNS: Konkordanzen und Auflösungen der Abkürzungen zum Siebmacherschen Wappenwerk, Neustadt a. d. Aisch 1986

JOHANN SIEBMACHER'S GROSSES UND ALLGEMEINES WAPPENBUCH [...], Nürnberg bzw. Neustadt a. d. Aisch 1856–1986 (unveränderter Nachdruck, dieses vielbändige Werk wird gerne als „Neuer Siebmacher" bezeichnet)

KENFENHEUER, JOHANN JOSEPH: Alphabetisches Namenregister bürgerlicher deutscher Wappenvorkommen, Hoffnungsthal-Köln 1937

LEITNER, FRIEDRICH W.: Epigraphik und Heraldik, in: Epigraphik 1982 [...]. Redigiert von Walter Koch (Veröffentlichungen der Kommission für die Herausgabe der Inschriften des deutschen Mittelalters, Band 1), Wien 1983, S. 21–30.

LEONHARD, WALTER: Das große Buch der Wappenkunst. Entwicklung, Elemente, Bildmotive, Gestaltung, 3. Auflage, München 1984

LINDER, ERICH DIETER: Die Wappenmalereien in der Obergrasenseer Ägidienkirche, in: Heimat an Rott und Inn. Heimatbuch für das Obere Rottal. Herausgegeben von Josef Haushofer, Band XXII (1989), S. 22–32

LINDER, ERICH DIETER/OLZOG, GÜNTER: Die deutschen Landkreise. Wappen, Geschichte, Struktur, 2. Auflage, Augsburg 1996

NEUBECKER, OTTFRIED: Großes Wappen-Bilder-Lexikon der bürgerlichen Geschlechter Deutschlands, Österreichs und der Schweiz, 2. Auflage, Augsburg 1992

NEUBECKER, OTTFRIED: Heraldik – Wappen. Ihr Ursprung, Sinn und Wert. Mit Beiträgen von John P. Brooke-Little. Gestaltet von Robert Tobler, Augsburg 1990

NEUBECKER, OTTFRIED: Wappenkunde, München 1980

OSWALD, GERT: Lexikon der Heraldik, Mannheim, Wien und Zürich 1984

OTTO HUPP. Meister der Wappenkunst (1859–1949). Herausgegeben von der Generaldirektion der Staatlichen Archive Bayerns (Ausstellungskataloge der Staatlichen Archive Bayerns, Band 19), München [und Neustadt a. d. Aisch] 1984

PAPWORTH, JOHN WOODY: An alphabetic dictionary of coats of arms belonging to families in Great Britain and Ireland. Forming an extensive ordinary of British Armorials, London 1874 (Nachdruck London 1961)

RENESSE, THÉODORE COMTE DE: Dictionnaire des figures héraldiques, 7 Bände, Brüssel 1894–1903

RIETSTAP, JEAN BAPTISTE: Armorial général. Précédé d'un dictionnaire des termes du blason, 2 Bände, Gouda 1861 (1. Auflage, letzte Auflage nachgedruckt in 4 Bänden, Lyon 1950)

SCHOBINGER, VIKTOR: Die Zürcher Wappenrolle. Das Wichtigste über Familienwappen, Zürich 1993

SCHÖLER, EUGEN: Fränkische Wappen erzählen Geschichte und Geschichten (Die bibliophile Reihe bei Degener. Beiträge zur Genealogie, Heraldik, Kultur und Geschichte, Band 1), Neustadt a. d. Aisch 1992

SCHÖLER, EUGEN: Historische Familienwappen in Franken. 1860 Wappenschilde und familiengeschichtliche Notizen von Geschlechtern des Adels und der Reichsstädte in Franken (Siebmacher's großes Wappenbuch, Band F), 2. Auflage, Neustadt a. d. Aisch 1982

SEYLER, GUSTAV ADALBERT: Geschichte der Heraldik. Wappenwesen, Wappenkunst, Wappenwissenschaft (Siebmacher's Großes Wappenbuch, Band A), Nürnberg 1890 (Nachdruck Neustadt a. d. Aisch 1970)

SUPPLÉMENT À L'ARMORIAL GÉNÉRAL DE RIETSTAP. Herausgegeben von V. Henri Rolland, 7 Bände, Paris 1904–1954

WAPPENBILDERORDNUNG. Herausgegeben vom „Herold", Verein für Heraldik, Genealogie und verwandte Wissenschaften zu Berlin. Bearbeitet von Jürgen Arndt und Werner Seeger (Siebmacher's Großes Wappenbuch, Band B), 2 Bände, Neustadt a. d. Aisch 1986–1990

HANDBUCH DER HERALDIK. WAPPENFIBEL. Begründet durch Adolf Matthias Hildebrandt. Herausgegeben vom „Herold", Verein für Heraldik, Genealogie und verwandte Wissenschaften, 19. Auflage, Neustadt a. d. Aisch 1998

WOLFERT, ALFRED F.: Aschaffenburger Wappenbuch (Veröffentlichungen des Geschichts- und Kunstvereins Aschaffenburg e.V., Band 20), Aschaffenburg 1983

ZIMMERMANN, EDUARD: Bayerische Klosterheraldik, München 1930

Zeitschriften

Im folgenden sind die wichtigsten heraldischen Zeitschriften aufgeführt, die überregionale Bedeutung erlangen konnten und auf eine lange Tradition zurückblicken. Darüber hinaus geben auch etliche heraldisch-genealogische Vereine, die auf regionaler, lokaler oder betrieblicher Ebene organisiert sind, Vereinszeitschriften heraus

ADLER. Zeitschrift für Genealogie und Heraldik. Herausgegeben von der Heraldisch-Genealogischen Gesellschaft „Adler", Band 1 ff. (1947 ff.), Wien

ARCHIVES HÉRALDIQUES SUISSES. ORGANE DE LA SOCIÉTÉ SUISSE D'HÉRALDIQUE (Schweizer Archiv für Heraldik. Herausgegeben von der Schweizerischen Heraldischen Gesellschaft), Jahrgang 1–67 (1887–1968) bzw. als Jahrbuch Band 68 ff. (1954 ff.), Luzern

DER HEROLD. Vierteljahrsschrift für Heraldik, Genealogie und verwandte Wissenschaften, Neue

Folge. Herausgegeben vom „Herold", Verein für Heraldik, Genealogie und verwandte Wissenschaften, Band 1 ff. (1939 ff.), Berlin

Kleeblatt. Zeitschrift für Heraldik und verwandte Wissenschaften. Herausgegeben vom Heraldischen Verein „Zum Kleeblatt" von 1888 zu Hannover e.V., Jahrgang 1 ff. (1892 ff.), Hannover

Institutionen

Seit der Abschaffung der Heroldsämter in Folge der Revolutionen von 1918/19 dienen in Deutschland und in Österreich privatrechtlich organisierte Vereine als wichtigste Anlaufstelle für Fragen zu Familienwappen (vgl. auch das Kapitel „Entwicklung des Wappenwesens").

In Deutschland muß dabei der in Berlin ansässige „Herold", Verein für Heraldik, Genealogie und verwandte Wissenschaften zu Berlin, als führend gelten; er wurde bereits im Jahr 1869 gegründet. Sein „Herolds-Ausschuß der Deutschen Wappenrolle" gibt die „Deutsche Wappenrolle" (DWR) heraus, die von 1935 bis 1939 unter dem Titel „Deutsche Wappenrolle bürgerlicher Geschlechter" und seit 1952 unter dem heutigen Titel „Deutsche Wappenrolle" erscheint. Sie stellt ein wichtiges Publikationsmittel für Familienwappen dar. Ein Abriß über die Geschichte der DWR findet sich in Band 50, S. III-IV.

Die Anschrift der Geschäftsstelle des Vereins und der Kanzlei der „Deutschen Wappenrolle" lautet: Archivstraße 12-14, 14195 Berlin.

Dem „Herold" gehörten bzw. gehören führende deutschsprachige Heraldiker als Mitglieder an. Über den Verein selbst oder in seinen Publikationen lassen sich die Namen und Adressen empfehlenswerter Wappenkünstler ausfindig machen. Das 1992 vom „Herold" verlegte „Biographische Lexikon der Heraldiker sowie der Sphragistiker, Vexillologen und Insignologen" (siehe oben) stellt ebenfalls wertvolle Informationen zur Verfügung.

Ein weiterer heraldischer Traditionsverein in Deutschland ist der Heraldische Verein „Zum Kleeblatt" von 1888 zu Hannover e.V. Auch er ist, wie schon aus seinem Namen hervorgeht, im letzten Jahrhundert gegründet worden. Die Adresse der Geschäftsstelle lautet: Lutherstraße 14, 30171 Hannover.

In Österreich beheimatet ist die Heraldisch-Genealogische Gesellschaft „Adler". Sie wurde am 1. Mai 1870 gegründet, 1938 zwangsweise aufgelöst und 1946 wiedererrichtet. Der Verein befindet sich am Haarhof 4 a in A-1010 Wien.

Der wichtigste heraldische Verein in der Schweiz ist die Schweizerische Heraldische Gesellschaft; sie wurde im Jahr 1891 ins Leben gerufen. Die Anschrift des derzeitigen Vorsitzenden, Herrn Gregor Brunner, lautet: Burgstraße 32, CH-8706 Meilen.

Daneben erteilt Auskünfte:

Stadtbibliothek Winterthur, Museumstraße 52, CH-8400 Winterthur.

Seit 1995 gibt es die Deutsche Gesellschaft für Flaggenkunde e.V., Postfach 1115, 28817 Achim. Sie befaßt sich mit dem Studium von Flaggen und Fahnen.

Auch im Internet haben sich heraldische und vexillologische (flaggenkundliche) Gesellschaften mittlerweile etabliert. Angesichts des schnellen Wandels empfiehlt es sich, mit Browsern (Suchmaschinen) nach einschlägigen Begriffen zu suchen.

Register